融合型·新形态教材
复旦社云平台 fudanyun.cn

普通高等学校学前教育专业系列教材

学前儿童科学教育

主　编　潘莉萍　张　萌
副主编　张　宁　高梦璇
编　委　陈钰蓉　张海萍

复旦大學出版社

复旦社云平台
数字化教学支持说明

为提高教学服务水平，促进课程立体化建设，复旦大学出版社建设了"复旦社云平台"，为师生提供丰富的课程配套资源，可通过"电脑端"和"手机端"查看、获取。

【电脑端】

电脑端资源包括PPT课件、电子教案、习题答案、课程大纲、音频、视频等内容。可登录"复旦社云平台"（fudanyun.cn）浏览、下载。

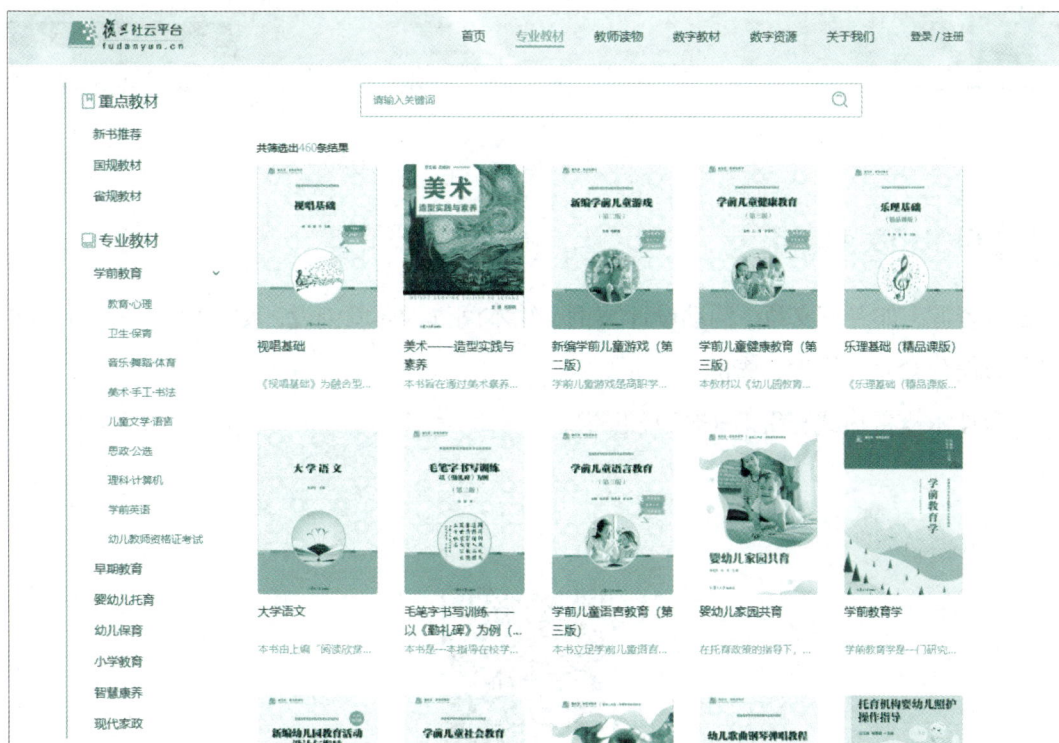

Step 1 登录网站"复旦社云平台"（fudanyun.cn），点击右上角"登录／注册"，使用手机号注册。

Step 2 在"搜索"栏输入相关书名，找到该书，点击进入。

Step 3 点击【配套资料】中的"下载"（首次使用需输入教师信息），即可下载。音频、视频内容可点击【数字资源】，搜索书名进行浏览。

【手机端】

PPT 课件、音视频、阅读材料：用微信扫描书中二维码即可浏览。

扫码浏览

【更多相关资源】

更多资源，如专家文章、活动设计案例、绘本阅读、环境创设、图书信息等，可关注"幼师宝"微信公众号，搜索、查阅。

平台技术支持热线：029-68518879。

"幼师宝"微信公众号

前 言

2021 年,国务院印发《全民科学素质行动规划纲要(2021—2035 年)》,要求"重点围绕践行社会主义核心价值观,大力弘扬科学精神,培育理性思维,养成文明、健康、绿色、环保的科学生活方式,提高劳动、生产、创新创造的技能",同时明确提出在"十四五"时期实施五项提升行动。其中,有两项与科学教育直接相关。

第一项是"青少年科学素质提升行动"。正如习近平总书记在科学家座谈会上指出:"好奇心是人的天性,对科学兴趣的引导和培养要从娃娃抓起,使他们更多了解科学知识,掌握科学方法,形成一大批具备科学家潜质的青少年群体。"

另一项行动是"实施教师科学素质提升工程",包括推动高等师范院校和综合性大学开设科学教育本科专业、加大对科学相关学科教师的培训力度、加强科学教师培训等。《国务院关于当前发展学前教育的若干意见》中明确了学前教育发展的意义,并且提出了要严格执行幼儿园教师的资格标准,通过加强幼儿园教师的培训提升幼儿园教师的整体素养,尤其是教育教学能力。

本教材编写团队在合作之初便对教材的宗旨、结构及使用反复商榷,唯望能够编写出兼具时代性、科学性与实用性的教师培养教材。本教材的特点体现在以下四个方面。

一、教材的宗旨

"学前儿童科学教育"作为一门面向学前教育专业学生的教法类课程,其宗旨在于发展职前幼儿园教师的"教学智慧",即能够在具体的教学情境中应用教育原理和教学理论的能力,包括设计与组织教学活动,支持与指导学前儿童的科学教育。因此,本书作为课程的对应教材,在教材模块的设计、教学资源的拓展等方面都体现出实践价值取向,充分立足于发展职前幼儿园教师的科学教育教学实践能力。

在突出实践能力的价值取向引导下,教材筛选出核心的课程理论,采用简明的语言在系统介绍学前儿童科学教育相关理论的同时,辅以鲜明生动的实践案例,以及一些具有实操性的教育教学策略,帮助职前教师既知道"做什么",也了解"为什么",在潜移默化中强化职前教师运用教育教学理论理解、解决实际问题的意识,而非"学一套、做一套",真正地实现理论与实践相一致。

二、教材的结构

本书的基本结构分为以下五个部分。模块一是对于学前儿童科学教育相关理论的介绍,旨在为后面模块的学习奠定基础,做好理论铺垫。模块二至模块五是关于在幼儿园实施科学教育活动中如何运用学前儿童科学教育的理论。根据幼儿园科学教育的不同实施途径,模块二、三、四分别介绍了幼儿园集体教学、区域活动和日常生活中的科学教育活动。在学生了解与掌握上述不同途径的科学教育活动的基础上,模块五讨论了整合性的科学教育活动的设计与组织。总体来说,教材采用从理论到实践、从抽象到具体、从部分到整合的方式,来向职前教师逐步展现幼儿园科学教育活动的组织与指导。

三、教材的使用

本团队对于教材功能的界定是:同时满足学生自主学习和教师教学组织的要求,同时满足课内教学与课外指导的要求。因此,本教材不仅提供相关的科学教学知识,而且通过"工作"模式组织指导学生自主学习,同时也向教师提供可能的教学组织方案。

每个模块的学习从"任务思考"开启,通过一线幼儿园教师的真实教育困境与教学思考引导学生进入相关主题的学习。为了解决上述问题,学生自动进入"任务支持"部分,通过学习系统的理论与案例的分析,尝试解决上述教育情境中的问题,尤其能够加强理论结合实践解决问题的意识;在"任务回应"部分向学生呈现可能的解决方案作为参考,学生也可将自己的解决方案与之进行比较与讨论。另外,每个模块通过"模块小结"和"思考与实训"帮助学生整理学习经验,进行自我评价。

四、课程思政

与其他课程相比,"学前儿童科学教育"具有丰富的思政元素。马克思主义科学观是本教材的哲学基础。首先,科学知识具有经验性、实证性和真理性等特点——其实这些都是马克思主义科学观的重要内容。无论对于教师还是儿童,在科学教育过程中都要实事求是。其次,坚持正确的政治导向为先。本教材强调学前儿童科学教育的总目标由国家层面制定,教学活动目标须以此为指导,与其保持高度一致。最后,兼顾科学与人文精神。教材中,学前儿童科学教育的内容除了关注以自然科学为基础的物质科学、生命科学和地球空间科学外,还专门将科学技术和社会发展纳为必要的学习内容,引导儿童关注科学技术发展与人类生活的关系。

除了上述文本性信息外,本教材还向使用者提供了丰富的拓展学习资源,既满足学生在课外深化模块学习的需求,同时又提供给教师组织课后研讨等相关学习活动的话题与素材。比如,"拓展阅读:幼儿好奇心怎么看? 教师应该怎么办?"帮助学生学习观察与理解幼儿在科学探究中的一些典型表现,并提供使幼儿做出支持性回应的方法。授课教师也可以组织学生结合实践学习活动(如去幼儿园观察幼儿或者视频案例等)更深入地了解幼儿的好奇心与表现。又如,"拓展阅读:讲授观察的图画书"及"拓展阅读:带着孩子去实验的图画书",一方面丰富了学生对科学教学方法的了解,知道图画书是幼儿园教育中常见的教学媒介;另一方面,授课教师也可以请学生结合相关的科学教育绘本为幼儿设计相应的科学教育活动。"拓展阅读:采集树叶与制作标本的活动设计"等可提供学生练习科学教育中的一些实践操作,为将来指导幼儿操作做好经验准备。

在教材编写过程中编者们付出了非常多的努力与汗水,各章编写者如下:模块一"学前儿童科学教育的理论概述"潘莉萍、张宁、张萌、高梦璇;模块二"集体教学活动的设计与指导"潘莉萍、张萌;模块三"区域活动的创设与指导"潘莉萍、张宁;模块四"日常生活中的科学教育"潘莉萍、陈钰蓉;模块五"整合性活动的设计与组织"张海萍、张萌、高梦璇。

回溯教材撰写的过程,所有编者皆有同感:这是一个对于学前儿童科学教育理论与实践的循环学习与研究的过程,也是教师自我学习与反思的过程,望借此拙著与读者充分交流。虽已对各模块加以审定,但亦可能有不足之处,恳请读者不吝赐教、批评指正。

编　者

目录

模块一

学前儿童科学教育的理论概述

　　随着国家对于科学教育的重视,学前儿童科学教育在幼儿园课程中越来越被重视,越来越多的幼儿园和幼儿园教师愿意更多关注学前儿童的科学教育。但是,在实施过程中还是出现了很多问题。究其根本,往往是由于对科学、科学教育、学前儿童科学教育的本质缺乏准确的认识而造成的。因此,在学习如何设计、组织和指导学前儿童科学教育活动之前,职前教师要对学前儿童科学教育的理论有准确的认识,才能提高科学教育的质量,让幼儿在活动中得到发展。

知识导航

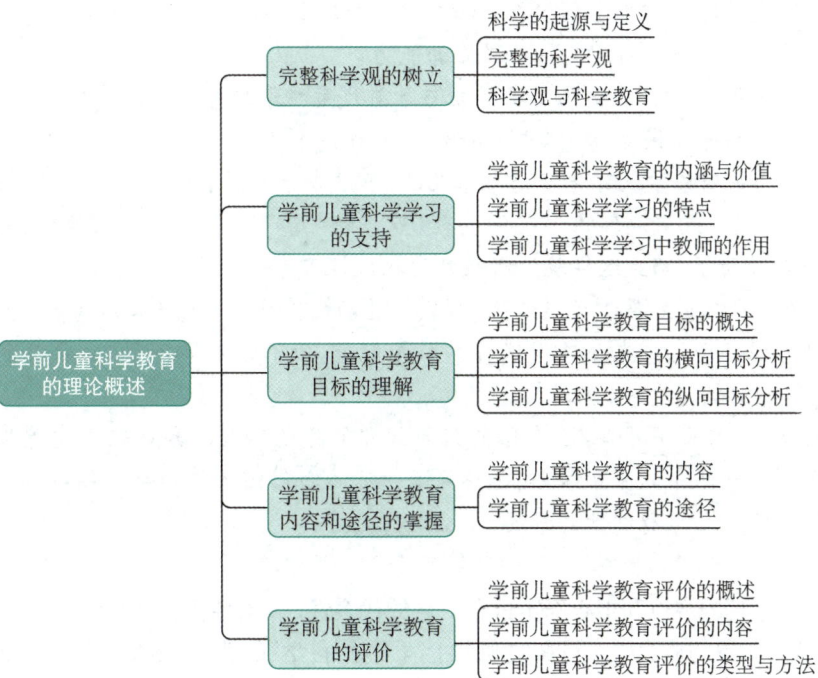

	完整科学观的树立	科学的起源与定义
		完整的科学观
		科学观与科学教育
	学前儿童科学学习的支持	学前儿童科学教育的内涵与价值
		学前儿童科学学习的特点
		学前儿童科学学习中教师的作用
学前儿童科学教育的理论概述	学前儿童科学教育目标的理解	学前儿童科学教育目标的概述
		学前儿童科学教育的横向目标分析
		学前儿童科学教育的纵向目标分析
	学前儿童科学教育内容和途径的掌握	学前儿童科学教育的内容
		学前儿童科学教育的途径
	学前儿童科学教育的评价	学前儿童科学教育评价的概述
		学前儿童科学教育评价的内容
		学前儿童科学教育评价的类型与方法

任务 1
完整科学观的树立

任务目标

1. 了解科学的起源、语义和定义。
2. 全面理解科学的本质,包括其三重含义及核心,并在此基础上建构完整的科学观。
3. 理解教师科学观对科学教育的影响,通过反思自身科学观来更好地理解、解决科学教育中的问题。

任务思考

在一次"学前儿童科学教育"的课程调查中,学前教育专业大三的同学们被问道:

1. 科学是什么?
2. 是否有意愿参与学前儿童科学教育的工作? 为什么?
3. 如何评价自身参与学前儿童科学教育的能力?

针对上述三个问题,大家表达了对于科学与学前儿童科学教育的不同看法。

同学 A 说道:"我是文科生,从小理科不好,教不好科学。"

同学 B 说道:"早期科学教育肯定是有意义的,不过我个人对教科学有点担心,因为不知道幼儿会提出什么样的问题。或者和幼儿一起做实验,万一结果和预设的不一样,他们问我为什么,我都答不出来,可能会没面子,而且这样就没有教师的权威性了。"

同学 C 说道:"在儿童发展心理学课上,我们学过幼儿的认知、理解依赖具体、形象的事物,但是科学很抽象,所以像磁场、力、光合作用这样的科学概念,他们根本学不了,大部分科学知识都不适合幼儿学习。到小学应该差不多能学了。"

同学 D 认为:"科学教育很有趣,自己的科学知识储备还不错。我比较有意愿参与学前儿童的科学教育,而且通过前两年的专业课,我也具备了一定的幼儿园教学活动的组织能力。不过学前儿童科学教育应该教些什么,教到什么程度,我不太确定。"

上述调查中,同学们的观点和担心确实具有一定的代表性。科学到底是什么? 科学的本质是什么? 科学教育的目的是学习抽象的概念吗? 可在便利贴上写下对"科学"的认识,尽量使用一个词语或者一句话简要说明。完成本节任务的学习后,反思该答案反映了哪种科学观,以及自己原有的科学观是否发生了改变。

任务支持

一、科学的起源与定义

(一)科学的起源

科学最早的起源较难考究,但一般认为现代自然科学的诞生可上溯至两千年前。《科学是什么》一书提及现代科学发源于古希腊的城市米利都,还记载了人类第一位科学家泰勒斯的故事。泰勒斯用所掌握的科学知识预测到油橄榄的大丰收,于是通过投资榨油房获得了不少收益。另一则传说中,泰勒斯利用天文知识预测到了公元前585年的一次日食。后期,泰勒斯创设了米利都学派,其最大的特点就是思考世界的本源,推崇理性思维,这是走向科学的重要起点。此外,作者论述了科学为何诞生于彼时古希腊。相较于当时其他国家,古希腊的哲学更着重探讨自然本身的规律以及人与自然的关系,而这恰是科学探究的本源,因此,便成为现代自然科学的诞生地[①]。

(二) 科学的定义

1. 科学的语义

现代意义上的"科学"一词源于希腊文 episteme,后演变为拉丁文 scientia,意为"知识、学问"。14世纪,science 一词从法语进入英语。日本学者将 science 翻译成了"科学",意为"分科之学"。

"戊戌维新"期间,"科学"二字被引入中国,广为使用,在严复的《天演论》等科学译著中也沿用该词,并逐渐替代"格物致知"。在"新文化运动"期间,科学和民主,以"赛先生"和"德先生"之名成为两面重要的旗帜。

2. 科学的定义

定义科学,本质上就是在定义科学的标准,即区分科学与非科学。然而,由于科学的内涵一直在其自身不断发展的过程中变化和丰富,因此,这个分界线很难确定,甚至有人认为很可能根本没有这条分界线。

知识链接

《辞海》是中国最大的综合性辞典,比较该辞典在下面三个不同年代对于"科学"的定义,看看发生了什么变化。为什么?

1979年:"科学"定义为"科学是关于自然界、社会和思维的知识体系,它是适应人们生产斗争和阶级斗争的需要而产生和发展的,它是人们实践经验的结晶"。

1999年:"科学"定义为"运用范畴、定理、定律等思维形式反映现实世界各种现象的本质和规律的知识体系"。

2009年:"科学"定义为"对各种事实和现象进行观察、分类、归纳演绎、分析、推理、计算和实验,从而发现规律,并对各种定量规律予以验证和公式化的知识体系"。

通过比较,不难发现人们对于"科学是什么"的回答随着时间的发展发生了显著变化,并体现着时代的特征。最初,人们仅将科学定义为知识体系,而后逐渐认识到这种知识是经由观察、分类、归纳等过程后才获得的,因此科学既是知识,又是过程。这个变化其实反映了人们对于科学本质的认知发生了改变。

《辞海》中"科学"语义的变迁说明了科学的定义并不唯一,所以一般仅对科学的定义作广义与狭义之分。广义的"科学"指自然、社会和思维等的客观规律的分科的知识体系,主要包括自然科学、社会科学和思维科学。狭义的"科学"仅指自然科学。本书所用"科学教育"一词采用狭义的"科学"定义,仅涉及自然科学的教育。

既然科学的外延一直处于变化之中,与其寻求一个准确的定义,不如探求其丰富的内涵与本质,这也有助于教师建构更加完整的科学观和科学教育观。

二、完整的科学观

简单讲,科学观主要回答"科学是什么"的问题。科学观是人们对于科学的本质属性、价值取向以及

---

① 张天蓉.科学是什么[M].北京:清华大学出版社,2019:4-9.

发展规律等的整体认识和基本信念①。作为对科学本质的认知,科学观是科学教育的基础。对于科学本质一般有以下三点共同的认知,这也构建起了一个相对完整的科学观。

(一)科学是关于客观世界的经验与知识

科学是反映客观世界及其规律的知识——这是人们对于科学最早的认识。这种知识是人类经过长期的积累、检验,并付诸实践而形成的。比如,我国上古之先民顺应农时,基于长期观察,逐渐形成了一套完整的关于时令、气候、物候等变化规律的经验知识体系,并总结为二十四节气。这些知识通过交流及代际传递,逐渐形成了人类社会宝贵的知识体系。虽然人们普遍认同科学是知识,但并非所有知识都是科学知识。科学知识一般要满足一些必要条件。

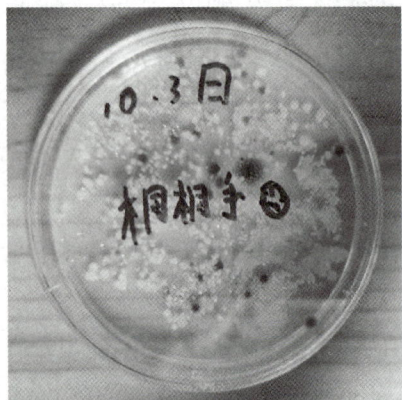

图 1-1-1　小手真的有细菌

1. 科学知识具有实证性

"科学知识来源于经验性的活动,且是一种在思辨基础上的经验性活动,而不是任何人的主观臆断"②。这一特点强调科学知识必须建立于事实之上,任何个人的猜想、断言、想象等,一切通过主观的直觉、感受所获得的,未经证实的都不是科学知识。在科学教育活动中,应该让儿童通过观察或实验等活动亲自去发现真相,比如通过实验去证实原来看似干净的双手上真的有细菌(图 1-1-1)。

2. 科学知识具有真理性

在哲学上,真理性有两种——绝对真理性和相对真理性。绝对真理性指某种知识、观点永恒不变,不会随着时间、认知等发生变化。相对真理性则强调科学知识并非一成不变,人类对于客观世界的理解随着实践日益加深,不断修正,无限接近却很难达到绝对真理。一旦新证据被提出,原先的科学知识就必须被修正,甚至被放弃。譬如,哥白尼的"日心说"替代了"地心说",实现了跨越式的进步。科学知识的这种自我否定和修正的能力使其对这个世界保持着较高的开放性,这正是科学充满魅力之处。

3. 科学知识具有可重复性

科学知识的可重复性指科学知识可以被反复验证。假如某种科学知识源于某人的一次观察或实验,那么另一人再一次重复相同的观察和实验行为,应得到相同的结果。这一特性使得真正的科学知识经得起时间和实践的检验,也是科学知识的经验性和真理性的保障与基础。

总而言之,科学是一种知识,它源于人类对自身和客观世界的认知,并在这个认知过程中不断发展与完善。

(二)科学是获得关于客观世界认知的过程与方法

如果科学是知识,那它从何而来?马克思认为科学就要使用理性的过程和方法。科学知识的获得是建立于实践基础上的一种活动。这个活动背后隐藏着一个探索世界、获取经验知识的实践过程——科学探究。科学探究包含了一系列的实践环节。虽然,不同学者对于科学探究环节的描述略有不同,但是一般认为,探究过程涉及以下核心环节:观察、提问、假设、检验、结论和交流。而且,这个过程不断循环往复,使得科学探究过程不断深入,获得更加可信且广泛的科学知识(图 1-1-2)。

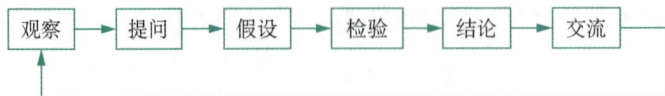

观察 → 提问 → 假设 → 检验 → 结论 → 交流

图 1-1-2　科学探究的一般过程

---

① 于海波,孟昭辉.科学观的教育价值及其课程实现[J].课程·教材·教法,2007(9):55-59.
② 洪秀敏.学前儿童科学教育[M].北京:北京大学出版社,2015:4.

（1）观察与提问：所有探究始于观察。通过观察，更加了解周围的世界，才有可能进行比较、分类、思考，然后发现问题、提出问题。

（2）假设：基于问题，提出假设。假设不同于问题，它尝试回答基于事实提出的问题。科学假设是关于事物现象的一种因果性或规律性的解释。

（3）检验：假设只是一种试验性的观点，试图解释一种模式或预测一种结果，因此这种假设可以，也必须经由科学方法（如实验、观察等）加以验证。常见的实验验证一般用来检验包含因果关系的假设。

（4）结论：结论就是假设的检验结果，是对问题的回复。科学结论的结果具有开放性，可能支持假设，可能否定假设，也可能发现新问题后提出新假设。特别要强调：否定假设不等于失败，而是发现、排除了一个错误的答案。

（5）交流：科学结论需要经过交流与他人分享，被他人所认知，然后被应用来改变生活。也可能在这个过程中发现新问题，进入新一轮探究，以修正原先的结论。

（三）科学是在认知探索客观世界过程中形成的态度与精神

科学探究的过程漫长且充满挑战。在此过程中，人们自然萌发并逐渐形成对于科学知识本身和科学活动的态度，这就是科学态度和科学精神。

科学家座谈会上，习近平总书记提到科学成就离不开科学精神的支撑，并且特别强调科技创新需要创造性的思辨能力、严格求证的方法，不迷信学术权威，不盲从既有学说，敢于大胆质疑，认真实证。这些都是科学探究过程中最基本的、最重要的科学精神与态度。科学态度与精神的内涵非常丰富，还包括了其他内容，比如保留判断、核实证据、避免盲从等[①]。第德利（Diederich）详细列举了18种科学态度及其具体解释（表1-1-1）[②]。

表1-1-1　18种科学态度的内容

序号	内容	解释
1	怀疑	不要对任何事情都认为理所当然，而要问为什么
2	相信解决问题的可能性	相信任何问题都是可以解决的
3	渴望实验的证实	主张用实验来证明各种想法
4	精确	用精确的实验而不是含糊或感情化的方式表达
5	喜欢新事物	对新事物采取支持的态度
6	愿意改变意见	在可信的证据面前愿意改变自己的信念
7	谦虚	相信很多事情难以确定，因此对未经证实的想法不过于自信
8	忠于真理	即使为过去所做的错误结论感到羞耻，也仍忠实于事实
9	客观	不是凭自己的喜恶而是用事实来证实一件事
10	不迷信	对怪异的事情努力寻求科学的解释
11	渴望知识的完整性	努力寻求知识之间的普遍联系
12	保留判断力	对别人的既定结果不急于表态，留待调查清楚之后
13	区分假设和解决问题	知道假设是需要检验的，它不等于解决问题
14	假设的觉悟	对一个问题要不断地提出假设

---

① 罗莎琳德·查尔斯沃思.幼儿数学与科学教育［M］.8版.北京：北京师范大学出版社，2019：70-71.

② 刘占兰.学前儿童科学教育［M］.2版.北京：北京师范大学出版社，2008：5-6.

（续表）

序号	内容	解释
15	判断的普遍性	相信通过科学实验得出的判断具有普遍的说服力
16	尊重理论	认识到科学理论的重要性
17	量化的习惯	喜欢用数字表达事物
18	接受概率的观念	认为自然界中很多事物的发生是随机的

拓展阅读

更多的科学
精神与态度

图 1-1-3　完整的科学观

（四）科学的核心是探究

科学始于探究兴趣，发展于探究过程，最后获得科学知识。科学的核心就是探究。因此，完整的科学观不仅要求认知科学的三层内涵——科学是知识、方法和态度，还要求认识探究在其中的核心地位与作用（图1-1-3）。这便构成科学本质的认知基础：科学是关于客观世界的经验与知识；科学是探索客观世界的过程与方法；科学是在探索中形成的态度与精神；科学的核心是探究。

三、科学观与科学教育

（一）科学教育的目的

国民基本科学素质（Scientific Literacy）被普遍认为是国家竞争力的基础，科学教育质量就是国家在这场竞争中取胜的关键。因此，科学教育的目的主要是培养所需科学技术人才，并且通过提高全民的科学素质来提升国家的科技实力和综合水平。

拓展阅读

全民科学素质
行动规划纲要
（2021—2035 年）

2021年国务院印发《全民科学素质行动规划纲要（2021—2035 年）》。该文件明确将科学素质定义为"崇尚科学精神，树立科学思想，掌握基本科学方法，了解必要科技知识，并具有应用其分析判断事物和解决实际问题的能力"，同时将科学素质视为国民素质的重要组成部分。此外，文件明确提出要广泛开展科学普及活动，加强青少年科学兴趣引导和培养，形成热爱科学、崇尚创新的社会氛围，提高全民科学素质。该文件还提出了科学教育的远景目标，即到2035年，我国公民具备基本科学素质的比例达到25%。这不仅丰富了科学教育的意义，也使得科学教育的目标更加清晰[1]。

（二）科学教育与科学观

科学观所涉及的一些基本问题包括"科学究竟是什么？科学的本质是什么？"，这些看起来与科学教育并没有太直接关系的问题是所有科学教育改革的理论基石[2]。甚至可以说，所有科学教育改革最终必须面对的基础问题还是科学观的问题，因为科学观影响着科学教育的理念、内容、方法、手段以及课程改革等。

教师对于科学本质的认识是实施科学教育的基础，对科学教育的影响贯穿整个科学教育活动：科学观影响教师对于科学教育目标的理解；科学观影响教师对于科学教育内容的选择；科学观影响教师对于科学教育方法的使用；科学观影响教师关于科学教育评估的理念与实践。

教师对于科学本质和内涵的理解决定了科学教育的理念和实施。如果教师认为科学仅涉及已知的事实和定律，那么他们就很难把科学的动态性和开放性呈现出来，就会忽视科学探究过程，仅仅关注科

---

[1]　国务院. 国务院关于印发全民科学素质行动规划纲要（2021—2035 年）的通知[EB/OL]. (2021-6-25)[2024-10-30]. https://www.gov.cn/zhengce/content/2021-06/25/content_5620813.htm.

[2]　丁邦平. 科学观与科学教育改革：跨学科的视角[J]. 教育研究，2002(1)：37-43.

学知识。因此,教师需要反思自身的观点,建构更加完整的科学观,认识到学前儿童科学教育的本质,在此基础上才能深刻地理解幼儿在科学活动中的行为,并给予更加有益的支持。

随着时代与科技的发展,科学认识也在不断进步,从最早将科学仅视为知识,逐步发展到科学也是方法和精神。在这种科学观的指导下,以传授科学知识为主要任务的传统科学教育开始逐渐走向以探究为核心的现代科学教育。

🍃拓展阅读

科学世界观
的内涵

任务回应

案例分析 ——我家乌龟不冬眠

今天,童老师和中班小朋友一起讨论哪些动物需要冬眠。小朋友纷纷举手,说出了很多小动物。当小朋友说乌龟需要冬眠时,一名幼儿站起来说:"老师,乌龟不冬眠,我家的乌龟就不冬眠。"童教师听后,拿起阅读区的《动物百科全书》说:"我们来查查百科全书吧。"教师将书翻到相应的地方,告诉这名幼儿书上写的是乌龟通过冬眠过冬。接下来,教师继续上课。

1. 如何评价上述案例中教师的行为呢? 她的做法反映了怎样的科学观呢?

科学观影响科学教育的理念、方法与实践。显然,在童老师的观念中,科学被简单等同于知识。因此,当幼儿提出疑问时,她只求助于百科全书,认为只有书本所记录的知识才是正确的,完全忽略了科学知识具有相对真理性的特点。此外,童老师没有意识到科学问题需要通过探究来解决,没有抓住这个难得的教育契机,生成科学探究活动,让幼儿自己去探求答案。

2. 一个具备完整科学观的教师,应该如何更好地回应与支持幼儿呢?

学前儿童的科学教育是一种启蒙教育,与传授科学知识相比,更重要的是让幼儿萌发对科学的好奇心和对探究的兴趣。教师应该认识到科学教育的目标之一就是培养幼儿的科学精神和态度。案例中的幼儿能够勇敢地提出和其他幼儿不一样的答案,说明幼儿具有珍贵的质疑精神和不迷信权威知识、敢于提出挑战的科学态度。教师应该首先肯定这种科学价值观,不要急于否认幼儿提出的观点或发现,而要"问一问、听一听",追问这个观点的来源和证据,让幼儿理解结论必须有实证才可接受,而不是个人的猜想和喜好。当发现幼儿之间出现不同的观点时,可以组织幼儿进行讨论,引导其发现须通过多次观察才能确认结论。比如,恰逢冬天的话,请幼儿将乌龟带到学校进行观察,或者在家拍摄视频,回园后集体分享交流。同时,可以组织幼儿在家长支持下通过多渠道查找资料进行调查,并进行集体的分享交流活动。总之,应让幼儿通过亲自参与探究去追求真相。

💡

———— 思考与实训 ————

🍃参考答案

一、单选题

1. "科学"是一个外来词,其最早的语义是什么?(　　)

A. 寓意、隐藏　　　　　B. 困难、挑战　　　　　C. 智慧、才能　　　　　D. 知道、知识

2. 在"科学"一词之前,我国使用哪一个词来表达相近的含义?(　　)

A. 西学东渐　　　　　B. 格物致知　　　　　C. 观往知来　　　　　D. 精意覃思

3. 完整的"科学观"不包括哪一项?(　　)

A. 科学是一种过程和方法　　　　　　　B. 科学是一种精神与态度

C. 科学是一种技术和产品　　　　　　　D. 科学是一种知识和经验

4. "科学"的核心是什么? (　　)

　　A. 提问　　　　　　　　B. 思考　　　　　　　　C. 创新　　　　　　　　D. 探究

5. 在科学发展史上,哥白尼的"日心说"替代了"地心说"。这一重要科学历史事件体现出了科学知识的哪一种特性? (　　)

　　A. 经验性　　　　　　　B. 相对真理性　　　　　C. 绝对真理性　　　　　D. 可重复性

二、简答题

1. 请列出一种科学态度,并举例说明如何在科学教育中培养幼儿的这种科学态度。

2. 在科学教育中,教师的科学观从哪些方面影响着教师的教育行为?

三、实训题

阅读案例,思考在完整科学观的指导下教师应如何回应并支持幼儿的科学学习。

最近,幼儿园里金桂飘香。小赵老师准备和小班的小朋友一起认识桂花。她提前做好了充分的准备,制作了精美的课件,对于下午上课充满信心。午饭后在园散步活动时,幼儿们发现了一棵桂花树,他们纷纷围过去,交谈起来。有的幼儿开始蹲在地上捡桂花,放到鼻子前闻一闻。小赵老师赶紧阻止幼儿:"地上的桂花太脏了,快放下。我们下午正好要学习桂花,快和老师一起回去学习桂花的知识吧。"

任务 2
学前儿童科学学习的支持

1. 理解学前儿童科学教育的内涵和价值。
2. 掌握学前儿童科学学习的一般特点及不同年龄阶段的特点。
3. 理解幼儿园教师在学前儿童科学教育中的作用,正确理解、分析并回应与学前儿童科学学习相关的问题。

在中班科学活动"昆虫一家亲"中,教师引导幼儿观看课件上的动物图片:"你们认识不认识这些动物呢?"幼儿立刻说出了答案:"蜜蜂、蝴蝶、蜻蜓、螳螂、蚊子。"教师:"你们说得都正确。其实,这些动物还有一个共同的名字。你们知道是什么吗?"幼儿纷纷摇头。教师:"就是昆虫。因为它们都有一对触角、两对翅膀、三对足。"

接着,教师又继续出示多媒体图片,并请幼儿从这些图片中找出哪些是昆虫。幼儿回答:"蚯蚓。"教师问:"蚯蚓是昆虫吗? 它有脚吗? 老师刚才说了,昆虫要有三对足。再想想,蚯蚓是昆虫吗?"幼儿:"不是。"

以上是一段幼儿园科学教育活动的课堂实录。你如何评价这位教师的教学? 是否符合学前儿童科学学习的规律和特点呢? 如果你是教师,你会用什么方法和幼儿一起学习昆虫呢? 为什么选择这种方法?

一、学前儿童科学教育的内涵与价值

(一) 学前儿童科学教育的内涵

学前儿童科学教育是指学前儿童在教师的支持与引导下,通过自身活动,对周围的物质世界进行主动探究,形成科学情感和态度,掌握科学方法,获得有关周围物质世界及其关系的科学经验的活动。具体来看,学前儿童科学教育的内涵体现在四个方面:一是培养儿童对探究世界的强烈好奇心、探究欲望以及探究实践所必需的关键品格和能力,此为科学教育的核心;二是确立了儿童学习的主体地位,强调儿童的主动探索;三是明确了儿童的探究形式、方法与内容,成人要充分利用实际生活机会,引导儿童通过观察、比较、操作、实验等方法,发现问题、分析问题和解决问题;四是确定了教师在其中的支持、引导和鼓励的作用①。

教师对科学教育内涵的不同认识会形成不同的科学教育观,继而影响对学前儿童科学教育内涵的把握以及教育活动的实施。教师应该怎样理解学前儿童科学教育的内涵呢? 教师应从儿童视角看待他们对周围世界独特的探究方式,勿以成人视角先入为主地评价其在探究过程中获得的感性的科学经验;应当尊重儿童对周围世界的好奇、好问,在观察和理解的基础上给予他们必要的支持和鼓励。以下两则案例展现了教师对于学前儿童科学教育内涵的不同理解是如何影响教学的组织与指导的。

案例❶

在"认识电"的活动中,教师为幼儿提供了人手一份的操作材料,让其按照要求把两节电池的正负极连接起来,使灯泡发亮。幼儿很快获得成功,操作非常熟练。

案例❷

认识蔬菜的活动中,教师先请父母利用周末带幼儿一起逛菜场和超市,买来自己爱吃的蔬菜。然后,周一将蔬菜带到班级,布置在自然角。几个孩子对灯笼椒议论不停。原来他们对辣椒长在什么地方有了争论:有的认为长在树上,有的认为长在土里。他们的争论引发了大家关于"蔬菜长在哪里"的思考和讨论。于是,教师马上调整教学目标和计划,先让幼儿把自己的想法画出来,但是,教师没有马上给出答案。教师发了一张"蔬菜长在哪儿"的调查表,请幼儿在家长协助下查找资料,同时还组织幼儿参观附近的蔬菜种植合作社。幼儿亲自进入大棚看到了自己喜欢的蔬菜,还发现了它们长在哪里的奥秘呢!

案例1中,尽管幼儿有亲自操作的机会,但只是在教师的指令和安排下进行的集体活动。教师未能从幼儿视角出发,联系幼儿的实际生活,倾听幼儿的探索经验,体现出明显的高控性。案例2中,教师善于观察幼儿,从幼儿的兴趣出发及时调整学习计划,注意活动预设和生成。同时,强调以幼儿为中心,在家长和教师的共同支持下,通过逛菜场、做调查、实地参观等不同途径,鼓励幼儿亲身体验,获得了蔬菜长在哪里的直接经验,帮助幼儿形成善于思考、乐于探究、自主建构科学知识的良好学习习惯。

(二) 学前儿童科学教育的价值

1. 提升学前儿童科学启蒙的质量,培育科学素养

培养具有科学素养的公民已成为各国提高国际竞争力的关键。国务院于2016年颁布的《全民科学素质行动计划纲要实施方案(2016—2020年)》特别强调培养未成年人的科学素养。2021年,国务院又印发了《中国儿童发展纲要(2021—2030年)》,在"儿童与教育"领域,明确提出要提高儿童科学素质、开展学前科学启蒙教育,并强调科学教育和相关师资培养的重要性。

研究表明,多数儿童在7岁时对科学教育形成积极或消极的态度,并影响儿童的一生②。因此,3—6岁是科学态度发展的关键阶段。应该通过高质量的早期科学启蒙教育,增强儿童的科学知识、科学技能和科学态度,为未来的科学学习奠定基础,最终成为具有一定科学素养的合格公民。

2. 培养学前儿童的好奇心及探究兴趣

《3—6岁儿童学习与发展指南》(以下简称《指南》)指出,学前儿童科学教育的核心目标是激发儿童的好奇心和探究欲。科学教育帮助儿童理解周围的世界,例如,风从哪里来? 水为何会蒸发? 天空为什么是蓝色的? 电是如何输送到家中的? 通过科学教育,儿童得以接触关于世界运转方式的广阔图景,并

① 夏力. 学前儿童科学教育活动指导[M]. 3版. 上海:复旦大学出版社,2014:2.
② Mullis I V S, Jenkins L B. The Science Report Card: Elements of Risk and Recovery. Trends and Achievement Based on the 1986 National Assessment[M]. National Assessment of Educational Progress, Educational Testing Service, Rosedale Rd. Princeton, NJ 08541-0001. 1988: 127-129.

中国儿童发展纲要(2021—2030年)

受到鼓励去探索和发现身边的一切。科学教育不仅帮助儿童认识世界,还为他们逐步建立科学概念提供了支持。在教师的引导下,儿童通过观察、发现和探索,初步形成了对世界运作方式的理解。这一过程不仅丰富了他们的认知能力,还为他们提供了理解和解释世界的有效工具,满足了他们与生俱来的好奇心和探究精神。

3. 发展学前儿童科学思维,塑造探究精神

科学教育在发展儿童的科学思维和探究技能方面发挥着重要价值。科学教育通过提供丰富多样的探究活动和实验,使儿童能够锻炼观察、提问、预测、验证、记录和交流等技能,逐渐形成自己的科学认知。在这个过程中,儿童不仅通过科学教育学会了科学的思维方式和技能,也为未来接触和掌握更加复杂的科学现象打下了坚实的认知基础。同时,科学教育中成人正确的引导能够帮助儿童积极面对失败,形成正面的自我评价和成长性思维。这种成长性思维模式不仅有助于儿童在科学领域的发展,还能进行迁移,帮助儿童在其他领域和生活情境中更加灵活地应对困难和挑战。

二、学前儿童科学学习的特点

(一) 学前儿童科学学习的一般特点

1. 以直接经验为基础

《指南》中强调,幼儿的学习以直接经验为基础,在游戏和日常生活中进行。学前儿童的学习需以直接经验为基础,通过感官、动作探索周围的世界,这才是他们最擅长也是最适宜的学习方式,正所谓"听过了,忘记了;见过了,也忘记了;做过了,便记住了,且理解了"[1]。

> 例如:连续几周,幼儿都在进行水的探究,包括水怎样流动,怎样让水以不同方式流动(甚至上升),如何控制水。他们制造了漩涡,用试管制造水的通路,用漏斗实验。一个幼儿对用漏斗玩水特别感兴趣,当他把漏斗的大头笔直快速插进水里时,就像恐龙的脚在水里蹚过,这种效果让他着迷。他又注意到拔出漏斗时,漏斗就像被粘住了。当教师问这是怎么回事时,有幼儿猜测:"也许因为露在外面的那一小部分被抓住了。"另一个幼儿也试了一次。他注意到当把漏斗向水里按时,有空气从漏斗细端的小孔里跑出来。看到这个现象,他非常兴奋地喊着:"我感觉到了,我感觉到了空气的存在!"[2]

2. 受限于思维发展水平

受思维发展水平的影响,学前儿童的思维特点是具体形象思维占主导,很难掌握抽象的科学概念或进行抽象的逻辑推理。因此,学前阶段的科学学习更多与具体形象的事物联系在一起,教师应注重引导幼儿通过直接感知、亲身体验和实际操作进行科学学习。

> 例如:在"认识天气"的活动中,教师问:"刮风时有什么感觉?"幼儿回答:"疼、冷、红脸蛋、眯眼……"教师接着问:"风从哪里来?怎么来的?"有的说:"是小树摇的,因为有风时树在摇。"有的说:"是风婆婆在天上吹。"教师解释道:"地球转,大气层也转。但是,总有一面的大气层被太阳照着,所以一半暖,一半冷,有的空气暖,有的空气冷。地球转时带动大气层转,在转动中冷暖空气互相碰撞,就形成了风。现在,你们知道了吗?"幼儿听后一脸茫然。[3]

右侧图标：📡微课　学前儿童科学学习的一般特点

---

[1] 丁海东.幼儿园的"教"须以直接经验为基础[J].幼儿教育,2021(10):56.
[2] Karen Worth & Sharon Grollman. 蚯蚓,影子和漩涡:幼儿班里的科学活动[M].北京:北京师范大学出版社,2008:11.
[3] 王月莲.从一则教学案例看幼儿园科学教育活动存在的问题[J].大庆师范学报,2012,32(1):143-146.

案例中,教师显然并未考虑学前儿童思维的发展水平。"风从哪里来"这一抽象的科学原理对学前儿童来说较难理解,但教师却选择使用抽象的科学术语和系统的科学知识来解释风的形成。同时,整个活动中教师仅通过问答方式进行教学,使幼儿无法真正理解该问题。幼儿获得的科学概念是零散僵硬的,学过便忘。教师应该采纳"直接体验、亲自探究、动手操作"等具体形象的方式来帮助幼儿理解,比如,组织幼儿在户外玩风车、观看小彩旗迎风飘扬、制作简单的风向仪并在户外游戏等。

学前儿童科学学习中经常表现出前运算阶段的"自我中心"特点,即倾向以自己的观点理解他人,以自己的视角认识世界。有些儿童以自己的主观想象为中心,不能分辨自然世界中的动植物及人类间的区别,以自身衡量周围事物,认为它们会讲话。有时还伴有明显的泛灵表现,易将无生命物体视为生命体,以拟人化解释与生命相关的概念,将人的特征归因于客观物体和现象。例如,将月相变化归因于月亮累了,月亮不累时是满月。而且儿童对于月亮变化的认识也会随其认知发展阶段而变化(表1-2-1)。

表 1-2-1　不同认知发展阶段的儿童对月亮的认识[①]

阶段	认知发展的过程	具体表现
前运算阶段	儿童已有的认识	月亮跟着我走 月亮有一张脸
	对新经验的同化	月亮也跟着我的朋友走 月亮是非常远的 远处的树看上去也会跟着我走,可树是不能动的 月亮不是活的
具体运算阶段	对新经验的顺应	如果月亮看上去跟随每个人,它又怎么跟随我呢? 远处的树确实是不会动的 月亮如果不是活的,它就不会有脸 月亮从很远的地方升起,从地球上看就像它有一张脸 有人认为月亮会跟着他走,其实它只是看上去那样

3. 依赖于社会性支持

社会文化理论强调,个体学习需在一定的社会历史文化中,通过与他人不断交往互动进行建构和发展。儿童思维的局限性决定了他们能理解的科学知识具有一定的非科学性。因此,与成人和同伴交往、合作及共同学习是促进他们实现科学认知的必要条件。

一方面,成人通过选择并安排适合儿童潜在发展水平的科学认知活动以及与他们合作、交流,引导其建构和内化能使其进行更高认知活动的技能。例如,在活动"有趣的水"中,教师提出"水怎样流动?怎样用不同的方式让水向不同方向流动? 怎样控制水的流动? 水滴怎样形成? 水在不同质地的材料表面上怎样运动?"等一系列问题,引导幼儿在探究中扩展、深化了关于水的认识。

另一方面,同伴互动有助于幼儿的认知与社会性发展。儿童在科学探究中通过合作交流,分享彼此获得的知识经验,进而接纳、适应,或者调整自己的认知结构。同伴互动也使幼儿在科学活动中逐渐克服"自我中心",学会接纳他人观点,并从他人的角度考虑问题。

(二)各年龄段儿童科学学习的特点

学前儿童科学学习既存在共性特点,又有明显的年龄差异,具体表现在探究兴趣、探究方法、探究记录和探究表达与交流四个方面(表1-2-2)。

---

① 洪秀敏.学前儿童科学教育[M].北京:北京大学出版社,2015:27.

表 1-2-2　不同年龄段幼儿学习科学的特点①

方面	3～4 岁	4～5 岁	5～6 岁
科学探究兴趣	1. 对日常喜欢、熟悉、可反复操作的事物更易表现出关注与探究兴趣； 2. 选择常具有无意识性，极易受其他刺激干扰，因此探究兴趣通常不稳定	1. 更多关注和探究与现实生活相关的具体事物，并渴望了解它们的用途、结构、功能、属性、特征、变化等； 2. 探究目的性增强，但探究兴趣仍较浅显，在实验探究中遇到困难容易放弃，或模仿同伴成功的操作，无意深入探究	1. 开始逐渐对有一定挑战性的内容表现出探究兴趣，喜欢关注事物的变化、奇特的现象及事物的细节特点与功用等； 2. 探究兴趣虽与中班相近，但视角更开阔，能通过收集交流信息拓展探究范围，推进探究活动； 3. 探究兴趣开始表现出个性化倾向，个体差异更明显
科学探究方法	1. 探究依赖于真实具体、现象一目了然的情景和反复操作感知的活动； 2. 探究视角小，具有单视角叠加累积的认知特点； 3. 难以有序观察事物的结构和特点，也难以通过一次观察探究就获得对事物粗略的整体认识	1. 探究视野从点扩大到面，在教师引导下，能够围绕问题整体有序地观察或两两比较探究，但对既定刺激物的探究还常呈现出混沌的状态； 2. 在缺乏已有经验支持和教师引导的情况下，较难观察与认识事物间的复杂关系	1. 探究的深度与广度及其组织形式更复杂； 2. 能关注到不在眼前的事物和现象，并迁移已有经验设想当前的事物与研究的问题； 3. 能在成人支持下展开持续性探究活动，对所研究的问题或观察到的事物、现象进行简单推理，解决问题或发现明显的规律与关系，建构前科学概念； 4. 在持续探究过程中，兴趣相同或相近的幼儿喜欢结成探究小组
科学探究记录	1. 探究记录具有较强的直观性与即时性，对操作过程感兴趣，满足于动作与游戏，但无意于记录与表达； 2. 需要教师利用操作材料进行巧妙引导	会主动记录很多内容，如猜想与结果，所探究事物的外形特征、数量、明显的差异或变化等，但经常看到什么就记什么，主次不分，较难抓住关键信息，且同伴间的模仿明显，记录坚持性较差	开始乐意尝试多元化、个性化的记录与表达方式，如简单的文字、数字、图示等方式
科学表达与交流	探究过程多独自操作或观察，同伴间极少交流，对教师提问虽然能做出实时回答，但语言表述简单	1. 表达交流趋向活跃，同伴间交流语言简洁丰富，表情自然生动，有效促进同伴间的启发与模仿； 2. 表述趋向完整有序，交流与讨论更易集中于核心问题与内容，并达成共识，得出结论或产生新问题	随着合作能力与表达交流能力的发展，经常边探究边交流讨论，甚至还会出现争论与协商

三、学前儿童科学学习中教师的作用

（一）儿童科学探究天性的尊重者

尊重儿童科学探究的天性首先要尊重和满足他们的好奇心，认真对待、赞扬他们的问题并通过适宜的问题引导他们以自己的方式开展探究。如果儿童对某个领域表现出兴趣，教师应鼓励儿童通过假设和验证、发现和解决问题等一系列过程主动寻求答案，逐步建构对事物的认识，激发对科学的积极态度。

（二）儿童科学探究行为的引导者

《幼儿园教育指导纲要（试行）》（以下简称《纲要》）中"科学领域"部分指出："引导幼儿对身边常见事

---

① 彭琦凡. 3—6 岁幼儿科学探究的年龄特点及其引导[J]. 学前教育研究, 2010(12)：27-30.

物和现象的特点、变化规律产生兴趣和探究的欲望。"教师应侧重对探究方法的引导,尽量创造条件让儿童实际参与探究,感受探究的过程和方法,体验发现的乐趣。

> 例如:"沉浮"实验中,儿童经探索发现重的东西会沉下,轻的会浮起。此时,教师又提供了海绵和泡沫塑料等新材料,儿童通过操作发现这些材料先浮后沉。这一发现与儿童之前的经验相矛盾,却引导其发现"轻的东西也会沉"的新现象,从而开始进行新的探究。

(三)儿童科学探究环境的支持者

环境是科学探究的物质基础。一方面,教师要创设有利于儿童产生积极探索行为的物质环境,充分利用活动空间的合理布置及材料的科学投放等,支持引导幼儿积极主动地与环境及材料互动。

> 例如:大班科学活动"恐龙的秘密"中,教师先在绘本区提供恐龙主题的绘本及百科全书,并在主题墙上留了一片"你问我答"的空白区域,引导幼儿将自己探索发现的恐龙的秘密展示在墙上,和同伴交流。在此基础上,教师根据大班幼儿的特点,在建构区和科探区分别准备了丰富的考古探究材料和侏罗纪公园的建构材料,进一步拓展幼儿的探究经验。

另一方面,教师应当建立接纳、支持、包容的探究氛围,促使幼儿形成良好的探究意识。《纲要》指出:"为幼儿的探索活动创设宽松的环境,让每个幼儿都有机会参与尝试,支持、鼓励他们大胆提出问题,发表不同的意见,学会尊重别人的观点和经验。"

拓展阅读

支持孩子学习科学的10个技巧

> 例如:在"种子发芽"的探究中,有些幼儿因为害怕阳光会晒伤植物,便将植物搬到没有阳光的地方。此时,教师没有直接告知幼儿:有些植物喜阴,有些喜阳;生活中,大部分植物的生长需要光照。相反,教师没有干预幼儿,而让幼儿按照自己的想法操作。教师通过为幼儿创设敢想、敢说、敢做的心理环境,培养了幼儿对自己的理论进行解释与证明的能力,对幼儿科学探究精神的形成具有重要价值,也体现了教师对于幼儿发自内心的真正尊重。

任务回应

案例分析——花园里的小蜻蜓

> 午餐过后,孩子们在花园里发现了一只小蜻蜓,一个个好奇的小脑袋围在了蜻蜓的周围。嘟嘟说:"蜻蜓有翅膀。""好像是白色的。"柔柔说。其他孩子都没有说话。老师问:"蜻蜓的翅膀是什么颜色呢?"小宝皱着眉头说道:"是透明色吧?""对,这是透明色。"彤彤听到后赶紧说道:"上面还有很多纹路呢。""它的两只眼睛是红色的,大大的!""它的肚子很长。"老师问:"它有几条腿呢?""1,2,3,4,有4条腿。"小朋友一起大声数着。
>
> 1. 上述案例中教师如何支持幼儿的科学探究活动?
> 幼儿对大自然的事物非常感兴趣,尤其是昆虫等生物。幼儿的科学学习是在探究具体事物和解决实际问题中,尝试发现事物间的异同和联系的过程,因此亲身感知尤为重要。上述活动是一次没有教师预设的科学探究活动,教师给予幼儿充分的探究时间与引导支持,顺应幼儿的兴趣点,让其对蜻蜓进行观察。面对此类日常生活中出现的偶发性科学活动,教师要善于观察幼儿的行为,了

解幼儿的科学探索特点,在此基础上对幼儿的科学探索活动给予积极的支持,并加以适当的引导。

2. 教师如何进一步激发幼儿科学探究的兴趣?

在以"昆虫"为主题的探究活动中,教师有时倾向于直接向幼儿灌输关于昆虫的各种科学知识,而忽略了让他们通过自主观察、操作和体验来获取经验。后续教师可进一步引导幼儿在观察基础上进行表征和交流,并通过指向性问题引导其认识蜻蜓的显著特征,尝试利用绘画、手工等方式进行表现和交流。

思考与实训

参考答案

一、单选题

1. 下列哪一项没有正确理解学前儿童科学教育的内涵?(　　)

　　A. 学前儿童科学教育的核心是让儿童掌握科学知识和概念

　　B. 学前儿童科学教育确立了儿童学习的主体地位,强调了儿童的主动探索

　　C. 学前儿童科学教育要求成人充分利用实际生活机会,引导儿童通过观察、比较、操作、实验等方法,发现问题、分析问题和解决问题

　　D. 学前儿童科学教育确定了教师支持、引导和鼓励的作用

2. 哪一年龄段的儿童能关注到当前不在眼前的事物和现象,并能迁移已有经验来设想当前的事物与研究的问题?(　　)

　　A. 3 岁前　　　　　　B. 3～4 岁　　　　　　C. 4～5 岁　　　　　　D. 5～6 岁

3. 哪一年龄段的儿童探究兴趣开始表现出个性化倾向,个体差异更明显?(　　)

　　A. 3 岁前　　　　　　B. 3～4 岁　　　　　　C. 4～5 岁　　　　　　D. 5～6 岁

4. 哪一年龄段的儿童难以有序观察事物的结构和特点?(　　)

　　A. 3 岁前　　　　　　B. 3～4 岁　　　　　　C. 4～5 岁　　　　　　D. 5～6 岁

5. "风从哪里来"这一抽象的科学原理对学前儿童来说较难理解。下面哪种方法不适合学前儿童对此现象进行理解?(　　)

　　A. 组织儿童在户外玩风车　　　　　　　　B. 口头解释"冷暖空气碰撞形成了风"

　　C. 观看小彩旗迎风飘扬　　　　　　　　　D. 制作简单的风向仪并在户外游戏

二、简答题

1. 简述学前儿童科学学习的一般特点。

2. 简述教师在学前儿童科学学习中的作用。

三、实训题

观摩幼儿园小、中、大班科学探究活动,观察分析不同年龄阶段幼儿的科学学习特点,并记录典型的案例。

任务 3
学前儿童科学教育目标的理解

1. 了解学前儿童科学教育目标的含义、制定依据和层次。
2. 理解学前儿童科学教育的横向目标要求和纵向目标要求。
3. 了解学前儿童科学教育单元目标制定的方法以及科学教育活动目标的基本撰写原则。

任务思考

今天,老师要求为大班的科技制作活动"纸杯电话"撰写教学方案。小田很快就写完了活动过程,且颇为满意,只剩下"活动目标"了。他写了又改,反复几次还没写好。于是,第二天便求助老师:"我的教案写好了,就差活动目标了。活动目标怎么写? 大四的同学建议我先了解一下《指南》。我看过了,《指南》里也没纸杯电话的活动目标呀!"

老师告诉小田:"活动设计的第一步就是确立活动目标。没有活动目标,先有了活动过程,这就是本末倒置。我给你写几个问题,你今天回去好好学习一下,再尝试写活动目标的作业。明天我们继续讨论。"

小田看到老师在便签上写下了四个问题:

1. 教育活动目标是什么? 学前儿童科学教育目标有什么意义?
2. 我国学前儿童科学教育的目标由谁规定? 有哪些具体的要求?
3. 《指南》里是否有目标? 是什么目标? 还有哪些文件也涉及科学教育的目标?
4. 撰写一个具体的科学教育活动的目标,要遵守哪些原则?

任务支持

拓展阅读

一、学前儿童科学教育目标的概述

(一) 学前儿童科学教育目标的含义

从"教育目的"到"课程目标"

幼儿园教育是一种有目的、有计划的教育活动。教育目标是教育者在活动前对活动结果的一种期望或规定。学前儿童科学教育的目标是对科学教育目的和要求的归纳,是向儿童实施科学教育的方向和法则[1]。

---

[1] 贾洪亮. 学前儿童科学教育[M]. 2版. 上海:复旦大学出版社,2016:28,36.

（二）学前儿童科学教育目标的制定依据

1. 社会发展的需求

学前儿童科学教育的目标需要符合社会发展的需求，服务于社会，并培养适应未来的个体。科技进步和经济变革要求学前教育激发儿童的探究精神和创新能力，以应对未来的挑战。与此同时，社会对跨学科思维、合作能力及人文精神的重视促使教育将科学教育与真实情境相结合，帮助儿童在实践中理解科学与社会的关系。通过引入前沿科技内容，设计生活化的活动，并推动家园合作与社会资源的整合，使学前教育能更好地满足社会需求并促进儿童的全面发展。

2. 儿童发展的要求

儿童发展具有整体性、阶段性和个体性特点，这些特征影响着学前儿童科学教育目标的制定。整体性指儿童身体、社会、情感、认知和道德的整合性发展。科学教育目标要遵循整体性的特点，将科学与其他领域结合起来，实现幼儿的综合性发展，培养"完整的儿童"。阶段性指儿童在不同阶段有其独特的生理心理特征。科学教育目标应遵循儿童年龄发展的特点与规律开展教学，指向不同年龄阶段的关键经验。科学教育目标还应考虑儿童个体性的需求，目标设计应是多样的，以适应并满足有不同需要的儿童。

3. 自然科学的特性

学前儿童科学教育的目标应符合自然科学的学科特性。自然科学以研究自然界的物体、现象及其变化规律为核心。自然科学注重客观事实，无论由谁或在何时进行实验，结果应具备可重复性和一致性。此外，学科内容具有严密的知识结构，从基础概念到复杂理论层层递进。科学探索依赖科学过程技能，如观察、测量、实验、分类等，通过实践活动认识并验证自然规律。最后，自然科学强调现象背后的普遍规律，鼓励儿童发现和理解自然界的因果关系与变化趋势。基于这些特性，学前儿童科学教育需通过实践探索、观察实验等方式，帮助儿童培养尊重事实、理解规律的科学态度和思维。

（三）学前儿童科学教育目标的层次

学前儿童科学教育的目标是一个有结构、有次序的组织体系，共有两种层次。横向层次：包括科学态度的目标、科学过程或方法的目标和科学知识的目标。这三个方面的目标也可是教育目标的三要素，即情感目标、能力目标和认知目标。纵向层次：从上而下包括总目标、各年龄段目标、单元目标和教育活动目标。该四个层次的目标体现了从概括到明确、从抽象到具体，目标内容不断细化，目标可操作性不断加强的发展过程（图1-3-1）。

学前儿童科学教育的总目标是科学教育总的任务要求，由国家制定，是对学前教育机构的规范和指引，体现于政府相关部门发布的文件，如《纲要》和《指南》。各年龄段目标一般以"3～4岁、4～5岁、5～6岁"为界，描述儿童一年内的阶段发展目标。单元目标一般由幼儿园等学前教育机构制定，是科学教育各年龄阶段目标的具体化及分段性目标，逐渐开始指向活动，但本质上还只是框架，没有真正落实于具体活动。教育活动目标是一次具体教育活动需要达到的独立活动目标，是最低层次的，也最具可操作性，一般由活动实施者（如教师）决定，经常体现在教学计划和活动方案中。

图1-3-1　科学教育的纵向目标

（总目标／各年龄段目标／单元目标／教育活动目标）

二、学前儿童科学教育的横向目标分析

学前儿童科学教育的横向目标涵盖科学态度、科学过程或方法，以及科学知识三个核心维度。这些目标相互关联，共同促进儿童科学素养的发展。科学态度的目标侧重培养儿童的好奇心、探究精神和尊重事实的习惯；科学过程或方法的目标注重发展观察、实验、测量、分类等基础技能，引导儿童掌握科学

探究的基本路径;科学知识的目标则帮助儿童在探索自然现象的过程中积累初步的科学概念和常识。通过这三个方面的融合,儿童能够在积极参与和自主探索中构建科学思维,并逐步理解自然世界的基本规律。

(一) 科学知识的目标

科学知识一般涉及三个层次:经验层次、概念层次和理论层次。学前儿童科学教育中,科学知识一般只涉及前两个层次,主要指向广泛的科学经验和初级的科学概念。

经验,一般与具体的事物和现象联系在一起。科学经验指儿童在科学探索中,通过亲自操作或感知所获取的具体事实和直接信息[①]。入园前,幼儿通过日常生活已积累了一些对周围世界的感性认识,如植物生长与水的关系。这些经验帮助幼儿形成了对科学现象的基本认识,成为幼儿的先有经验和认知基础。教师则通过科学教育活动在此基础上发展学前儿童的初级科学概念和科学认知。

初级的科学概念是在感性经验的基础上对事物外在明显的共同特征的概括,而不是直接的经验或事实,具有一定的概括性与抽象性。一般不强求幼儿掌握严格的科学概念,因为抽象的概念不符合幼儿的发展水平与思维能力。因此,一般多要求幼儿掌握实物概念,包括种和类概念,比如把萝卜、白菜和黄瓜归为蔬菜。初级的科学概念并非毫无意义,它们可为幼儿在将来的科学教育中发展准确的科学概念及系统的理论做好准备,推动幼儿由直觉行动思维、具体形象思维向抽象逻辑思维发展[②]。

(二) 科学过程或方法的目标

科学的重要特征之一就是方法的科学性,是指科学探究的过程中需要使用各种科学过程技能,也称科学探究技能,即使用实证的方法去收集客观信息、整理加工并表达交流的过程性的信息处理能力。学前儿童的科学过程技能一般是指通过直接经验来处理新信息的能力,主要包括以下六项基本技能[③](图 1-3-2)。

图 1-3-2 科学过程技能

1. 观察

观察是有目的的知觉活动,一般指通过感官或借助工具直接收集关于物体或现象信息的方法,也是一项基本的科学探究技能。《纲要》中提出的"运用各种感官"实质上就是观察的方法。受限于逻辑推理能力,幼儿获取科学知识的途径更多地依赖于直接观察。

发展幼儿观察能力的具体目标包括:运用多种感官感知物体的外部特征;比较观察不同物体或同类物体的特征;观察物体的运动和变化。

2. 分类

分类是将一组物体按照特定的标准加以区分。分类既是观察的延伸,又是形成概念、探究事物关系的重要方法。发展幼儿分类能力的具体目标包括:按物体的外部特征或用途进行分类(按事物的一个属性或多重属性);指出分类的标准或物体的属性。

3. 测量

测量是通过直接观察或利用工具测定物体数量与特征。量化的信息描述是科学的另一个重要标志,能够让儿童同时认识事物质和量的特质,培养量化意识,促进数学概念的发展。应注意,儿童的测量活动主要以简单工具进行自然测量为主。发展儿童测量能力的具体目标包括:使用不同的简单工具进行测量;比较或测量物体的长短、粗细、大小、多少、轻重等特征;初步知道通过测量可以获取精确量化的信息。

① 贾洪亮. 学前儿童科学教育[M]. 2 版. 上海:复旦大学出版社,2016:41.
② 陈虹. 幼儿科学教育与活动指导[M]. 北京:高等教育出版社,2013:57.
③ 张俊. 幼儿园科学教育[M]. 北京:人民教育出版社,2016:33-37.

4. 思考

思考是获取科学知识必需的思维加工技能,贯穿于科学探究的整个过程之中。幼儿以形象思维为主,虽还不能进行完全的逻辑思维,但可在具体形象和表象的基础上思考事物之间的关系,甚至进行一定程度的推理。发展幼儿思考能力的具体目标包括:比较和概括,即对直接观察到的事实进行比较和概括,认识到事物的异同;推论和预测,即根据观察,结合已有经验,推想原因,提出合理解释,得出结论,并预测将来可能发生的现象。

5. 操作

操作是学前儿童在科学教育活动中动手操作的过程,主要有两种类型。一是实验操作:以行动、操作或其他方式验证其发现、推论或预测是否正确的方法。二是技术操作:运用工具或材料,对客观对象或材料进行操作加工或制作新产品的过程。

操作不能简单等同于摆弄或动手,必须满足两个条件。一是目的性:是为解决某个问题而开展的有意识的活动,或探究现象,或加工改造对象。二是程序性:操作不是一个单独的手势或者动作,而是一系列有程序的动作。操作的程序可能会影响活动的结果。

发展幼儿操作能力的具体目标包括:使用简单工具;使用不同工具制作简单产品;根据操作目标及时调整操作过程,对过程和结果进行思考、调整和修正。

6. 表达和交流

表达是科学活动中必不可少的信息交流手段。探究活动后,每个幼儿都有自己的感受、体验和发现,会产生表达的倾向,并通过交流回忆自己的探索过程、梳理思考的信息、明晰自己的发现等。交流不仅帮助幼儿明确及深化自己的认识和理解,同时促使他们学会与人分享和尊重他人的意见,通过与他人比较,发现他人的有益经验,进而改进自己的方法。

科学教育活动要发展幼儿表达和交流的能力,具体的目标包括:学习用准确、有效的语言表达、交流自己在科学活动中的做法、想法和发现;学会用适当的方式表达自己在科学活动中的情绪体验,如体态、动作、表情等;学会用各种手段(如图画、符号、数字、图表、展览等)记录、展示科学活动的结果。

须注意,任何一次科学教育活动,都不可能只用一项技能,技能之间是相互联系、相互促进的关系。比如在"浮沉"实验中,幼儿先操作材料进行实验,然后在过程中进行思考并记录结果,最后基于记录开展交流活动,这一过程运用了多项技能。

(三)科学态度的目标

科学态度指对科学的积极情感,包括好奇心、求知欲和在此基础上表现出来的行动趋向。好奇心是儿童科学学习的内部动力。随着年龄的增长,儿童不再仅表现出好奇和提问,他们还会产生去寻求答案的意愿,想去探究——这就是求知欲。在好奇心和求知欲的驱动下,儿童开始出现一些积极的探究行为,比如尝试摆弄科探区的惯性小车,和同伴观察、讨论自然界的植物等,此时真正意义上的探究就开始了。

学前儿童科学教育中,一般涉及以下三条科学态度的目标:热爱自然和周围的环境,想要保护自然和环境;对自然和科学现象感兴趣,有好奇心和探索欲;尊重客观事实,具有一定的质疑精神。

拓展阅读

幼儿好奇心怎么看?教师应该怎么办?

三、学前儿童科学教育的纵向目标分析

(一)学前儿童科学教育的总目标

1.《幼儿园教育指导纲要(试行)》

《纲要》将幼儿园教育内容相对划分为健康、语言、社会、科学、艺术五个领域。其中,科学领域共有五条目标:

(1)对周围的事物、现象感兴趣,有好奇心和求知欲;

(2)能运用各种感官,动手动脑,探究问题;

(3)能用适当的方式表达、交流探索的过程和结果;

（4）能从生活和游戏中感受事物的数量关系并体验到数学的重要和有趣；

（5）爱护动植物，关心周围环境，亲近大自然，珍惜自然资源，有初步的环保意识。

除了第四条明确指向数学外，其余四条包含了对科学目标的要求。其中，第一、第五条指向科学态度，第二、第三条指向科学过程或方法。《纲要》虽未专门列出科学知识方面的目标，但并不意味此目标中不包含科学知识的目标。

2.《3—6岁儿童学习与发展指南》

为深入贯彻落实《纲要》，教育部于2012年颁布了《指南》，对3～6岁儿童提出了更详细的发展目标和相应的指导建议。其中，科学领域包含"科学探究"和"数学认知"两个部分。"科学探究"部分共提出三条目标，分别是"目标1：亲近自然，喜欢探究""目标2：具有初步的探究能力""目标3：在探究中认识周围事物和现象"。[①]

《指南》在精神上与《纲要》高度一致，但是更明确地将学前儿童科学教育的目标指向了横向联系的三个维度。具体讲，三条目标分别指向了科学态度、科学过程或方法和科学知识，建构了完整全面的学前儿童科学教育目标。其中，第三条巧妙地回答了《纲要》中是否有科学知识的问题，明确了学前儿童科学教育中的科学知识如何而来。

（二）学前儿童科学教育的各年龄段目标

《指南》依据不同年龄段幼儿身心发展和学习科学的特点，确定了不同年龄段的科学教育目标。

1. 各年龄段在"科学态度"方面的目标

小班（通常指3～4岁儿童）对周围的事物或现象表现出好奇，喜欢提问和探索，但所提问题和探索行为有时不一定具有明确目的，也不太关注答案；中班（通常指4～5岁儿童）提问的指向性逐渐明确，经常问与新事物有关的问题，在操作中思考；大班（通常指5～6岁儿童）不只提问，还围绕问题更长时间地探究，积极寻求答案（表1-3-1）。

表 1-3-1　目标 1 亲近自然，喜欢探究

3～4 岁	4～5 岁	5～6 岁
1. 喜欢接触大自然，对周围的很多事物和现象感兴趣 2. 经常问各种问题，或好奇地摆弄物品	1. 喜欢接触新事物，经常问一些与新事物有关的问题 2. 常常动手动脑探索物体和材料，并乐在其中	1. 对自己感兴趣的问题总是刨根问底 2. 能经常动手动脑寻找问题的答案 3. 探索中有所发现时感到兴奋和满足

2. 各年龄段在"科学过程或方法"方面的目标

小班主要运用多种感官，发现事物较明显的外在特征；中班则能对不同的事物或现象比较、分析，发现异同，还能猜测；大班能发现事物的前后变化，不仅能提出猜想，而且能运用一定的方法去验证自己的猜想（表1-3-2）。

表 1-3-2　目标 2 具有初步的探究能力

3～4 岁	4～5 岁	5～6 岁
1. 对感兴趣的事物能仔细观察，发现其明显特征 2. 能用多种感官或动作去探索物体，关注动作所产生的结果	1. 能对事物或现象进行观察比较，发现其相同与不同 2. 能根据观察结果提出问题，并大胆猜测答案 3. 能通过简单的调查收集信息 4. 能用图画或其他符号进行记录	1. 能通过观察、比较与分析，发现并描述不同种类物体的特征或某个事物前后的变化 2. 能用一定的方法验证自己的猜测 3. 在成人的帮助下能制订简单的调查计划并执行 4. 能用数字、图画、图表或其他符号记录 5. 探究中能与他人合作与交流

① 中华人民共和国教育部.3～6岁儿童学习与发展指南[M].北京:首都师范大学出版社,2012:19.

3. 各年龄段在"科学知识"方面的目标

小班能感知周围动植物的多样性,发现物体的外部特征;中班能发现动植物和物体的变化;大班则能感知动植物外形、习性与环境间的关系,探索现象产生的原因等(表1-3-3)。

表1-3-3　目标3　在探究中认识周围事物和现象

3~4岁	4~5岁	5~6岁
1. 认识常见的动植物,能注意并发现周围的动植物是多种多样的 2. 能感知和发现物体和材料的软硬、光滑和粗糙等特性 3. 能感知和体验天气对自己生活和活动的影响 4. 初步了解和体会动植物和人们生活的关系	1. 能感知和发现动植物的生长变化及其基本条件 2. 能感知和发现常见材料的溶解、传热等性质或用途 3. 能感知和发现简单物理现象,如物体形态或位置变化等 4. 能感知和发现不同季节的特点,体验季节对动植物和人的影响 5. 初步感知常用科技产品与自己生活的关系,知道科技产品有利也有弊	1. 能察觉到动植物的外形特征、习性与生存环境的适应关系 2. 能发现常见物体的结构与功能之间的关系 3. 能探索并发现常见的物理现象产生的条件或影响因素,如影子、沉浮等 4. 感知并了解季节变化的周期性,知道变化的顺序 5. 初步了解人们的生活与自然环境的密切关系,知道尊重和珍惜生命,保护环境

总之,各年龄段目标实质上和总目标一脉相承,是总目标在不同年龄阶段的具体体现,既反映目标的差异性,也体现连续性,反映了幼儿发展不是割裂的而是连续的。须注意,理解年龄段目标时,既要把握各年龄段的典型表现,又不能过于僵化,要灵活运用。

(三)学前儿童科学教育的单元目标

1. 以时间为单元的教育目标

以时间单元的形式把年龄段目标划分为学期目标、月目标、周目标等。例如,幼儿园小班10月份的科学教育目标为:愿意接触大自然;有好奇心,喜欢模仿、摆弄;认识易于接触的动物"兔子",了解其主要外形特征及生活习性;认识易于接触的植物"一串红",了解其主要外形特征;了解自己身体的主要部位"脸",学习如何保护;观察秋天的景色,初步体验大自然的美;初步学习运用感官认识物体[1]。

2. 以主题活动为单元的教育目标

以内容单元的形式划分,即根据教育目标及相关的教育内容特点,把某一组目标及相关内容有机组织起来,构成主题或单元。幼儿园科学教育活动的主题多种多样,有的以季节为主线建构主题,有的以自然科学现象为主线建构主题,也有以人的活动为主线建构主题。例如,幼儿园小班主题活动"有趣的气味"的科学教育目标为:让幼儿感知不同的气味,学会用鼻子闻物体的气味,发展感知能力;引导幼儿关心周围事物,培养幼儿对感知活动的兴趣;辅助学习用语言表达所得到的信息;帮助幼儿懂得要爱护自己的鼻子[2]。

(四)学前儿童科学教育的活动目标

1. 活动目标的定义

学前儿童科学教育的活动目标是指某一具体的科学教育活动所要达到的结果,或要引起的幼儿行为的变化。它是单元目标在具体活动中的具体化,是一种具有操作性的目标。

2. 活动目标的类型

教师要根据课程及活动的结构化程度制定不同取向的活动目标。结构化程度越高(如集体教学活动),目标越趋向细化、特化;结构化程度越低(如区域活动、科学游戏),目标越趋向泛化。幼儿园课程中

拓展阅读

美国学前儿童科学教育的目标

① 夏力.学前儿童科学教育活动指导[M].3版.上海:复旦大学出版社,2014:34.
② 夏力.学前儿童科学教育活动指导[M].3版.上海:复旦大学出版社,2014:35.

较为常见的三种目标是行为目标、生成性目标和表现性目标。

知识链接

幼儿园课程中较为常见的三种目标是行为目标、生成性目标和表现性目标。

行为目标以儿童具体的、可被观察到的行为进行表述。布鲁姆将其划分为三个经典的维度:认知领域、情感领域和动作技能领域。

生成性目标是在教育过程中生成的目标,反映了儿童经验生长的内在要求。

表现性目标是由艾斯纳提出的一种目标取向,可能与他的艺术教育工作相关,追求的不是儿童反应的同质性而是反应的多元性。例如:"观察科学实验,并讨论实验中有趣的事情"这一表现目标强调的不是预期实验结果,而是一种美学评论式的评价,即儿童对活动做鉴赏式的批评,依据儿童的创造性和个性评价活动的质量。

通过比较,发现行为目标更加关注结果,生成性目标则更关注过程,表现性目标强调个性化,意在培养儿童的创造性。在实际教学中,教师经常采用行为目标。

3. 活动目标的撰写

生成性目标和表现性目标往往在低结构化课程中使用,需要在活动过程中根据班级幼儿的情况和具体课程进度不断调整,因此,此处主要讨论高结构化课程中行为目标的设置原则。

(1)难度适宜的教育活动目标

适宜的活动目标应详细说明目标内容,描述清楚教学后幼儿应该能做而以前不能做的行为,并应落在幼儿的最近发展区内,与幼儿的年龄、水平等相适宜。目标既不能低于幼儿本身能独立做的,也不能高于儿童得到支持后依然达不到的。

例如:大班科学活动"溶解"的目标为"观察到'溶解'现象后感到新奇""通过自己的观察和实验操作,发现糖和盐在水里不见了"。可以看出,目标对于大班低了,而更加适合小班。这样的科学教育活动难以让大班幼儿得到发展。大班幼儿在该实验中不再仅满足于"感到新奇",而是"愿意尝试更多不同的材料(如油、酱油、淀粉等)进行实验"。这样,他们就能够在"发现糖和盐不见了"的基础上"比较并认识不同物体在水中不同的结果"。

(2)主语一致的教育活动目标

撰写活动目标要保证每条目标的角度一致,确保活动实施者从统一角度思考活动目标。随着儿童观的不断革新,一般以"儿童"为主语撰写活动目标,体现"儿童意识"。"以儿童为本位"的教学,要求教师设置课程时从儿童角度出发,思考他们能做的及可以得到的经验。

例如:小班"认识水"的活动目标为"培养儿童对玩水的科学活动感兴趣,有好奇心""感知水的特性,知道水是无色、无味、透明、可流动的""能手口一致点数5以内的实物"。以上三条目标分别有不同的主语:教师、儿童、评价。第一条以教师为主语,侧重教师需要培养儿童的具体内容;第二条以儿童为主语,侧重儿童在活动后学习到的具体内容;第三条目标以评价为主语,"能"字侧重观察儿童活动后能否达到该项目标。

(3)可观察、可测量的活动目标

高结构化活动一般采用行为目标的表述方式,以儿童具体的、可被观察到的行为进行表述,如"说出哪些物体放在水里是浮起来的、哪些物体放在水里是沉下去的……"那些很难表现为外部行为的目标内容,如兴趣、情感和态度方面的发展目标,可采用其他方式表述。

例如:中班"球与气"的活动目标为"感知皮球气足弹力大、气少弹力小的现象,能大胆地用语言表述自己的发现""通过触摸、按压等方式感受皮球中气的多少,在拍球实验中感受球的弹力""积极参与探究皮球弹力的活动,能主动尝试并判断皮球弹力的大小"。以上活动目标不只陈述了感受球的弹力与气的多少的关系,还具体指出了幼儿是运用触摸、按压的方式进行探索,用语言表述气足弹力大、气少弹力小的现象,为教师提供了可观察的行为表现指标,以及准确地判断活动效果提供了依据①。

（4）关注全面的教育活动目标

撰写目标时,常用的是布鲁姆的目标三维度,即将教育目标划分为认知领域、情感领域和操作领域。设计科学教育活动的目标应当尽量考虑上述三个维度。特别要注意,在科学领域中时常因为过于注重认知和技能而忽略情感的发展。

例如:小班科学活动"玩影子"的目标是"在和同伴玩追影子的过程中,注意影子的变化""在游戏中能够发现'人跑,影子跑;人停,影子停'等有趣现象"。上述目标既体现了动作技能目标"追影子""注意影子",还明确了知识目标"发现……有趣现象"。但是,没有考虑情感目标,所以不够全面。可以增加诸如"发现影子的奥秘后,感受到满足感"或者"在和同伴玩影子游戏的过程中,体验到了合作探究的快乐"等。

撰写教育活动目标时,为了更清楚地理解和把握三维度目标,可通过使用不同的引导词表述不同维度的目标(表1-3-4)。

表1-3-4　常用的三维教育活动目标引导词

目标维度	常用引导词
认知目标	知道、了解、理解、记忆……
情感目标	感受、喜爱、乐于、感悟、喜欢、对……感兴趣、产生……的感情……
技能目标	感知、尝试、比较、制作、讲述、交流……

任务回应

活动目标设计——大班科学活动"纸杯电话"

为大班科技制作活动"纸杯电话"设计、撰写活动目标,可从下面三个方面进行考虑。

1. 从年龄段目标考虑,可以参考《指南》中5～6岁幼儿的普遍特征与要求。例如,"动手动脑寻找问题的答案""探索中有所发现时感到兴奋和满足""探究中能与他人合作与交流""能发现常见物体的结构与功能之间的关系"等目标都与制作型活动的目标相关。

2. 目标撰写以幼儿为主语,但主语可以省略。另外,使用适合的引导词体现情感、技能和知识三个方面的目标。

3. 目标应体现科学探究的逻辑过程,即探究活动如何自然引导儿童获取知识。例如,《指南》中

---

① 张俊.幼儿园科学教育[M].北京:人民教育出版社,2016:46.

提到的"在探究中认识周围事物和现象",展示了科学过程与科学知识之间的内在关系。"探究"这一过程自然而然地帮助他们加深对周围事物和现象的理解。因此,目标表述不仅应描述最终获取的知识,还应反映知识获取背后的探究过程,使儿童在实践中理解和掌握科学规律。

综合上述考虑,大班科技制作活动"纸杯电话"的目标可以设计如下:

1. 通过亲自动手制作纸杯电话,发现声音可以通过线绳传播的现象;
2. 仔细观察纸杯的结构,积极探索纸杯电话的制作方法;
3. 与同伴友好合作,动手动脑解决制作过程中遇到的困难。

思考与实训

参考答案

一、单选题

1. 将科学教育目标分为"态度目标、方法目标、知识目标",属于哪种划分方法?(　　)
   A. 横向目标　　　　　B. 纵向目标　　　　　C. 联系目标　　　　　D. 整体目标

2. 不同层次的目标由不同对象制定,并且落实于不同层面。下面哪种目标一般由活动实施者本人制定,并落实于具体活动?(　　)
   A. 总目标　　　　　B. 各年龄段目标　　　　　C. 教育目标　　　　　D. 活动目标

3. 下面哪一项不属于科学教育中发展幼儿观察能力的目标?(　　)
   A. 学会运用多种感官感知物体的外部特征
   B. 学会一边观察物体,一边记录其特征
   C. 学会比较、观察不同物体或同类物体的特征
   D. 学会观察物体的运动和变化

4. 幼儿需要在科学探究过程中使用不同的思维技能。"根据观察,并结合已有经验,推想原因,提出合理的解释"属于哪种思维技能?(　　)
   A. 比较　　　　　B. 概括　　　　　C. 推论　　　　　D. 预测

5. 《3—6 岁儿童学习与发展指南》中科学领域的三条目标不包括哪条?(　　)
   A. 亲近自然,喜欢探究　　　　　　　　B. 具有初步的探究能力
   C. 在探究中认识周围事物和现象　　　　D. 感知形状与空间关系

6. 以下科学活动目标中哪一条属于情感态度维度的目标?(　　)
   A. 乐于回答有关指纹的问题,积极参与讨论
   B. 通过观察体验,初步了解并感受声波震动传播的现象
   C. 能大胆猜测,用学习表格记录自己的感受和发现
   D. 能够结合自己的观察记录,与同伴交流自己的发现

二、判断题

1. 操作就是动手。（　　）
2. 图画、符号、数字、图表、展览等是适合所有幼儿交流表达的手段。（　　）
3. 幼儿园活动的结构化程度越低,教学目标应当越具体、细化。（　　）
4. "能探索并发现常见的物理现象产生的条件或影响因素,如影子、沉浮等",这是对于小班幼儿的科学教育活动目标要求。（　　）

三、实训题

请任选三份科学教育的教案(小班、中班、大班)进行小组讨论:

(1)三份教案中的目标是否满足了科学教育活动目标的基本撰写原则?

(2)它们使用了哪些引导词来表述"情感、技能和知识"三个维度的目标?

任务 4
学前儿童科学教育内容和途径的掌握

1. 了解学前儿童科学教育内容的选择要求和内容范围。
2. 掌握学前儿童科学教育的多种途径,并充分理解其各自的特点。

任务思考

在一次学习经验准备的调查中,教师要求学生们根据以往的教育见习经历和其他领域学习经验,完成以下两个任务:

1. 每人写出三项科学教育内容,说说会用哪种途径进行相关教育活动;
2. 小组共同讨论组员写的内容,归纳出涉及的科学教育内容范围及所知道的途径。

调查发现,学生对科学教育内容有一定了解,认为包括了"物理、地理、生物",但其认识不够完整,尤其没有体现出时代性的特点。受到其他领域教学的影响,部分学生对于科学教育的内容和实施存在一些困惑,比如:阅读科学主题的图画书究竟是科学教育,还是语言教育?另外,他们还没有充分认识到当前幼儿园科学教育的途径和方式的多样性。不少学生还只能想到通过"上课"学习科学,没有意识到其他途径对于科学教育的价值。

学习本任务,梳理补充学前儿童科学教育内容的范畴,并思考:不同内容在幼儿园教学中的实施途径有哪些?除了上课,幼儿还可以怎样学科学?

任务支持

一、学前儿童科学教育的内容

(一) 学前儿童科学教育内容的选择要求

科学图画书
的选择要求

学前儿童科学教育是整个科学教育体系的启蒙阶段,在内容选择上要有全面的考虑。既要选择有依据,又要兼顾时代发展、季节变化、地方特色等多角度的要求;既要符合幼儿的现有发展水平,又要有一定的难度和挑战①。

1. 科学性和启蒙性

科学性指科学教育内容应符合基本的科学原理和规律,尊重客观事实。启蒙性指内容应符合幼儿

---

① 夏力.学前儿童科学教育活动指导[M].3版.上海:复旦大学出版社,2014:46.

的知识经验、认知水平和操作能力,使幼儿能在教师指导下理解和接受学习内容。教师应选择"粗浅、熟悉、可理解、能感知、可探索"的学前儿童科学教育内容。比如:观察"树"的活动从认识树叶开始,包括其颜色、形状、变化等。

2. 趣味性和探究性

趣味性指科学教育的内容令幼儿感兴趣,愿意参与学习和探索。探究性指科学教育的内容应该支持幼儿亲历探究过程,通过观察、比较、实验等探究方法获得发现。比如:为幼儿选择物质科学学习内容时,选择"平衡力",幼儿可以通过玩科学玩具(天平)、做游戏(玩跷跷板、走平衡木)等直接感知并探究力。这种科学游戏的方式使得学习过程具有趣味性。

3. 地方性和季节性

地方性和季节性指科学教育内容要因地制宜、因时制宜,考虑时间空间因素,注重开发利用本土化、地方性资源。这不仅能调动幼儿的探究兴趣,还能培养其爱家乡、爱自然等的情感。因此,教师应该关注、挖掘当地自然、人文和社会环境中具有科学教育价值的内容,将之融入科学教育中,逐渐形成具有园本,甚至班本特色的科学教育内容;依据开展科学教育时的季节特点以及特定季节展现出的自然环境的特征,加深儿童对季节的体验,感知季节和事物变化间的联系以及季节对于人类生活的影响。

> 例如:中原地区可将典型农作物小麦的种植、生长引入儿童科学教育;海边城市可考虑将常见的海洋鱼类及其他生物纳入教育内容。须说明,地方性和季节性原则并非只能选择当地或当季的内容,而是建议依据"由近及远"的原则,让儿童先学习身边的、正发生的自然科学内容,再认识空间、时间上较远的、儿童经验相对少的内容。比如,先认识周围的植物(如家里的绿萝、幼儿园的迎春花),再认识其他地方的品种(如墨西哥沙漠中的巨人柱仙人掌)。

4. 时代性和民族性

时代性指科学教育内容的选择,尤其是技术教育要体现现代技术的发展,让儿童体会到科技让生活更方便。民族性指科学教育内容应体现民族传统文化的特色,培养儿童在爱科学、爱探究的过程中传承、发扬优秀民族文化,激发民族自豪感。教师应引导儿童认识具有民族特色和地方特色的物产与文化。比如,了解古代四大发明及科技成就,我国具有代表性的丝绸、陶瓷等的物质制造技术和历史。

5. 广泛性和代表性

广泛性指从不同方面、不同类型、不同途径选择科学教育内容。代表性指选择最具典型性的科学教育内容,并考虑能否反映该领域最基本的知识结构。比如在"可爱的动物"活动中,选择儿童较熟悉的、能反映动物普遍特征的小狗或小猫小鸭或小鸡等,同时引导他们认识动物的外形特征、生活习性等该领域内最具代表性的内容,而不是动物消化系统等较难理解的内容。

(二)学前儿童科学教育内容的范围

学前儿童科学教育的内容一般涉及"物质科学""生命科学""地球和空间科学""科技与社会"四个主要范畴。该范畴与《美国新一代科学教育标准》中的四个主要项目基本一致,每个范畴下包括丰富的科学教育内容。

1. 物质科学

《纲要》提出,"引导幼儿对身边常见事物和现象的特点、变化规律产生兴趣和探究的欲望"。物质科学的内容分为常见的物质和有趣的现象两个方面。

(1)常见的物质

① 水

水是整个学前阶段重要的科学教育主题,儿童非常喜欢。关于水的科学教育内容包括认识水的物理特性、变化及生态意义等,列举部分:

拓展阅读

《美国新一代科学教育标准》中的学科核心概念(K阶段)

拓展阅读

"水"主题下的科学教育主题目标与内容

- 感受水的无色、无味、透明等物理特性。
- 探索水的流动性、溶解性、沉与浮等现象,如水自上向下流动,水中能溶解盐、糖等物质,水有浮力(有的东西可以浮上来,有的东西可以沉下去)。
- 探究水的三态(固态、液态、气态)以及三种形态互相转化的现象和方法。
- 知道自然界中水的来源——江、河、湖、海等。
- 知道水是生命之源,了解水对人、动物和植物生存的重要作用,如幼儿园菜地里的菜不浇水会有什么变化。
- 结合儿童生活经验,引导儿童辨别节约用水和浪费水,知道不仅要节约用水,还要树立环保意识,保护水源清洁。

② 空气

空气是生命不可缺少的物质,但缺乏具体的形象让儿童探究,较为抽象,难以理解。儿童对空气的探究主要通过各种实验操作、生活经验等聚焦空气的物理特性、变化和生态意义,具体如下:

- 验证空气看不见、摸不着,体会空气就在我们周围且无处不在。
- 探究空气的流动性,如通过小游戏、小实验的方式体验风的形成。
- 知道动物、植物、人类的生存都离不开空气,了解空气污染的现象,如汽车的尾气、随地吐痰等都会污染空气。
- 知道植物生长可以净化空气,理解植树造林的价值和意义。

③ 沙、石、土

沙、石、土是儿童生活中常见的事物,也是他们喜欢摆弄的物质。这些物质各具特性和用途,为儿童提供了操作和探究的条件,教师应引导其主动建构关于这些物质的科学经验。

- 探索沙、石、土等的物理特性,如石头是硬的,沙子和土相比较更软些,干土和湿土不一样,干沙子和湿沙子有区别,等等。
- 知道沙、石、土各自的主要用途。
- 知道沙、石、土覆盖在地球上,了解土壤里可长出植物,但石头和沙子里很难长出植物。
- 体会土壤和动物、植物以及人类的关系,懂得珍惜土地,保护自然资源。

(2) 有趣的现象

① 力和运动

力是物体间的相互作用,运动是物质存在的基本形式。力和运动之间有密切的关系,力能改变物体的位置和运动状况。探究力不仅要探究力的特点,而且要求儿童在生活中探索、体验、思考有关力的科学经验,并从这些经验中发现简单规律,具体如下:

- 感受事物之间的各种力现象,包括重力、弹力、浮力、摩擦力、拉力、电力等。如物体在不同光滑程度的平面上运动快慢不一样,是因为摩擦力大小的不同;地球上的所有物体都受到地球引力的影响,并因为重力而落在地面上。
- 感受力的大小、方向,以及力和运动之间的关系。如皮球滚动起来,撞到墙上会反弹回来;扔球的时候,越用力,扔得越远。
- 探究和体验力的平衡,如通过天平、跷跷板等来探索平衡的条件、理解平衡的意思。
- 探索各种简单器械(锤子、钳子、滑轮、杠杆等),发现它们产生力和省力的作用。
- 探索各种自然力(如风力、电力等),了解人类对它们的利用。

② 声音

声音是儿童认识和了解世界的信息源之一,在生活中能够经常接触到。教师可结合儿童听力的培养选择有关声音的科学教育内容。具体如下:

- 注意并辨别各种声音,如大自然中存在的声音、人发出的声音、机器发出的声音等,了解各种声音所代表的意义。
- 辨别噪声与乐音,了解噪声的危害。

- 探索出不同的物体发出不同声音的方法,如水杯里装不同容积的水,敲击时发出的声音大小不同。
- 体验声音的大小、强弱、粗细等变化特点。
- 探究声音借助各种载体的传播性,通过实验或游戏的方式进行。如儿童自制的土电话,用卷纸筒做的电话听筒,生活中传播声音的科技产品,等等。

③ 光

光是普遍存在的现象,其涉及儿童科学教育的内容如下:

- 知道光的来源,主要包括自然光(如阳光、月光、闪电、彩虹灯)和人造光(如手电筒、灯光、火光等),辨别两者之间的不同,认识到光对人类生活的重要性。
- 探索光的变化,主要包括光的大小、光的颜色、光的移动等。
- 探究光的折射与反射现象,如利用各种光学仪器(如小镜子、望远镜、凸透镜、凹透镜、三棱镜)进行探索。
- 探索、发现光和影子之间的关系,如怎么让影子消失、怎么可以产生多个影子等。

④ 热与温度

感受热与温度涉及儿童触觉上的探究与体验,应结合儿童实际生活经验进行教育教学。其主要内容如下:

- 体验物体的冷与热,知道有些物体热,有些物体冷,以及获得冷、热的感受。
- 探索物体冷热的变化以及冷热变化的方法,如知道冰箱里拿出的牛肉放久了会化冻升温、热水放久了会变凉等。
- 学会用眼睛观察或用手触摸等来判断物体的冷热,也可学用温度计来测量。
- 知道天气有冷有热,以及保暖降温的方法,如夏天通过喝水、开空调、洗澡等来防暑解暑,冬天通过添衣、搓手等进行保暖。知道常见的取暖或散热的科技产品。

⑤ 电

针对电的用途、危害、安全及使用方法等展开的科学教育内容如下:

- 初步了解电的多种来源,如静电是摩擦产生的,日常生活中的电是发电厂通过电线输送过来的,电动汽车等玩具的跑动是电池作用的结果。
- 初步了解电在日常生活中的应用,探索各种家用电器及电动玩具的功能,正确进行简单的常规操作。
- 初步了解安全用电的常识,知道废旧干电池是有害垃圾,正确应对用电安全事故的发生。

⑥ 磁

磁现象充满着神秘和魔幻的色彩,是儿童非常感兴趣的科学教育内容。引导儿童探究磁现象,能够激发其好奇心和探究欲,具体内容如下:

- 发现磁铁有吸引力,能吸铁质的物体。
- 探究磁铁大小、形状与磁力大小之间的关系。
- 探索磁铁与磁铁之间的吸引和相斥现象,并进行思考与比较。
- 发现磁铁在日常生活中的应用,如用磁铁将卡片粘贴在黑板上,用磁铁找东西等。

⑦ 化学现象

日常生活中还存在诸多有趣的化学现象,幼儿园可选择一些简单、安全、有趣的化学现象,让儿童去探索和发现,如切开的香蕉过一段时间会发生什么变化,常喝的酸奶是如何做成的,为什么要用香皂洗手,等等。

2. 生命科学

生命科学是科学教育的重要领域,能让儿童感受到生命的丰富多彩。生命科学教育主要包含三个方面的内容:植物、动物和人体科学。

(1) 植物

引导儿童观察植物的外部特征、生长特点及养料,了解植物的多样性,探索植物与环境之间的关系。

具体内容如下：

- 了解植物的多样性，知道不同植物具有各自的外部特征。
- 感受与探究植物的生长过程及成长条件，如通过种植知道"种子—发芽—开花—结果"的过程，知道有些植物生长需要光照，有些植物喜阴。
- 探究植物与环境之间的关系。如感知与观察植物在不同季节中的变化，长期不浇水的花有哪些变化，了解植物与人类的依存关系、植物可以净化空气等。

（2）动物

观察动物的外部特征与多样性，了解动物的生活习性，探索动物与环境之间的关系，是学前儿童科学教育的重要内容。具体内容如下：

- 观察动物的外形特征，感知动物的多样性。如探究不同动物的外形、毛发、结构、叫声，了解世界上有很多种动物，哺乳动物就有很多种。
- 了解动物的生活习性及成长变化。
- 探索动物与环境之间的关系。如探究不同动物的居住环境、动物随季节的变化（大雁迁徙）、动物与人相互依存的关系等。

（3）人体科学

儿童对自己的身体颇感兴趣，应该获得对自己身体的正确认识，这不仅有助于满足其兴趣和好奇心，也有助于其保护自身安全和维护身体健康。具体内容如下：

- 初步了解人体的结构、活动、功能，如认识自己的五官和了解胃的作用机制。
- 探索人与自然环境的关系。关注周围的环境，学习认识现存的污染现状，保护周围的环境。
- 能够基于自己的经验保护自己。如了解胃的作用机制后，当自己不舒服时可以判断并向成人说明哪儿不舒服。

3. 地球和空间科学

地球和空间科学的教育是让幼儿探索地球上的物质及影响地球的诸多元素，如气象状态及效应、天空的特性与变化、地貌变化等。其中，地球的物质"水、电、石、沙、土"等已在"物质科学"中详细介绍，不再重复介绍。

（1）天气、气候与季节

引导儿童观察与了解天气、气候与季节的变化，不仅能丰富儿童对自然环境的感性认识，而且能够促使他们主动认识与适应环境，保护自己的健康成长。具体内容如下：

- 观察、感受、测评、记录与报告天气变化的情况，并比较不同天气的区别。
- 探索风的产生，感知风的大小、冷暖、方向等，知道风在生活中的重要作用与危害，如风力发电、台风的危害等。
- 观察天空中云的变化、形状及运动轨迹等，比较不同天气下云的区别。
- 探索冬天常见的天气现象，如冰雪、雾、霜等，夏天常见的天气现象，如雷雨、彩虹等。
- 知道四季的名称及变化，感知四个季节的典型特征，探索季节变化与植物成长、动物生存和人类生活之间的关系。

（2）天空中的物体与变化

可通过图片、模型、科学图画书、视频资料等让儿童获取相关的科学认识。具体内容如下：

- 观察天空中的物体，如太阳、星星、月亮等，可借助太空模型或科学图画书等。
- 体验太阳带来的光和热，认识到这是人类、植物、动物生存生长的必需品。
- 观察、记录天空中物体的变化和运行模式，如月相的变化、星星的闪耀等。
- 通过多种信息交流方式了解更多的天文知识与科学经验。

（3）地貌变化

地球表面随着环境不断变化，可借助图画书或媒体影片，让儿童了解地球发生了什么变化，如何自转与公转，以及地球的变化如何影响植物、动物与人类的生存与生活，如受到侵蚀和风化的影响，自然灾害的产生与危害。这样的科学教育内容不仅能丰富儿童的科学经验,满足其好奇心,同时也能激发他们探究地球的求知欲,产生保护地球和环境的情感。

4. 科技与社会

现代科学技术逐渐渗透到生活中的方方面面,不仅带来便利,也引发了更多思考。学前儿童在日常生活中时刻感受着现代科技的影响,也对现代科技产品充满着好奇。因此,学前儿童科学教育中也涉及了对于科技产品的认知、使用与制作,同时需要引导儿童去思考科技与人类生活的关系。

(1)科技产品

科技产品无处不在,是科学技术应用于生活的具体体现。儿童应了解生活中常见的科技产品,体验科技产品带来的便利,感知技术改变世界的理念。具体内容如下:

- 探索现代家庭中常见的家用电器,如电话、电灯、空调、洗衣机等,初步学习简单的使用方法。
- 了解、观察常见的现代交通工具,如高铁、火车、自行车、飞机等,体验这些交通工具与人类生活的关系。
- 探索简单的科技玩具,如汽车模型、拖拉机玩具、惯性车具等,探索多种玩法,尝试拆卸与组装科技玩具。
- 初步了解农业科技产品,如种植蔬菜、水果的温室大棚以及经过加工的各种食品等。

(2)科技制作

学前儿童不仅要认识各种科技产品,还可运用简单、安全的材料和工具制作一些简单物品,体验发明、制作的过程,发展创造力和想象力,如小风车、不倒翁、纸杯电话等。

(3)科技与社会

学前儿童应初步认识科学技术对于人类生活、社会发展的影响,学会辩证看待科技发展既给日常生活带来了便利,也让人类社会面临很多问题,比如污染。在相关活动中,可通过多媒体展示的手段,让儿童知道科技的进步及人类社会面临的问题;引导儿童在成人支持下通过自己的观察和调查,讨论如何节约资源、利用资源;组织儿童通过探究活动发现环境保护的价值与方法,比如净化污水的方法。

另外,还可以组织儿童通过参观访问、实地考察、讲座对话等形式了解科学家、工程师等与科学技术相关的工作者,以及他们的工作对于社会发展的价值,激发儿童对科学技术工作的好奇心,萌发学习科学家的精神。

二、学前儿童科学教育的途径

(一)集体科学教育活动

集体科学教育活动,即教师组织或安排的专项教育活动,具有三大特点。

1. 面向全体儿童

集体科学教育活动的首要特点就是面向全体儿童。教师根据集体教学的要求,在判断全体儿童发展水平的基础上,设定适合的教学目标,对全体儿童进行统一的教育与指导。

2. 提供统一的内容

无论教育内容的来源为何,集体科学活动中儿童的学习内容是一致的。教育内容应考虑班级内儿童的兴趣爱好和问题困惑等,有时即使是少数儿童提出的,也可成为共同学习的内容。

3. 提前设计与规划

集体科学活动一般需要教师事先设计出一个集体性的共同学习计划。其中,一些特有的科学事实与科学现象需要教师提前查阅文献,将正确、抽象、晦涩的科学事实或结论采用通俗易懂、生动活泼的语言或其他方式来呈现,帮助儿童比较容易地理解。

（二）区域科学教育活动

区域科学教育活动指教师通过设定一定的科学环境,投放科学探究材料,引发儿童自主、自发、自由地进行科学学习活动,主要包括自然角、科探区、科学游戏等。区域科学活动与集体科学活动差异明显,具有自身的显著特征。

1. 鼓励儿童自主选择和参与

区域科学教育活动没有统一规定的科学内容、操作动作、探究行为等,儿童自主自发参与到小组或个人操作,是较松散的学习活动。儿童根据自身兴趣和意愿选择不同的操作材料,开展探究活动。如在植物角中,教师提供了各种种子、树叶、植物盆栽及浇水壶、剪刀、记录纸、笔、土等辅助性材料,有些儿童通过给植物浇水探究水和植物生长的关系,有些通过观察与记录植物的变化发现了植物生长的影响因素等。

2. 关注环境创设与材料投放

学前儿童以直觉行动思维为主,主要通过观察比较、情境游戏、动手操作、实验探究等探索科学事实。区域科学教育活动本质上是以材料为中心来组织的科学教育活动,在考虑科学操作材料投放的过程中,也应思考儿童可能会获得哪些科学核心经验。创设科学区域时,教师需要提供适合儿童操作的材料,包括:指向科学领域的内容性材料,如植物种子、橡皮泥、光板、磁铁、不倒翁等;工具性材料,如记录本、剪刀、放大镜等。

3. 提供个别化的探究和指导

区域科学教育活动更强调个人体验的获得,以及教师对个人成长的指导。儿童之间存在明显的发展水平和已有经验的差异,对区域活动有不同的兴趣和理解,因此,会出现不同的探究行为和方式。通常,不提倡教师过多、直接地干涉与指导,应有选择地、针对性地对某些儿童的某些探究行为或困惑等进行个别化指导。并且,教师应该将指导更多地隐含在材料的设计与投放中,通过材料指引儿童按照教师预设的多种可能性进行探究。

（三）生活中的科学教育活动

《纲要》指出,"科学教育应密切联系幼儿的实际生活进行,利用身边的事物和现象作为科学探索的对象"。一日生活也是学前儿童科学教育的主要途径之一,且有其教育特点。

1. 生活化

科学教育内容源于儿童生活,其组织与实施也应渗透于一日生活中。例如:儿童洗手时,发现了水的特点;散步时,发现了植物的多样性;进餐时,了解了蔬菜的名称和特征。

2. 真实性

求真是科学本身的追求,真实性更是生活中的科学教育活动的重要特点。一方面,科学教育的内容源于儿童真实的生活。另一方面,科学教育旨在帮助儿童认识真实的世界,解决生活中的真实问题。例如:养乌龟时,幼儿可能遇到一些问题——养在什么容器里?乌龟吃什么?怎么爬?然后,通过亲自饲养的过程得到客观真实的答案。

3. 灵活性

生活中的科学教育活动在组织形式上更加灵活,没有强制要求时间、内容和组织形式,可以随时随地进行。既可全班集体进行,也可小组进行,甚至一对一进行。当然,对于一些集体性的生活科学教育活动,应提前制订计划。例如:组织远足出游前,教师要规划路线,做好物质、心理等准备,强调安全保障,但科学学习和探究的部分可以做整体的、相对粗略的计划,因为很多具体的探究问题及行为可在现场灵活调整。

4. 补充性

生活中的科学教育活动是学前儿童科学教育途径的有益补充。科学源于生活,生活处处可见科学。尤其考虑到儿童的年龄特点和发展水平,日常生活是组织与实施科学教育更好、更近的课堂。"物体为什么总往下落?水为什么会流动?汗水为什么有点咸?小朋友是动物吗?"生活中的科学教育活动有助于实现学前儿童科学教育的目标,覆盖更加广泛的内容。

(四)整合性科学教育活动

整合性科学教育活动是指以科学教育内容为主题线索,以幼儿全面发展为目标,突出幼儿主动探究的学习特点,同时借助多领域结合的教育形式及手段,旨在构建一系列符合幼儿年龄特点、兴趣爱好和未来发展需要的科学教育活动。目前,幼儿园常见的整合性科学教育活动包括以科学教育为主线的主题教学活动、项目式主题活动、STEAM活动等,这类活动的特点非常明显,主要表现为以下两点。

1. 凸显以科学主题统整活动

整合性科学教育活动强调科学教育活动的主要地位,但也会与其他领域活动(艺术、语言、数学、社会、健康等)相结合。

> 例如:在"螃蟹"的主题活动中,教师开展了一系列科学活动,认识螃蟹的外形特征、生活习性、养殖环境等,帮助幼儿全面认识螃蟹。除了与科学领域相关的内容,教师还设计了美术活动"画螃蟹"等。在一次师生共同讨论"螃蟹"特点的集体教学中,幼儿不仅通过讨论丰富了语言表达内容,而且通过"点数"螃蟹的大钳子联系了已有的数学经验等。除了教学内容上的结合,整合性的科学教育活动还要从整体上分析、把握课程的目标、内容和学习方式,以及课程与教学的组织方式[①]。

2. 反映培养完整儿童的教育理念

杜威提出的"整个儿童"的概念告诉教师要把儿童看作一个有机体,而有机体是以整体来对外界作出反应的。整合性科学教育活动便反映了培养完整儿童的教育理念,既不把儿童各方面的发展割裂开来,也不把幼儿园各领域的教育过度区分。例如:幼儿观察兔子时,并不会分成"语言"的兔子、"科学"的兔子和"艺术"的兔子。"兔子"在幼儿学习中是一个整体,是一只完整、真实、鲜活的兔子。

任务回应

案例分析——阅读科学主题图画书是科学教育吗?

> 1. 学前儿童科学教育的内容就是"物理、生物、地理"知识吗?
> 学前儿童科学教育的内容与一般的自然科学教育内容基本一致,主要涵盖了"物理、生物、地理"领域的知识,分别对应"物质科学、生命科学、地球与空间科学"。但是,这种理解还存在一定的片面性,没有意识到科学与技术的关系,也忽视了科学技术与人类社会生活的关系。这些内容也是学前儿童科学教育中的重要内容,可归纳为"科技与社会"。遗憾的是,该范畴内容在实践中经常被忽视,其价值没有被充分认知。这些内容在探究科学与技术的同时,渗透着人文关怀,对于培养儿童的批判性思维具有较高价值。
>
> 2. 阅读科学主题图画书究竟是不是科学教育?
> 对于教师而言,一个教育活动究竟是语言教育还是科学教育,并非最重要的问题。更为重要的是,作为教师能否认识到教育活动的价值,并且通过该教育活动能否充分促进儿童的全面发展。在阅读科学主题图画书的活动中,语言教育的目标与科学教育的目标相互交叉。就其中的科学教育目标而言,可能涉及科学知识、科学技能与科学情感的目标,具体由图书内容确定。比如,在阅读一些科学家的故事时,儿童可能会了解一些科学知识,也会受到科学精神的感染。

① 朱家雄.幼儿园课程[M].2版.上海:华东师范大学出版社,2008:95.

3. 老师没有"上课",就没有科学教育活动吗?

个别学生在完成短期的幼儿园观摩与见习后,会有这样一种困惑——这所幼儿园为什么没有科学教育?这种观点往往是由于学生仅认识到"上课",即集体教学活动是科学教育的实施途径,却忽视了区域活动、生活活动,以及一些整合性的活动中都渗透着科学教育。比如,班级的自然角和幼儿园的种植园地等。因此,设计学前儿童科学教育活动时,要注意结合多样化的途径,为儿童提供丰富、全面的科学探究经验。

思考与实训

参考答案

一、单选题

1. 向日葵幼儿园坐落于一座古镇,古镇水系发达,大大小小遍布着数十座古桥。教师觉得可将此作为科学教育的内容。这个活动尤其体现了下面哪种科学教育内容的选择要求?( )
   A. 趣味性   B. 地方性   C. 季节性   D. 广泛性
2. 最近,阅读室来了个会说话的机器人"嘟嘟"。教师组织小班幼儿去阅览室认识这个新朋友。这个活动尤其体现了哪种科学教育内容的选择要求?( )
   A. 时代性   B. 民族性   C. 广泛性   D. 代表性
3. 下面哪一项不属于学前儿童科学教育的内容?( )
   A. 物质科学   B. 科学文艺   C. 地球和空间科学   D. 科技与制作
4. 今天,中班学习的主题是"小蚂蚁"。该活动涉及了哪项科学教育内容的范畴?( )
   A. 物质科学   B. 生命科学   C. 地球和空间科学   D. 科技与制作
5. "比较餐巾纸、卡纸和塑料纸的吸水性"属于哪项科学教育内容?( )
   A. 物质科学   B. 生命科学   C. 地球和空间科学   D. 科技与制作
6. "云的不同形态与天气变化"这项科学教育活动属于哪项科学教育内容的范畴?( )
   A. 物质科学   B. 生命科学   C. 地球和空间科学   D. 科技与制作

二、简答题

1. 简述学前儿童科学教育的四种主要途径。
2. 简述学前儿童科学教育内容的选择要求。
3. 简述学前儿童科学教育内容的选择原则中,"科学性"和"启蒙性"分别有何含义。

三、实训题

从"纸、小乌龟、竹子、苹果、云、水、伞、轮子"八个主题中任选一个,也可自拟,并根据"学前儿童科学教育内容的范围"以及上节任务中的"学前儿童科学教育目标",设计2～3项适合学前儿童学习的科学教育内容,并讨论每项内容适合通过哪种或哪几种科学教育的途径(集体教学活动、区域活动、生活中的科学教育活动、整合性科学教育活动)来实施。

任务 5
学前儿童科学教育的评价

任务目标

1. 理解评价的概念及对学前儿童科学教育活动的意义。
2. 了解我国幼儿园科学教育评价的内容，包括对幼儿的评价、教学活动的评价等。
3. 掌握科学教育活动中开展评价的类型和方法。

任务思考

　　思佳刚入职幼儿园，对设计新活动非常有热情。最近，她发现有些幼儿对活动不感兴趣，有些幼儿跟不上教学进度。今天园长来听课，指出她的活动"少点东西"。思佳百思不得其解。幸有老教师提醒："你对孩子和活动进行评价与反思了吗？"思佳恍然大悟——原来自己少了"评价"的环节。很多新教师对实施活动很热情，但没有评价和反思，导致教学上没有进步。

　　思佳今天正好去另一所幼儿园观摩。大班的吴老师带着幼儿进行了"溶解"实验。活动中，教师只在幼儿操作时给予一些指导。活动快结束时，吴老师向全班总结："今天大家都做了实验。你们知道这种现象叫什么吗？"幼儿大声回答："溶解。"活动结束后，吴老师在教学日志的活动评价栏中写道："通过实验操作活动，幼儿都掌握了'溶解'这个概念。"思佳若有所思：原来科学活动的评价就是在活动最后确认幼儿是否掌握了科学概念。

请思考：
1. 思佳对于"评价"的这种理解是否准确呢？
2. 科学教育活动中究竟评价什么？是评价幼儿能否掌握科学概念吗？
3. 评价的方法有哪些？如果你是吴老师，将如何进行本次活动的评价呢？

任务支持

一　学前儿童科学教育评价的概述

（一）学前儿童科学教育评价的定义和目的

　　教育评价，也称教育评估，是个内容广泛的概念。广义的教育评价包括对教育活动的一切评价。学前儿童科学教育评价是以科学教育为对象，根据一定目标，采用可行的测量方法，对幼儿科学教育的现象及效果进行评定，分析目标实现程度，作出价值判断的过程。

　　科学教育的评价以检验科学教育的价值、实现程度和学生的学习成效为基础；其重要目的是通过评价了解学习者的发展状况或潜力,以促进学习者更好发展[①]。具体来说,学前儿童科学教育评价的目的包含两点[②]:一是了解学习者,具体包括了解儿童的需求与初始想法,了解儿童的学习过程、进展与结果,了解儿童科学学习的特点和发展状况,给儿童提供更有针对性的反馈;二是改进教学,具体包括制订指导教学的计划,检测环境的创设和材料的提供是否适宜,监测教育教学方式与策略的适宜性及有效程度。

(二) 科学教育评价与科学教学

格兰特·威金斯在《追求理解的教学设计》中强调了评价在教学设计中的重要性,鼓励教师和课程规划者在设计具体单元和课程前先要学会"像评价者一样思考"[③]。据现代的教育评价理论,评价本身就可视为一种教学或学习活动。学前儿童科学教育评价应结合幼儿的一日生活和教学进行,往往是一种"嵌入式评价"。

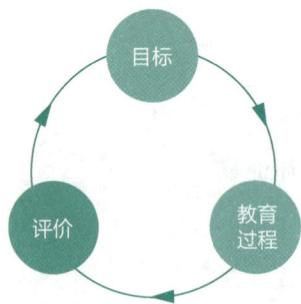

课程专家泰勒指出:教育活动是一个循环往复,同时又螺旋上升的过程。目标、过程和评价形成了一个闭环结构(图1-5-1)。具体而言,预定目标决定了活动过程,评价就是根据目标,对照实际教育效果,找出活动偏离目标的程度,并通过调整更好实现目标。因此,评价和目标不可分离:目标是评价的依据,评价是达到目标的手段[④]。要注意,评价的最终目的不是判断"成功或失败",而是提高质量。如能在此达成共识,那么评价过程就能被理解为一种评价者与被评价者互动的过程[⑤]。

图 1-5-1 目标、过程和评价的关系

(三) 学前儿童科学教育评价的功能

1. 诊断功能

诊断功能的评价是教学的开始。活动之前或之初,教师可对幼儿进行诊断性评价以了解其已有的学习经验和认识。例如,在开展有关"影子"的科学活动前,和幼儿谈话,让他们说说影子是什么,怎么来的。通过对幼儿回答情况的分析与评价可以帮助教师了解幼儿关于影子已有哪些科学认识和概念,诊断这些认知是否正确,并且思考如何通过教学引导幼儿发现并修正错误的科学认识。

2. 反馈功能

在教学过程中对幼儿的学习结果进行即时评价以了解教学效果,这就是评价的反馈功能。值得说明的是,评价的反馈功能不仅指向教师,也指向幼儿。例如:"找影子"活动中,教师让幼儿在操场上寻找各种影子并画下来。事实上,幼儿的记录就是评价的手段,可向教师及时反馈幼儿的科学学习状况:是否掌握影子的特征(颜色、大小、形状等)? 是否知道什么是影子? 对影子的观察和表征能力如何? 基于上述反馈,教师可决定是否要引导幼儿进一步观察影子的特征、探究影子的形成或讨论如何更好表征影子的特征。同时,幼儿本人也可通过记录及师幼对话,对自己的学习作出评价。

3. 鉴别功能

幼儿的学习与发展具有个体差异。对群体中幼儿学习的评价有助于更好了解幼儿的个别差异以因材施教。要特别指出的是,评价是为了发现幼儿的个别差异,而不是给幼儿贴上"好"或"差"的标签。教师应了解、尊重并真正欣赏幼儿之间的个体差异,学会将幼儿丰富多样的学习兴趣、能力和表现作为教学资源,以促进幼儿相互了解和交流,丰富其对科学的理解。比如,在"香槟塔叠叠高"活动中,教师通过对幼儿操作能力的观察,投放了一次性纸杯、塑料香槟杯等多种材料,满足不同水平幼儿的操作需求。又如,在研究植物的生长活动中,教师通过评价幼儿的研究兴趣,引导其形成了不同的研究小组。

① 李桂芳. 对幼儿园科学教育活动评价的研究[J]. 教师,2021(27):76-77.
② 刘占兰. 学前儿童科学教育[M]. 2版. 北京:北京师范大学出版社,2008:245.
③ 格兰特·威金斯,杰伊·麦克泰格. 追求理解的教学设计[M]. 闫寒冰,等译. 上海:华东师范大学出版社,2017:165.
④ 贾洪亮. 学前儿童科学教育[M]. 2版. 上海:复旦大学出版社,2016:153-154.
⑤ 施燕. 幼儿科学教育与活动指导[M]. 上海:华东师范大学出版社,2014:158.

4. 激励功能

评价的结果能够引发激励的效果。一方面，无论正面还是负面的评价结果，都能激发教师不断改善教学的愿望。另一方面，评价，尤其是正面的评价结果，能够激励、推动幼儿持续深入探究。教师一句不经意的赞许往往会给予幼儿自信和学习的动力。因此，要学会利用评价的这一功能来激发和保持幼儿在科学学习中的好奇心与探索欲。

二、学前儿童科学教育评价的内容

学前儿童科学教育评价是对科学教育课程与幼儿发展作出判断的过程，具体包含了幼儿的科学学习与发展、科学教育活动、教师的教育教学行为以及科学教育环境等[①]，内容丰富。

(一) 对幼儿的科学学习与发展的评价

对幼儿的科学学习与发展的评价是学前儿童科学教育评价的首要内容，其中包括了对幼儿科学情感和态度、科学探究能力以及科学知识经验的评价[②]。

1. 对幼儿科学情感和态度的评价

对于幼儿科学情感和态度，主要评价幼儿对自然事物和现象的好奇心、探索自然事物现象和学习科学的兴趣，以及幼儿关心、爱护自然和环境的积极情感与态度。评价内容具体包括：

(1) 是否对周围环境中的新奇刺激产生好奇，能够积极回应，并集中注意力，通过感知、观察和操作物体提出问题，寻求相关信息和答案；

(2) 是否对自然界和科学活动感兴趣，乐于观察和探索自然世界，积极参与科学活动，愿意谈论相关内容，并在活动中表现出愉快的情绪；

(3) 是否关心自然界，爱护、保护动植物和周围环境，是否有初步的环保意识，并对生命充满憧憬和关爱。

2. 对幼儿科学探究能力的评价

对于幼儿科学探究能力，主要评价幼儿探索自然事物和现象以及学习科学的能力与方法的发展水平。评价的内容包括：

(1) 是否了解各种感官在获取信息中的作用；

(2) 是否学会使用感官的方法，以及按顺序观察的方法；

(3) 能否在一组物体中，按照事物的一个或两个特征挑选出有关物体；

(4) 能否按照指定的标准，将给予的一组物体进行分类；

(5) 能否以自己规定的标准进行分类；

(6) 能否以观察的方法和非正式测量工具测量物体；

(7) 能否尝试用正式测量工具测量物体；

(8) 能否对一些物体进行比较、分析、抽象和概括；

(9) 是否有遇事思考的习惯；

(10) 能否以语言、体态、绘画、塑造等手段，表达、交流科学探索活动中的发现、获得的经验和问题，以及探索的过程和方法等。

3. 对幼儿科学知识经验的评价

对于幼儿科学知识经验，主要评价幼儿是否通过科学教育活动获取了自然事物和现象广泛的科学经验，或在感知基础上形成了初级的科学概念。评价的内容包括：

(1) 是否具有常见的自然现象(包括季节、气象、理化等自然现象)及其与人类、动植物有关系的具

① 陈虹.幼儿科学教育与活动指导[M].北京:高等教育出版社,2013:187.
② 施燕.幼儿科学教育与活动指导[M].上海:华东师范大学出版社,2014:159.

体经验或初级的科学概念；

（2）是否具有关于自然事物现象（有生命物质和无生命物质，包括人类自身）及其相互关系的具体经验或初级的科学概念；

（3）是否具有与幼儿自己生活有关的科技产品及其对人类有影响的具体知识。

（二）对科学教育活动过程的评价

对科学教育活动过程的评价，即评价教师设计、组织和实施科学教育活动的过程。评价教育活动时，一般会表现出某种价值取向。常见的三种评价取向是：目标取向、过程取向、主体取向[①]。教师可以根据科学教育活动的结构化程度制定不同取向的评价方式。

1. 高结构化活动的评价方式

活动结构化程度越高，评价就越明显指向预设目标的达成度。高结构化的科学教育活动往往采用目标取向，强调评价的科学性和客观性，往往采用"量的研究"方法，评价的依据是预设的活动目标是否达成。评价者应该具有很强的"目标意识"，仔细评价科学活动的各个目标及其之间的关系。比如，记录教师与幼儿的互动频率、幼儿在科学游戏中与同伴互动的时长、教师提问中封闭型问题和开放型问题的比例等。

2. 低结构化活动的评价方式

活动的结构化程度越低，评价是否与幼儿的发展水平、兴趣、需要相符合就越重要。低结构化的科学教育活动通常采用过程导向和主体导向的方式。过程取向强调科学教育活动计划和具体实施的全过程，包括教师和幼儿在教育情景中发生的全部情况。既可采用"量的研究"，也可采用"质的研究"，将人在教育过程中的表现作为评价的主要内容。主体取向将科学活动看作评价者与被评价者等共同建构意义的过程，评价者与被评价者是平等的个体，是一种多元的价值判断过程。一般采用"质的研究"，尊重差异与个体价值。

（三）对教师实施科学教育的知识、能力与态度的评价

教师是教学的主体，在学前儿童科学教育中，评价教师一般涉及评价教师实施科学教育的知识、能力与态度。

1. 科学学科知识

科学学科知识指科学领域的知识内容。研究表明，教师在学科领域的知识对于其实施有效的教学至关重要。如果教师对科学领域中的某些概念存在误解，可能会影响幼儿对科学知识的理解。迈阿密大学开发了一种有效的工具——"学科教学知识访谈"（Pedagogical Content Knowledge Interview），用于评估教师的教学知识。该访谈通过课堂场景向教师展示一系列早期科学概念和技能，包括教师对特定材料的评论、儿童遇到的问题及其应对措施。研究发现，教师的科学领域教学知识得分越高，他们在课堂上使用科学相关专业术语的频率也越高（McCray & Chen，2012）。

知识链接

PCK 是学科教学知识（Pedagogical Content Knowledge）的简称，最早在 1986 年由美国舒尔曼教授通过对优秀教师的长期追踪调查提出。舒尔曼认为，"学科教学知识是教师将自己所掌握的学科知识转化成学生能理解的形式的知识。它具体表现为教师知道使用各种表征方法，组织教学活动，使得教师能顺利教授某特定学科，这门学科能被学生理解"。

学科教学知识涵盖教学内容知识（what）、教育对象知识（who）和教学方法知识（how）三大核心，目的在于帮助教师构建完整的教学体系，提升教学的专业化程度，实现教学与教学质量的真正提高。

[①] 朱家雄.幼儿园课程[M].2 版.上海:华东师范大学出版社,2008:83.

2. 科学教学的能力

教师实施科学教学的能力是教师评价的关键内容。教师的教学经验体现了他们将理论知识转化为实践应用的能力。例如，可以使用"科学教学实施的保真度"（Science Fidelity of Implementation Measure）来测量教师实施科学教学的能力。该评价工具中的保真度（fidelity）指教师能否有效地执行教学计划、示范科学教学材料、支持儿童的探索以及反思自己的教学等。为了发展和验证儿童早期课堂科学教学质量，还需要更多研究。目前可行的方法是总结高质量科学活动的关键特征，通过这些指标来比较教师在科学教学能力方面的水平。

3. 科学教学的态度和信仰

研究表明，教师的教学态度和信念对幼儿科学教育至关重要，但这一因素往往被忽视。例如，学前教师对科学教学的态度和信念问卷（Preschool Teacher Attitudes and Beliefs toward Science Teaching Questionnaire，P-TABS，2013）主要从三个维度评估教师对科学教育的态度：一是教师在教授科学时的舒适度，二是他们对科学教育对儿童发展益处的看法，三是他们在教学中所面临的挑战。这些维度反映了教师的态度和信念如何影响他们的教学实践，从而影响幼儿的科学学习。

（四）对科学教育环境的评价

皮亚杰认为，想要获得学习和发展，需要积极地探索和参与有趣新奇的环境。在科学教育中，幼儿通过与环境材料的直接互动获得科学经验、发展科学认知，因此环境也是科学教育评价的重要方面。科学教育环境的评价一般包括材料的种类和数量，以及材料是否容易获得等。例如：《科学教学和环境等级量表（STERS）》包含8个评价指标：①创设有利于探究和学习的物理环境；②提供直接经验促进概念学习；③促进科学式探究的使用；④创设合作的氛围促进探索和理解；⑤提供深入对话的机会；⑥帮助学生积累科学相关的词汇；⑦制订深入调查的计划；⑧评价学生的学习。

三、学前儿童科学教育评价的类型与方法

（一）科学教育评价的类型

1. 过程性评价

过程性评价，也称形成性评价，指教师在学生学习过程中对其所掌握的知识进行评价的一种持续的教育评价方法[①]。这种评价在正常教学活动过程中进行，用于支持日常教学，便于教师关注学习者从一个学习阶段到另一个学习阶段的进展。形成性评价的结果通常不分级，也不将学生的表现与特定标准比较，但这并不意味着它无法反映定义学习者的表现。调查、面谈和焦点小组讨论是常见的过程性评价手段。

此外，美国国家科学基金会支持的许多科学课程都尝试使用了"嵌入式评价（embedded assessments）"，这也是一种过程性评价。在嵌入式评价中，学生可能会被要求多次画出一个完整的电路，按时间顺序排列植物生长和发育的图片。通过学生的反馈和作品，教师可以评价其已经理解了什么，下一步需要做什么。

2. 总结性评价

总结性评价是非常常见的教学评价方法。传统意义上的总结性评价指在一段教学结束时的测试[②]，现在这个术语的内涵已经发展到包括对任何基于学生在学习某个特定主题后所学知识的所有可用证据的判断。这种评价方法包括使用一个标准给学生在课程或项目结束时的表现打分。在总结性评价中，教师将学生所学的知识与教授的知识进行比较，并根据结果决定是否进入下阶段的学习。期末考

① Bennett, R. E. Formative assessment: A critical review[J]. Assessment in education: principles, policy & practice, 2011: 18.
② Kibble, J. D. Best practices in summative assessment[J]. Advances in physiology education, 2017: 110.

试、标准化测试是常见的总结性评价,成绩或分数定义了学习者的进步情况。

3. 真实评价

真实评价是一种现实的评价方法,即将学生置于复杂现实的情况中,要求他们使用已有知识来解决某类特定的问题,旨在帮助他们更清晰地理解课程内容和主题[①]。不同于传统的评价方法只关注学生表现,真实评价是学生用自己的知识来解决一个现实生活中的具体问题,因此,学生会觉得真实评价更有趣。真实评价是双向的,一方面帮助学生提高技能,另一方面评价学生在现实环境中知道多少。

4. 预评价

在课程开始前进行一个简短的,旨在了解学生对该主题已经知道多少的评价,即为预评价[②]。课程中,学生从一节课到另一节课的每个节点都应进行预评价。通过预评价的结果,教师可以站在学生的角度看问题,调整课程内容,更加有效地服务学生。此外,它还有助于防止冗余学习,因为教师无须重复学生已经知道的信息。一个项目中教师可以采用不同的方法进行预评价,例如,让学生在简短的课堂讨论中分享他们对新主题的看法,组合分析、调查问卷和概念图也是理解学习者已经知道内容的常用方法。

综上所述,每类评价各有优缺点(表1-5-1),需要教师根据具体的教学情境进行选择与使用,以为自己的教学服务。

表1-5-1 不同评价类型的优缺点

类型	优点	缺点
形成性评价	使教师根据当下数据作出决定,调整教学方法,更好适应学习者需要	1. 需实施几种方法有效监控学生学习进展,可能耗时多; 2. 形成性评价越多,实际教学时间就越少
总结性评价	1. 标准化的评价方法,简单、易操作; 2. 在学生从一个层次进入另一个层次的过程中起着重要作用	打击学生的积极性,尤其是当结果比较消极或者不理想时
真实评价	1. 使学生成为评价的积极参与者; 2. 帮助学生成为更好的学习者,也赋予了教师成为更好教师的权利	1. 高度主观,很难用它给学生打分; 2. 常需要详细、具体和个性化的反馈,花费时间多,尤其在人数多的班级
预评价	1. 提前了解学生的认识水平和能力; 2. 事先向学生传达课程期望	1. 减少实际学习时间; 2. 生成大量数据集,处理过程可能很耗时

(二) 科学教育评价的方法

评价方法指的是信息资料的收集与记录方式。根据不同的信息收集方式,科学教育评价的方法多种多样,包括但不限于以下五种。

1. 观察法

研究者根据研究目的、研究提纲或观察表,用感官和辅助工具去直接观察研究对象,从而获得资料。观察法具有目的性、计划性、系统性和可重复性的特点。在科学教育中,常用的观察方法有轶事记录和行为检核法。

(1) 轶事记录

轶事记录,也称事件详录法,就是详细记录某种特定行为或实践的完整过程,并对此过程中幼儿的科学学习行为等作出评价。轶事记录要求教师尽可能详细客观地记下所观察到的内容,具有一定的挑战性。但收集到的资料生动具体,更能完整反映幼儿在科学活动中的全貌。下面就是一则幼儿在科学活动中的观察实录:

微课

轶事记录法的评价案例

----

① Darling-Hammond, L., & Snyder, J. Authentic assessment of teaching in context[J]. Teaching and teacher education, 2000, 16(5-6): 523.

② Guskey T. R. Does pre-assessment work? [J]. Educational Leadership, 2018, 75(5): 52.

中班区角活动观察记录

观察时间：10月15日 周一 上午　　　　　　地点：科学区角活动

观察对象：小夏（中2班）

事件：

　　今天小夏选择了科学区，从材料柜上拿了彩虹水的材料放在了桌子上。他先拿了一根试管，打开了盖子，拿起了红色瓶里的滴管按了一下，把红色的水挤在了试管里面。又用同样的方法在同一个试管里挤了黄色的水。

　　试管里的水变成了橙色，小夏开心地喊："高老师，你快看！变颜色了！"

　　高老师："那你可以把这个好消息记在老师昨天说的记录表上呀，这样就可以和别的小朋友一起分享这件事情了。"

　　小夏点点头，拿了红色水彩笔，转头对老师说："高老师，我不知道怎么记下来。"

　　高老师："可以用个你喜欢的符号表示变化，再画下所变的颜色！"

　　小夏点点头："好的。"

　　上面案例记录了幼儿在区角和老师的对话。小夏能根据自己的大胆猜想，用实验去验证自己猜想的结果。符合《指南》科学领域中的目标2，即"具有初步探究的能力"，并且也符合《指南》中对于中班幼儿科学技能的目标，即"能根据观察结果提出问题，大胆猜测答案"。但小夏尚缺乏观察记录的能力，需要向教师求助。教师不仅鼓励小夏把自己的观察记录与同学分享，并给出具体的建议引导幼儿做简单的记录。

（2）行为核验法

　　行为核验法提供了一份儿童科学学习的行为清单。观察前，依据评价内容确定观察目标，制定一份观察行为检核表，将要观察的行为列在表中。观察中，对照检核表的项目逐个检核，做记号。这种评价的优势是方便，易操作，能同时观察多名幼儿，可用数据形式呈现结果，方便整理和统计。例如，表1-5-2就是一个科学活动中的行为核验表。

表1-5-2　幼儿在科学活动室学习水平的行为检核表

幼儿姓名：_____　　　评价者：_____　　　观察时间：_____

观察内容	能够	不能
1. 对一些生活中的科学现象感兴趣，常问有关的问题		
2. 能运用各种感官感知物体特征		
3. 能正确对物体分类		
4. 喜欢探索各种材料		
5. 能照顾活动室内的动植物		
6. 会模仿教师在活动室做小实验，尝试解决问题		
7. 会做气象记录		
8. 会观察动植物情况并用图像记录，了解其变化发展情况		
9. 能持续较长时间观察、探究		

2. 测查法

　　测查法，或检测法，是通过测试题调查幼儿科学学习的发展水平。该法的优点是能对大量对象进行标准化测试，短时间内获得反馈信息，且便于量化统计分析。运用测查法，在测查准备方面要编写测试题、准备测试材料、设计记录表格、拟定评分标准。测试过程中可以集体或个人进行,但尽量选取幼儿熟悉的场所。如对幼儿进行测查时,尽量运用图画代替文字来表达。表 1-5-3 展示的就是测查幼儿对于动物生存环境的知识。

表 1-5-3　小动物回家

你知道这些动物生活在哪里吗? 请在水中生活的动物右侧一列中画□,在陆地上生活的动物右侧一列中画△。	
动物	生活环境

3. 作品分析法

作品分析法是根据幼儿的各种作品(如图画、泥塑、所编故事和儿歌等)分析幼儿科学素养发展水平

图 1-5-2　儿童眼中的科学家

的一种方法。例如,组织幼儿观察昆虫,并且将它们的特征画出来。教师通过分析幼儿的观察记录可以了解幼儿对昆虫特征的掌握水平。作品分析法的优点在于资料生动、形象,较易收集。其缺点是较难系统、完整地了解幼儿的科学素质发展水平,因此一般需要结合其他评价方式对幼儿进行综合的评价。

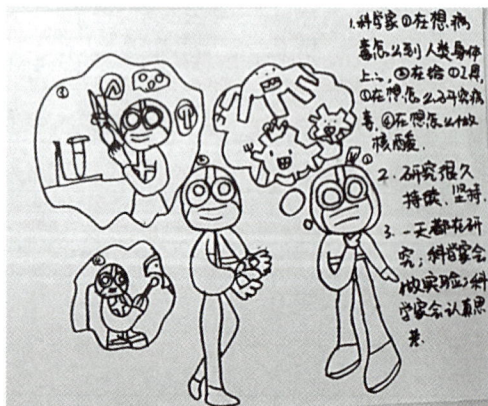

"画一个科学家测试"(Draw a Scientist Test,DAST)是个开放式的科学评价,旨在通过分析儿童的绘画作品调查其对科学家的看法(图 1-5-2)。该方法最初是由钱伯斯(Chambers)在 1983 年发表,主要了解对科学家的刻板印象首次出现在什么年龄[1]。通过分析 7 个标准指标(如实验室大衣、眼镜、面部毛发、研究符号、知识符号、科技产品

---

① Chambers, D. W. Stereotypic images of the scientist: The draw-a-scientist test[J]. Science education, 1983, 67(2): 255.

和相关的说明文字），研究发现人们在年幼时期已经形成了对科学家的刻板印象，且随着年龄增长，出现了越来越多的对科学家刻板印象的指标。

4. 档案袋评价法

档案袋评价法是一种在新课程改革实践中日益受到关注和使用的新评价方法。"档案袋"一词原有"代表作选辑"的意思，指画家、摄影家等将自己的代表作放在袋里以展示、证实自己。现在，这种方法被应用于教育评价（特别是学生发展评价），指"教师和学生有意地将各种有关学生表现的材料收集起来，并进行合理的分析与解释，以反映学生在学习与发展过程中的努力、进步状况或成就"①。

档案袋评价法是一种综合性的评价方法，是对观察、调查与访谈、测试等方法的综合运用。与其他评价方法相比，档案袋评价法的最大优势是能够展示出一个真实鲜活、丰富生动的学习过程，因而尤其适合应用于学前教育。儿童可以参与整个评价的过程，如和教师一起收集自己在科学活动中的作品、实物、记录等。通过建立个体的档案袋，幼儿能够更加积极地参与科学探究；通过使用档案袋，梳理自己的探究过程；通过交流档案袋，获得新的发现和反思，与同伴和教师进行更为紧密的合作与互动。当然，也可以建立以小组或班集体为单位的档案袋，还可建立以科学教育活动为单位的档案袋……档案袋评价法的运用非常灵活且广泛。

5. 马赛克方法

马赛克方法是儿童视角下的研究方法，也可以用于儿童自己对科学活动的评价。马赛克方法（Mosaic Approach）由英国学者艾莉森·克拉克（Alison Clark）与彼得·莫斯（Peter Moss）提出②，强调使用多种方法倾听儿童的声音，是传统研究方法和参与式研究法的结合。传统研究方法包括观察法、访谈法等，参与式研究方法是马赛克方法的核心，包括自主摄影法、绘画、儿童之旅、儿童会议、投票法等。马赛克方法强调选用幼儿熟悉且能够掌握的方法，激发幼儿的参与积极性，在主动参与的过程中自然而然发表自己关于事物或现象的看法。

上述评价法之所以被称为"马赛克方法"，是因为每种工具获取的信息都形成一片"马赛克"，而将它们放在一起，就构成了有关儿童观点与经验的完整图画。运用马赛克方法对科学活动或儿童作品进行评价时，应当将多种方法结合，把评价的主体还给儿童，重视儿童在评价中的参与，全面了解儿童的声音③。

任务回应

案例分析——科学活动"溶解"的活动评价

案例中，吴老师的评价方式反映了她对于科学教育评价的理解比较狭隘，而且没有掌握适合学前儿童的评价方式。

其一，评价并非只能在活动最后开展。科学教育评价可以贯穿整个科学教育活动，甚至可以在活动开展前进行。例如，先和幼儿一起讨论与"溶解"相关的内容，了解他们的已有经验，发现他们可能存在的认知冲突或者迷思概念（misconception）。也可以在活动过程中对幼儿科学学习过程中的科学技能（如能否熟练操作或按照程序操作）、科学态度（如能否耐心地操作不同的材料）和科学认识进行评价。除了针对幼儿，科学教育评价还可以针对教师（如科学教育的专业知识、教学能力、教学信念等）或科学教育的环境材料（如提供的材料能否帮助幼儿通过操作和观察获得与"溶解"相关的经验与知识）。

① 张二庆，乔建生.小学科学课程与教学论[M].北京：北京师范大学出版社，2016：173.
② 艾莉森·克拉克（Alison Clark）.倾听幼儿：马赛克方法[M].刘宇，译.北京：中国轻工业出版社，2019：3，12.
③ 艾莉森·克拉克（Alison Clark）.倾听幼儿：马赛克方法[M].刘宇，译.北京：中国轻工业出版社，2019：24.

其二,吴老师只是通过一个封闭性的提问(如问幼儿学习的这个概念是什么)来评价幼儿是否掌握了相应的科学认知,这种评价方式是无效的。如果是在集体教学中,吴老师可以在实施教学前,确定评价的目的,然后根据具体的科学教育目标和教育过程,查找或者设计相应的高结构评价方式和工具,比如观察表、检核表等,或者采用诸如轶事记录、访谈等低结构评价方式评价本次活动。

思考与实训

一、单选题

1. 哪种是在学习过程中对学生掌握的知识进行评价的一种持续的教育评价方法?( )
    A. 过程性评价　　　　B. 总结性评价　　　　C. 真实评价　　　　D. 预评价
2. 根据一定的研究目的、研究提纲或观察表,用自己的感官和辅助工具去直接观察被研究对象,从而获得资料的一种方法属于科学评价的什么方法?( )
    A. 观察法　　　　　　B. 测查法　　　　　　C. 马赛克法　　　　D. 作品分析法
3. 下面关于档案袋评价法的说法,哪一项有误?( )
    A. 可为不同的对象建立档案袋进行评价,比如个体、小组、班级的档案袋
    B. 可用不同形式的档案袋内容进行评价,比如幼儿作品、活动过程照片、教师记录
    C. 档案袋评价法是一种质的研究方法,不能使用量表、检核表等进行评价
    D. 档案袋评价法既可以是一种过程性的评价方法,也可是一种总结性的评价方法
4. 下面关于马赛克评价的说法,哪一项有误?( )
    A. 重视与倾听儿童的声音　　　　　　　　B. 便于进行量化的统计
    C. 拥有多种数据收集的方法　　　　　　　D. 结合传统研究方法和参与式研究法

二、简答题

1. 评价在幼儿园科学教育活动中具有什么作用?
2. 简述学前儿童科学教育评价的内容。

三、实训题

以小组为单位,通过图书馆、数据库、专业书籍和评价手册等,查找一份可用于学前儿童科学教育评价的研究工具,并且讨论这份工具的评价内容是什么,如何使用这份工具来评价儿童的科学教育。

模块小结

　　学前儿童科学教育的目标并非让幼儿掌握抽象的科学知识,而是让他们萌发对自然世界的好奇心。教师如果能够放下知识本位的偏见,大胆接纳科学也是一种方法和态度,教师就能乐于和幼儿一起"玩"科学,尝试各种科学探索的方法,体验丰富的科学情感。

　　学前儿童科学学习的内容虽较广泛,但都与日常生活息息相关,教师应该在关注儿童生活经验的基础上选择适宜的教育内容和途径帮助他们提升科学经验。同时,在科学教育过程中多使用过程性的评价,丰富评价的手段和方法,结合多种主体的评价,通过评价了解学前儿童原有的科学经验与认知,动态地评价儿童科学学习的过程与发展,以及科学学习的效果。

模块二

集体教学活动的设计与指导

　　集体科学教学活动是幼儿园科学教育的主要途径之一,即教师依据学前儿童科学教育的目标,有目的地选择教育内容,根据预设面向全体幼儿所开展的结构化教学活动。依据活动中的核心经验及科学技能,幼儿园的集体科学教学活动一般分为观察型活动、实验型活动、交流型活动和技术型活动。本模块将具体介绍这四种集体教学活动的定义、意义,以及与之相对应的儿童科学探究能力的发展、特定教学活动目标和过程的设计、活动组织中的指导要点等。

　　不难发现,在上述四种活动中观察活动是最基础的活动类型。观察,是人类最早、最直接的认识世界的方法,是所有科学探究的基础。学前儿童科学教育中,观察既是种独立的活动类型,同时,作为一种重要的科学探究技能,也渗透于其他各类活动中。没有观察的基础,无法组织实验。没有观察,交流就没有内容。因此,巴甫洛夫实验室的墙上写着"观察、观察、再观察",提醒人们,不会观察成不了科学家。

知识导航

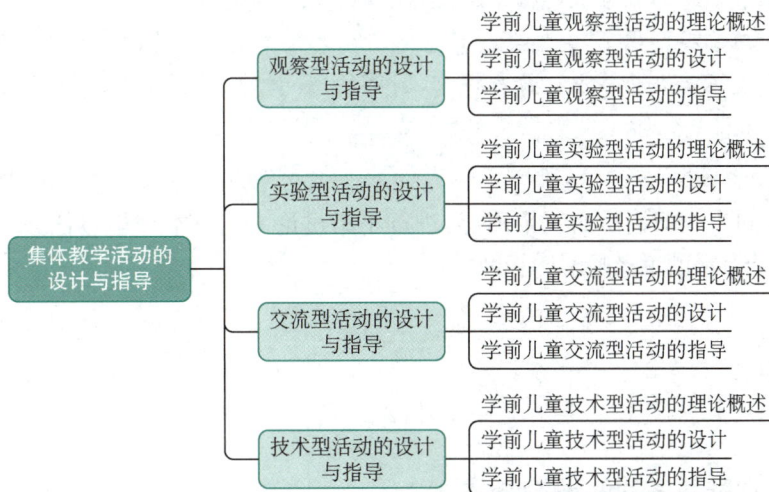

任务 1
观察型活动的设计与指导

任务目标

1. 准确理解科学观察的定义和特点,能够区分日常观察与科学观察。
2. 了解学前儿童科学观察活动的定义以及不同年龄段幼儿科学观察能力的发展特点。
3. 掌握幼儿园常见的科学观察活动的基本类型及其适应的年龄段。
4. 熟悉学前儿童科学观察活动的目标确立、过程设计和指导要点,并能在此基础上科学设计、有效组织观察型集体教学活动。

任务思考

秋天到了,幼儿园的橘子树结了很多橘子。橘子金灿灿、圆嘟嘟,真可爱。孩子们可喜欢围着橘子树看了。中班的李老师建议下周组织孩子们以"橘子"为对象开展一次科学观察型的集体教学活动,甚至可以将它发展成一次主题活动。大班的张老师也觉得这是个好主意。可是,刚入职的小班王老师却产生了一些困惑:

1. 我也想让我们班的孩子观察橘子。可是小班的幼儿会观察吗?
2. 小、中、大班都观察橘子,会不会内容重复了? 怎么体现出年龄段的特点和差异?
3. 观察活动是不是太简单了? 看看橘子,圆圆的、黄黄的,一会儿就结束了,很难变成一节课,更别提主题活动了!

请结合上面小班王老师提出的三个困惑,进行小组讨论。完成本节学习任务后,回顾下述三个问题,思考通过学习能否帮助王老师解惑答疑。

任务支持

一、学前儿童观察型活动的理论概述

虽然观察是学前儿童认识事物最主要的方法,但其观察能力有限。为了培养儿童良好的观察习惯、习得科学的观察方法,教师需要在充分认识科学观察活动的前提下组织专门化的教学活动并进行教育指导。

(一) 观察

1. 观察与科学观察

《论语》言,"夫达也者,……,察言而观色"。然而,这种日常观察是广义的观察,一般带有自发性和随机性。科学观察是狭义的观察,是运用感官直接收集事物或事件信息的方法,是有目的的知觉活动,也是基本的科学学习过程和方法[1]。日常观察为科学观察积累了丰富的经验,是科学观察的基础。比如,入园前,幼儿通过日常观察感知到水龙头和滤水壶里是干净的水,洗碗洗衣后剩的是不干净的水。这些日常观察为幼儿形成"净水"和"污水"等概念以及理解水的过滤过程提供经验基础。

2. 科学观察的特点

无论日常观察还是科学观察,都是认识客观世界的方法。但是,必须认识到科学观察具有一些显著的特点。

一是科学观察具有明确的目的性。科学观察更倾向于发现或验证科学问题[2]。没有目标的指引,观察可能仅停留在日常观察的水平。比如:幼儿在平时游戏时将一些物品放入容器,还会摇晃几下,发现容器会发出声音——这就是日常观察。日常观察发生于日常生活的自然场景中,没有特定的目的,帮助儿童获得了一般的生活经验。基于幼儿的这个兴趣,教师开展了"罐子宝宝真好玩"的科学活动,将沙子、红豆、核桃等不同物品放在不透明的罐子里,让幼儿通过摇晃罐子,听声音来猜想里面的东西是什么,并且打开验证,这就是科学观察。教师需要专门创设科学活动和教育情境组织幼儿观察,同时,通过猜想验证让幼儿思考物品的特征与声音之间的联系,将日常生活经验深化为科学经验。

二是科学观察需要多感官的参与。感官是幼儿和客观世界进行交流、了解世界的重要手段。但是,使用感官不等于仅"看",还应充分调动各种感官——听觉、嗅觉、味觉和触觉获取信息。有时,需借助工具作为感官观察的补充。

三是科学观察必须有"感"有"知",方能望表知里。简而言之,科学观察通过感知觉收集信息后必须经过思考才得以成为经验与概念。只有"感",仅能获得表象认知。结合思考、测量、分类、操作等才能更加深入认知事物,实现更加完整的"知"。

(二) 学前儿童的观察型活动

1. 学前儿童观察型活动的定义

学前儿童观察型活动是教师有目的、有计划地组织幼儿运用多种感官或借用工具去感受和发现客观世界的事物及现象、获得具体的感性经验,并在此基础上形成科学认知、发展初级科学概念的一种方法[3]。

2. 学前儿童观察型活动的意义

观察是学前儿童重要的科学探究技能,参与观察活动能够提升感官活动能力、思维认知能力和其他科学技能,实现全面发展。

首先,观察是学前儿童亲近自然并萌发探究兴趣的起点。

其次,观察是学前儿童获得科学认知和发展智能的源泉。

最后,观察是学前儿童实现全面发展的重要途径。

3. 学前儿童科学观察能力的发展

组织观察型活动需要以幼儿的观察能力作为重要依据,因此,有必要了解他们观察力发展的特点及规律。

(1) 3~4岁幼儿开始能够对事物进行观察,但以了解事物的外在显著特征为主,不够深入、缺乏目的,没有顺序和逻辑。观察往往随幼儿自身兴趣进行并转移,一般看到什么观察什么,什么有趣观察什么,喜欢什么观察什么,而且观察注意力短,容易受到无关事物干扰并忽略一些重要的细节,影响观察结果的准确性。

(2) 4~5岁幼儿观察目的性不断加强,能够进行有顺序的观察,观察的范围和能力也有所提升,能

拓展阅读

幼儿观察很浅怎么办?

---

① 张俊.幼儿园科学教育[M].北京:人民教育出版社,2016:33.
② 张红霞.小学科学课程与教学[M].北京:高等教育出版社,2004:75.
③ 邱淑慧.学前儿童科学教育与活动指导[M].北京:教育科学出版社,2012:99.

够同时对两个或以上的事物进行比较观察,且持续时间有所增加。另外,不仅能观察自己感兴趣的对象,而且能够在观察任务和问题的指引下进行有目的的观察。观察中,不仅能够关注对象的显著特点,而且能从观察到的一些表象中发现事物间的联系,推论一些浅显的因果关系。但这种对关系的认知还停留于外显因素,对于内隐的因果关系尚难理解。

（3）5～6岁幼儿的观察能力在上阶段的发展上有了显著提高,主要表现在目的性进一步增强,不仅能接受观察任务,而且能根据观察目标排除一些干扰,延长观察时间。观察中,能够结合其他技能,如比较、思考、操作等发现不同类型物体的特征和某个对象的变化。此时,幼儿的观察更加细致、准确,对事物关系的理解加深了,甚至开始初步理解事物之间一些简单的内隐关系[1]。

可见,3～6岁的学前儿童在观察能力发展上呈现出非常明显的阶段性特点。因此,研究者们依据这些特点,提出了学前儿童观察能力发展的"四阶段说"[2]。

知识链接

通过实验发现3～6岁儿童观察力发展随年龄增长而提高。基于观察的有意性,研究者提出了学前儿童的观察力发展的"四阶段说",具体如下:

第一阶段（3～4岁）:不能接受所给予的观察任务,随意性起主要作用;

第二阶段（4～5岁）:能接受任务,主动进行观察,但深刻性、坚持性差;

第三阶段（5～6岁）:接受任务以后,开始能坚持一段时间进行观察;

第四阶段（6岁后）:接受任务以后能不断分解目标,能坚持长时间反复观察。

微课

学前儿童观察型活动的类型

（三）学前儿童观察型活动的类型

观察活动的形式多样。根据观察方式,可分为直接观察和间接观察。直接观察,也称感官观察,是通过自己的感官（如眼、耳、舌、鼻、手）进行观察;间接观察,也称工具观察,是使用一些辅助工具完成观察,如放大镜、儿童显微镜、教师自制工具等。基于对象和内容,观察活动还可以有其他分类,比如幼儿园常见的三种观察活动类型。

1. 个别观察

定义:个别观察是对单个或同一类物体或现象进行观察,以获得有关物体或现象的信息和事实,主要包括外部特征（形状、颜色、大小、结构等）、不同的状态（静止和运动）以及与周围环境的关系等。例如:观察小乌龟的外形、惯性小车的运动方式以及秋季来临对周围环境的影响等。

特点:个别观察是最基础的观察类型,也是开展其他类型观察活动的重要前提。观察时间相对较短,适合一般性的观察内容,可在所有年龄班开展。比如,小班的"水真好玩"、中班的"岩石"和大班的"我们班的小蜗牛"都是具有代表性的个别观察活动。

2. 比较观察

定义:比较观察是同时对两个或两个以上的对象进行比较,以发现对象间的异同。比较观察有助于区分本质和非本质特征,在此基础上更加深刻地认识对象的本质特征,发展概念,形成分类,从而实现对事物更高级的认识[3]。例如:通过比较观察小鸡和小鸭,认识到它们脚趾不一样,更加清楚认识蹼的特征并了解它能帮助鸭子拨开更多的水,所以游起来更快。

特点:比较观察一般在熟悉且基本掌握个别观察的基础上开展,同时需要结合比较分析、思考判断、分类等认知活动,因此多见于中、大班。如在小班实施,一般在小班后期开展,观察对象数量上不超过两个,且需降低观察要求,如仅对比苹果和香蕉在颜色、形状方面最浅显的外部特征,不涉及细致观察的比

---

① 施燕,陈颂.学前儿童科学教育活动设计与指导[M].上海:上海交通大学出版社,2019:32-33.

② 姚平子,熊易群,王启苹,等.幼儿观察力发展的实验研究[J].心理发展与教育,1985(2):18-23.

③ 夏力.学前儿童科学教育活动指导[M].3版.上海:复旦大学出版社,2014:59.

较。中、大班都可开展比较观察,但一般要求中班比较不同对象的特征,而对大班则在比较的基础上提高要求,如进行分类与概括等。比如:在比较冬天树叶颜色的基础上理解常青树和落叶树的分类,在比较各种各样的桥的基础上概括桥的基本结构,等等。

3. 长期系统观察

定义:长期系统观察是对一个对象的生长、变化或者某种现象的发生过程进行连续、系统的观察,以获得关于对象生长过程或发展规律的完整认识。这类观察一般适用的内容包括但不限于动植物不同生长阶段的性状(如"卵—蝌蚪—青蛙"的生长过程,芽苗菜的水培发芽过程),以及自然科学现象(如天气与气候的变化规律)。

特点:长期系统观察对幼儿观察的能力、持久性及知识经验和认知水平有一定要求,是相对高级的观察类型。因此,通常在中班开始,主要在大班进行。该类观察活动组织形式多样,可在散步、晨间活动、户外活动时开展,也可在自然角或种植园进行。此外,长期系统观察的结果可作为资料为科学交流型活动准备经验。例如:先完整观察记录自然角中蚕宝宝的生长周期,再结合观察记录在集体教学活动中进行科学讨论。

观察类型各有特点,无优劣之别。教师应根据情况灵活选用,鼓励幼儿参与不同类型的观察活动,学会选择和使用不同的观察方法,形成良好的观察习惯,最终提升观察能力。

拓展阅读

讲授观察的图画书

二、学前儿童观察型活动的设计

(一)目标的确立

在观察活动中,幼儿主要通过感官感知获得关于事物特征和现象变化的认知,且会通过交流、表达来分享观察中的发现与思考。因此,观察型活动的重点活动目标一般要考虑"观察技能""表达技能"和"科学认知"三个方面。同时,教学活动目标越明确,观察越具有针对性,观察结果越准确。结合《指南》,可以按照不同年龄班确立不同的活动目标(表 2-1-1 和表 2-1-2)[①]。

表 2-1-1　小班幼儿观察型活动的目标设计

重点活动目标		具体教学活动目标	《指南》链接
观察技能	运用多感官或动作感知对象特征	通过看、摸、闻、尝多种感官感知苹果的特征	能用多种感官或动作去探索物体
	观察到周围的变化和现象的发生	注意到冬天到了,天气转凉,人们穿上厚衣服保暖	能感知和体验天气对自己生活和活动的影响
表达技能	大胆讲述观察中的发现	运用语言大胆讲述自己对于苹果的认识	并未专门列出相关要求,但一般小班以愿意表达、大胆讲述为目标
科学认知	认识对象的显著特点	感知苹果的外形特点、结构、气味和味道	对感兴趣的事物能仔细观察,发现明显特征;能感知和发现物体和材料的软硬、光滑和粗糙等特性
	认识到对象的多样性	认识到树叶有不同的颜色和形状	认识常见的动植物,能注意并发现周围的动植物是多种多样的
	认识到自然现象对于自己的影响	感知到下雨后地面湿滑,需要穿雨靴	能感知和体验天气对自己生活和活动的影响

说明:"重点活动目标"旨在向教师建议从哪些角度重点设计活动目标,是理论上的阐述;"具体教学活动目标"则是根据"重点活动目标"建议的、可直接撰写于教案上的教学目标,是具体的陈述;"《指南》链接"旨在帮助理解科学教育目标设计的依据

[①] 梁志霞,张立星,曹静.幼儿园科学教育与活动指导[M].北京:北京师范大学出版社,2016:100-101.

表 2-1-2　中、大班幼儿观察型活动的目标设计

	重点活动目标	具体教学活动目标	《指南》链接
观察技能	有顺序地观察对象特征	从外向内有顺序地观察西瓜的外部特征和结构	未专列该目标,但根据幼儿观察力发展,中班能开始进行有序观察
	对不同对象进行比较观察	比较观察不同种类菊花的异同,并且总结各自的特征	能对事物或现象比较观察,发现其相同与不同(中班); 能通过观察、比较与分析,发现并描述不同种类物体的特征或某个事物前后的变化(大班)
	进行长期系统观察,观察事物的变化和现象的发生	观察花生发芽的过程	能感知和发现动植物的生长变化及其基本条件
表达技能	运用语言完整讲述并交流观察发现,提出问题	用语言完整讲述观察到的花生发芽的过程,并根据观察结果提出问题	能根据观察结果提出问题,并大胆猜测答案
	用图画、符号等多种方式记录观察发现	使用图画或简单的符号记录花生发芽的过程	能用图画或其他符号进行记录(中班); 能用数字、图画、图表或其他符号记录(大班)
科学认知	认识对象的内外部特征,如承重性、溶解、功能等	认识到糖在水中会溶解	能感知发现常见材料会溶解、传热等性质或用途
	认识对象的异同以及产生的不同影响与结果	感知春夏秋冬四季的差异,并且发现不同季节树叶的变化	能感知和发现不同季节的特点,体验季节对动植物和人的影响
	基于观察归纳对象的变化规律	知道蝌蚪生长的周期和不同阶段的形态特点	能感知和发现动植物的生长变化及其基本条件

(二) 过程的设计

集体教学活动结构性强,每个环节都要精心组织。学前儿童的观察型集体教学活动一般要考虑下列四点,此处,以小班科学教育活动为例辅以说明。

1. 根据活动目标确定观察类型与对象

确立目标后,首先选择对应的观察活动类型。比如:活动目标旨在完整了解事物变化过程,选择长期系统观察;活动更加关注单个对象的外显特征,则采用个别观察。

每个观察对象本身都具有不同的观察要点和内容。观察对象的选择很大程度上依赖于观察类型,应该选择那些能最大限度满足观察需求的对象。比如:多感官观察选择能更多满足五感观察的对象;比较观察选择可比性较高的对象,即那些既有相似,又有差异的对象;长期系统观察则选择能够完整反映变化和发展过程的对象。

> 例如:根据观察目标,小班幼儿适合个别观察活动,且认知目标主要是感知对象的显著特点,如软硬、光滑、粗糙等。因此,生活中常见的蔬菜、水果、日用品都是不错的对象。其中,橘子是个非常好的选择。首先,小班幼儿对橘子有一定的生活经验,为科学观察做好了重要的经验准备。幼儿虽然大多都见过、吃过橘子,但可能没有仔细观察过,对观察橘子具有一定好奇心和兴趣。其次,橘子的安全性、卫生性较好。有外皮,不易污染或腐烂,可分成一瓣瓣食用,不易卡喉咙。最后,橘子本身具有适合多感官观察的特征。外部特征明显,颜色鲜艳,结构简单清楚,便于观察,可看、可摸、可闻、可尝,完全满足幼儿运用多感官感知的要求。

2. 根据对象确定观察媒介、材料数量和座位安排

观察活动中常见的观察媒介包括实物、图片、模型、多媒体等。虽然图片、模型也是常用媒介,但无

法提供真实立体的观察经验,有时还可能造成认知偏差和错误,很难满足多感官观察的需要,因此尽可能提供实物实景。一些安全性、获取性低的,或者时间和空间上较远的观察对象(如老虎、熊猫)可采用多媒体观察。实物实景观察虽好,但需关注观察环境的安全和安静。小动物是幼儿非常喜欢的观察对象,但如果近距离接触,可能会被抓伤、咬伤。所以,如果选择活体小动物作为观察对象,需要重点考虑安全因素。再者,小动物的声音也是多感官观察的重要内容。但是如果动物一直叫,也会让幼儿无法集中注意力去观察。因此,多媒体观察经常被当作实物观察非常好的替代媒介。

还要按照教学组织准备材料,可一人一份、两人一份、多人一份或全班一份。同时,应根据材料数量和教学组织等具体情况及观察要求安排座位,保证每名幼儿都能清楚、平等地观察。

> 例如:像橘子这种常见的观察对象(另有植物、蔬果、日用品等)经济、安全、易获取,需要通过直接接触,如闻、尝、摸、剥等认识它们的特点或功能,因此一般采用实物观察。同时,考虑到需近距离充分观察对象,与之互动,建议给幼儿一人准备一个橘子。为保证教师能关注到每名幼儿及师幼互动和幼幼互动的需求,座位设计可为半圆或师生围坐一圈。

3. 根据观察方法组织观察活动

可根据观察方法设计观察活动过程,常见的观察方法包括以下两种。

(1)特征观察法

特征观察法,即从对象的显著特征出发,引导幼儿全面观察对象。观察时,幼儿倾向于先关注对象鲜明的色彩、发出的声响、运动或移动的状态等。教师可顺应幼儿的这一观察特点,鼓励他们基于自身兴趣自由观察。

(2)顺序观察法

幼儿的另一观察特点就是随意性,缺乏有序全面的观察,这也可能导致观察活动混乱、观察结果不完整,甚至有误。顺序观察法能够帮助幼儿培养良好的观察习惯,形成认知结构,提高观察速度,最终获得更完整、准确的认知。因此,有必要引导幼儿学会有序的观察方法。

在幼儿园观察活动中常见的观察顺序有:
- 方向观察:从左往右、从上往下、从正面到侧面等观察(图 2-1-1)。
- 五感观察:使用各种感官,通过"看、听、摸、闻、尝"进行观察,如先看苹果、摸苹果,再闻苹果,最后尝苹果。
- 整体—细节的观察:如观察蝴蝶时,既注意到整体形态特点,又关注到翅膀的花纹。
- 外部—内部的观察:如观察苹果时,先观察外部的颜色、形状、气味等特征,再切开苹果,观察内部结构。
- 静态—动态的观察:如观察含羞草时,先观察外部特点,再用手触碰叶片,感知其受到外力触碰立即闭合的特点。

> 例如:观察方法与观察对象有关,植物的观察顺序通常是"花—叶—茎—根",动物的观察顺序是"头—身—四肢—尾",水果则是"外部—内容"或者"看、摸、闻、尝"。实际教学中,对于同一观察对象,可能结合多种观察法。比如观察橘子,可先采用五感观察法认识外部特征,然后依据水果的一般观察顺序,从外部观察过渡到内部观察。观察小兔子时,可先用"整体—细节观察法",充分了解兔子的外形特点,然后从静态观察过渡到动态观察,通过视频观察兔子行动、跳跃时的样子。

4. 观察后组织记录和交流

记录和交流是观察活动不可或缺的一部分。观察后,幼儿可在教师指导下使用图画、符号、数字、图表等形式记录、整理(图 2-1-2),并分享自己的观察结果、发现和问题等(图 2-1-3)。在幼儿记录的过程中,教师需要关注其记录是否反映了观察的结果,是否与所要发现的观察事实相符,并引导幼儿在观察中获得更加丰富和准确的发现。同时,通过提问幼儿或与其交流,引导他们基于观察记录进行思考,尝试提出问题。

记录和交流也是科学活动中过程性评价的重要组成部分。在观察活动中,通过幼儿的记录和交流,教师可以评价幼儿的观察水平、记录表征的能力,以及对观察对象的认知程度。同时,幼儿能够有效提高观察的目的性、持续性和精确性。《指南》中也提到"鼓励幼儿用绘画、照相、做标本等办法记录观察和探究的过程与结果,注意要让记录有意义,通过记录帮助幼儿丰富观察经验、建立事物之间的联系和分享发现"。因此,观察活动后,一般都要组织幼儿记录和交流。

图 2-1-1　有顺序地观察植物　　图 2-1-2　边观察边记录　　图 2-1-3　完成记录准备分享

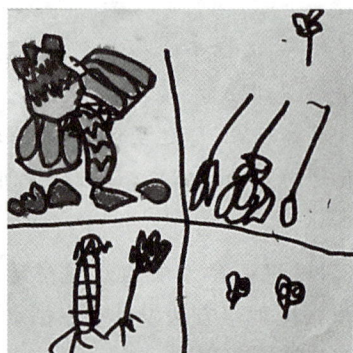

三、学前儿童观察型活动的指导

(一) 重视幼儿的日常观察和自发观察

《指南》指出要"支持幼儿自发的观察活动,对其发现表示赞赏",同时"支持幼儿在接触自然、生活事物和现象中积累有益的直接经验和感性认识",比如"和幼儿一起通过户外活动、参观考察、种植和饲养活动,感知生物的多样性和独特性,以及生长发育、繁殖和死亡的过程"。教师要重视通过这些日常活动使幼儿获得丰富的事实和经验,这是科学观察的重要基础。同时,合理引导幼儿将日常观察中发现的问题以及获得的经验和知识迁移到科学观察活动中。

(二) 引导幼儿通过多种感官感知对象的特征

个别教师对观察活动的认识存在一定的偏差,认为观察就是用眼睛看。事实上,心理学研究表明,儿童参与感知的感官越多,产生的联想越丰富,记忆与理解越深刻。因此,教师应尽量创造机会让幼儿充分使用所有可能的感官去看、去听、去闻、去摸,在保证安全的情况下去尝,平衡感官的使用。

(三) 鼓励幼儿在观察中思考、提问与记录

观察是一种知觉的高级形态,是一个综合作用的智力活动过程。除了使用感官,还需要思维、语言等认知工具的积极参与和配合。《指南》指出,"通过提问等方式引导幼儿思考并对事物进行比较观察和连续观察""鼓励幼儿根据观察或发现提出值得继续探究的问题,或成人提出有探究意义且能激发幼儿兴趣的问题"以及"引导幼儿在观察和探索的基础上,尝试进行简单的分类、概括"。可见,需要通过提问与思考去总结观察所获的信息,或引发新的探究。毕竟,探究本质上就是一个"观察—发现—提问—思考—探究—再观察"的循环过程。

(四) 尽可能提供幼儿直接感知和实际操作的机会

学前儿童以具体形象思维为主,因此《指南》强调"应注重引导幼儿通过直接感知、亲身体验和实际操

作进行科学学习"。学前儿童的观察活动应该动静皆宜,设计更多让其"直接感知""亲身体验"和"实际操作"的环节。比如,在观察下雨的活动中,教师不仅组织幼儿"看"雨,还"听"雨——听雨落在伞上的声音,落在水桶上的声音,并让幼儿伸出手"摸"雨。这样基于多感官的直接感知胜过语言的讲解,让幼儿印象深刻。

（五）理解并回应观察活动中可能出现的问题

幼儿园的观察活动一般在感官观察的基础上开展,因此,可能具有主观性和易错性。科学观察的目标是获得观察对象的事实,而事实需要获得公认。事实上,幼儿可能因为本身的观察兴趣、思维、知识、方法等不同而导致结果大相径庭,甚至出现错误;甚至对同一个观察对象,也可能获得差异较大的观察结果,或者观察结果与原来认知自相矛盾。面对上述问题,教师应创设开放的氛围,在观察活动结束后,组织幼儿交流,整理观察获得的信息和事实;通过交流讨论,使幼儿反思和检视自己与同伴的观察结果,从中发现新问题、新线索和新目标,使观察活动不断延伸,学习不断深入;鼓励幼儿在观察活动中实事求是、大胆质疑,将幼儿通过自己的观察所获得的发现作为他们提出疑问的重要事实基础,通过交流、修正、确认观察结果。这个过程能够培养幼儿尊重客观事实、基于证据进行质疑的重要科学精神。

归纳来讲,共有两种解决方法:第一,给予幼儿更为充分的观察时间,师幼共同检查观察过程,通过重新观察,修正观察结果;第二,邀请同伴重复观察。

任务回应

教学设计——小班科学活动"小橘子"

【活动目标】
1. 在教师指导下通过使用各种感官感知橘子的特征。
2. 在仔细观察橘子的基础上,用语言大胆表达自己的发现。
3. 愿意参加观察活动,能够在教师引导下根据观察目的进行观察。

【活动准备】
1. 教师与幼儿围坐一圈,桌子集中并排在一起。
2. 为每名幼儿准备一个橘子,装入不透明的密闭摸袋,集中放在桌子当中,用大盖布盖好。
3. 餐盘(放置剥好的橘子),小筐若干(观察结束后回收橘子皮)。

【活动过程】
一、情境导入,展示摸袋,引导幼儿尝试使用触觉感知橘子
教师:今天老师给每个小朋友带了一件神秘的礼物。不过,现在还不能打开。请大家用小手在袋子外面摸一摸,说一说摸上去有什么感觉,猜一猜里面是什么。
幼儿分享自己的猜想,说说理由。教师打开摸袋,出示橘子。
师生共同小结:橘子摸上去是圆圆的、软软的。
二、集体观察橘子的外部
1. 观察橘子的外形和颜色
教师:请大家把小橘子从摸袋里拿出来。看一看、摸一摸、说一说橘子什么颜色、什么样。
2. 感知橘子的气味
教师:橘子有气味吗?是什么样的气味?请拿起小橘子,凑近一些,闻一闻、说一说。
3. 师生共同小结
橘子看起来圆圆的,但有点扁,摸起来软软的。橘子的颜色有橘黄色的,有的还带着一些绿色。橘子皮摸上去并不光滑,还有点糙糙的,不过橘子闻起来有一股清香。

三、集体观察橘子的内部

教师:有谁知道橘子里面是什么样的? 我们剥开橘子看看你们刚刚说得对不对。

教师:现在请仔细观察小橘子的里面,说一说你看到了什么。我们的橘瓣儿一样多吗?

师幼集体点数教师的橘瓣儿,幼儿再点数自己的橘瓣儿,比一比是否一样多。

师生共同小结:橘子里面有白色的橘络,还有橘子瓣儿,而且不同的橘子瓣数也可能不一样。

四、集体品尝橘子,分享橘子

教师:谁知道橘子吃起来是什么味道? 我们一起来品尝一下吧。但是注意吃橘子的时候要慢慢吃,当心里面可能有籽儿。

幼儿分享交流橘子的味道,并且和同伴一起分享剩下的橘子瓣儿。

五、整理收纳

教师:今天通过观察,我们了解到了橘子的形状、颜色、触感、气味、味道。但现在桌上留下了很多橘子皮,请大家和老师一起把橘子皮收起来,放到桌子中间的筐里。

【活动延伸】

今天活动中回收了很多橘子皮,扔掉可真可惜。回去和爸爸妈妈一起讨论一下:橘子皮有用吗? 如何将这些橘皮利用起来呢?

思考与实训

参考答案

一、单选题

1. 下面哪一项是运用感官直接获取第一手材料的方法?(   )

    A. 实验　　　　　　　B. 观察　　　　　　　C. 分类　　　　　　　D. 游戏

2. 关于日常观察和科学观察,下列哪种说法是正确的?(   )

    A. 日常观察是科学观察的经验基础

    B. 日常观察和科学观察同样具有较强的、明确的目的性

    C. 日常观察就是幼儿在家里自己观察,科学观察就是在幼儿园里的专门观察

    D. 日常观察适合小班幼儿,科学观察适合中、大班幼儿

3. 下列哪一项内容适合使用实物作为观察媒介?(   )

    A. 恐龙的牙齿和饮食习惯　　　　　　　B. 飓风的形成

    C. 小狗的外形特征　　　　　　　　　　D. 小金鱼的外形特点

4. 儿童通过养蚕了解蚕的生长变化过程,这是什么类型的观察?(   )

    A. 个别现象观察　　　　　　　　　　　B. 长期系统观察

    C. 个别物体观察　　　　　　　　　　　D. 比较观察

5. 大班幼儿观察蝴蝶和蛾子,旨在发现它们的相似和不同。这是哪种观察?(   )

    A. 个别物体观察　　　　　　　　　　　B. 个别现象观察

    C. 比较观察　　　　　　　　　　　　　D. 长期系统观察

6. 为观察认知型活动设计活动目标时,重点活动目标一般不包括哪项?(   )

    A. 观察技能　　　　B. 表达技能　　　　C. 科学情感　　　　D. 科学认知

7. 下列关于"观察"的说法,哪一项是错误的?(   )

    A. 观察就是运用感官去搜集信息

    B. 观察可以依靠工具来完成

C. 对于大班幼儿而言,观察技能过于简单,不值得学习

D. 观察是幼儿收集资料最直接的方式

8. 在气温观察活动中,教师组织幼儿轮流通过温度计观察记录每天的气温,并在教师绘制的气温记录图上记下来。从观察类型和教学目标看,最适合哪一年龄段?(　　　)

A. 小班　　　　　　B. 中班　　　　　　C. 大班　　　　　　D. 都可以

二、实训题

　　在校园中选择一种植物,并确定一个特定的年龄段。结合《指南》中对于不同年龄段幼儿观察目标的描述,以及本任务中所学习的活动设计理论,为所选的年龄段幼儿设计一次观察型的集体教学活动,帮助幼儿认识这种植物。

任务 2
实验型活动的设计与指导

任务目标

1. 理解科学实验的含义以及学前儿童科学实验的定义与特点。
2. 了解不同年龄班儿童科学观察能力的发展特点。
3. 掌握幼儿园常见科学实验活动的基本类型及其适合的年龄。
4. 熟悉学前儿童科学实验活动的目标确立、过程设计和指导要点，并能在此基础上科学设计、有效组织实验型集体教学活动。

任务思考

　　升中班啦！婷婷老师开始带着孩子们做实验。孩子们都很喜欢，觉得"实验真好玩"。婷婷老师利用上班之余查阅相关的活动素材和资料，在很多自媒体平台上发现了大量的幼儿科学实验，不少还是网红实验呢！婷婷老师在这些实验中选择了四个特别受欢迎的："法老之蛇""浮与沉""会变色的白菜""硬币储水"。可是，她还有些问题需要回答：
　　1. 四个实验都适合中班幼儿吗？
　　2. 集体教学活动选择哪个更适合？怎么选？
　　3. 这些实验看起来都很好玩，但如何变成教学活动？给孩子演示一下就行了吗？

　　针对婷婷老师的问题进行小组讨论。学习完本任务后，回顾这些问题，思考通过本任务的学习能否帮助婷婷老师解惑答疑。

任务支持

一、学前儿童实验型活动的理论概述

　　观察是探究的起点，而实验本身更接近探究，因为实验包含了科学探究的过程——提问、假设、验证和结论，这有助于实验者体验科探之趣、形成实验意识，终获科学经验与认知。

（一）学前儿童的科学实验

1. 实验

　　实验，或科学实验，是在人为控制的条件下，利用一定的仪器和设备，通过操控变量来观测特定的现象和变化的方法[①]。伽利略将实验视为科学之王，因为它能排除干扰因素，反复进行，成为揭示因果关

————————
① 梁志霞,张立星,曹静.幼儿园科学教育与活动指导[M].北京:北京师范大学出版社,2016:105.

系最有效的研究方法。

2. 学前儿童科学实验的特点

受限于认知水平,学前儿童无法在逻辑基础上理解因果关系。因此,学前儿童的科学实验一般揭示事物间外显的、表面的、简单的因果关系[①],不涉及逻辑推理后才能被理解的关系。如"斜坡滚球"中,球从不同坡度的平面自由滚落。幼儿可直接观测到斜坡的高度和球的运动状态,并发现两个变量的关系。这种关系明显可见,可被幼儿理解。与成人的科学实验相比,学前儿童的科学实验主要包括以下特点,见表 2-2-1。

表 2-2-1　学前儿童科学实验的特点

维度	学前儿童的科学实验	成人的科学实验
性质	教育性、启蒙性的科学教育活动	实验性、论证性的研究
目的	一般是验证性的,重复探究已有明确结论的、关系清楚的现象和关系	一般强调探索性和创造性,研究尚未有明确结论或需继续探索的现象和关系
内容	与儿童日常生活相关,浅显易懂,具有一定趣味性	与生活相关,但较为深奥,需足够的专业知识和能力方能探究和理解
材料	经济易得,低结构或废旧的材料工具	专门的、需专业操作能力的材料工具
过程	变量控制简单,操作能力要求低,常以科学游戏的形式进行	变量控制严格;操作能力要求专业化、标准化,要求高
举例	儿童在自然角进行植物实验,探究红薯不用土壤,在沙子中是否也能生长	科学家在空间站进行植物实验,探究没有重力,植物是否还能生长

(二) 学前儿童的实验型活动

1. 学前儿童实验型活动的定义

《指南》提出:"引导幼儿在探究中思考,尝试进行简单的推理和分析,发现事物之间明显的关联。"[②] 学前儿童实验型活动指幼儿在教师指导下按照预想目的或设计,通过操作材料改变变量以发现事物的变化及其因果联系的科学教育活动。

2. 学前儿童实验型活动的意义

(1) 激发幼儿对科学的兴趣。幼儿喜欢动态新奇、富有变化的事物。在实验中,幼儿能亲身体验物体变化的神奇,感受科学的奥妙。比如,在"彩虹桥"实验中,当白色厨房纸吸收有颜色的水最终变成五颜六色时,幼儿忍不住"哇"地喊起来,十分兴奋。

(2) 全面提高幼儿的探究技能。实验中,幼儿不仅要操作材料,还要基于观测、思考、提问、解释,交流实验结果,需要使用各种科学技能。比如,在"颜色变变变"实验中,幼儿将黄、红两种色素在水中混合成为橙色的水后,继续大胆提问"黄蓝两种色素混合会变成什么颜色",并通过操作发现答案。

(3) 帮助幼儿直观理解科学现象,获得关于实验对象的科学知识经验及理解事物间的关系。幼儿的认知特点决定了其只有亲历探究才能获得直接经验,促进理解。比如,在"溶解"实验中,幼儿通过实验直观看到白糖、黑糖和黄冰糖在水中溶解速度有差异,并且溶解后颜色也不同。

3. 学前儿童科学实验能力的发展

(1) 3~4 岁儿童科学实验能力的特点

① 目标意识弱,操作中有时会偏离目标。如"浮与沉"实验中投放发条小鸭,可能将幼儿注意力转到如何让鸭子游泳。因此,应避免投放让幼儿分心的材料,或在集体活动前先把材料投放在区域活动中,降低幼儿对材料的新奇感。3~4 岁儿童操作能力弱,尤其是精细动作能力弱,缺乏独立实验的能

① 张俊.幼儿园科学教育[M].北京:人民教育出版社,2016:14-15.
② 中华人民共和国教育部.3~6 岁儿童学习与发展指南[M].北京:首都师范大学出版社,2012:48.

力,所以须降低操作难度,多观察,并及时帮助。

② 表现出明显的"自我中心"特点,思维还有"泛灵论"的特点,分不清主客观,对得出的结果也很难作出客观解释。因此一般不要求3～4岁儿童解释或理解实验原理,而更强调能关注到现象的发生。如"方糖不见了"实验,仅要求儿童能注意到糖在水中消失的现象,并用语言表述,但不要求理解"溶解"的概念和原因。该年龄段儿童不易与人分享,因此要提供充足的材料。

③ 具有直觉行动思维的特点,需用动作思考和探究。操作前,很少有明确假设;操作后,很难通过推论去解释因果关系。因此,一般也不要求小班儿童猜想,而强调通过动作和多种感官参与实验获得答案。如"罐子的秘密"实验中,密封瓶中装入沙子、红豆和大米,幼儿通过动作(摇晃瓶子)和感官感知(听)直接发现答案——它们发出的声音不一样。[1]

> **知识链接**
>
> 学前儿童的思维具有自我中心性的特点,主要表现在有时无法较好区分主观和客观,容易混淆自己的主观想法和客观的事实。具体表现如下。
>
> 1. 万物有灵的思想:以有生命的人的特点和情感来理解无生命的客观世界,如用"风是天上吹来的"来解释风的形成。
>
> 2. 不能区分主观的猜想和客观的验证:容易认为自己的猜想就是事实,当验证的结果和自己的猜想不一致时,又认为自己刚刚就是这样猜想的。
>
> 3. 不能有效倾听、不易接受他人观点:学前儿童更加关注自身,因此比较容易坚持自己的想法,认为自己的观点和发现才正确,不易理解他人观点或接受他人的发现。

(2) 4～5岁儿童科学实验能力的特点

① 具有科学问题的意识:生活经验的增加提高了幼儿的表象和思维能力,提出的问题更明确、更适合通过探究回答。能够对问题提出猜想,并在操作后比较猜想与结果。探究欲和目的性更强,应提供充足的材料,鼓励幼儿开始独立进行部分或完整的探究。

② 初步尝试科学的探究方法:开始有能力使用各项探究技能,如《指南》中提出的"通过简单的调查收集信息"。应给予充分的自主探究机会,鼓励多尝试,积累经验。

③ 具有具体形象思维的特点:能通过观察发现事物间的关系,但局限于表面联系,只能解释直观的原因。如"谁的降落伞快"中,能对不同大小伞面的降落伞作出明确假设,且关注到伞面大小可能与下降速度有关。[2]

(3) 5～6岁儿童科学实验能力的特点

① 表现出自主性和合作性:在中班提出科学问题和独立探究的基础上,可尝试在成人支持下制订探究计划,通过合作寻找答案。应组织合作探究,鼓励幼儿自己思考探究方法和解决问题的方案,按照自己的计划去实施并做出结论。

② 喜欢挑战性、个性化的探究:随着各项科学能力的提高逐渐有意愿进行挑战性的探究,喜欢关注事物的变化和奇特的现象,以及事物的细节特点和功能等;个性化和个体化的特点愈发明显。建议提供丰富的、开放的、有层次的材料,同时设计需要多次、多层探究才能有所发现的操作过程。

③ 发展抽象逻辑思维:自我中心化逐渐减弱,开始形成更客观的理解,提升假设与推论的合理性,对事物的关联认识更明确。如"硬币浮起大挑战"实验中,大班幼儿能提出多种有一定科学性的让硬币浮于水面的方法,并亲自操作、验证,最后尝试解释原因。

---

① 梁志霞,张立星,曹静.幼儿园科学教育与活动指导[M].北京:北京师范大学出版社,2016:111.
② 施燕,陈颂.学前儿童科学教育活动设计与指导[M].上海:上海交通大学出版社,2019:62-64.

（三）学前儿童科学实验型活动的类型

科学实验符合学前儿童爱动手、做中学的认知特点，是有效的科学教育活动。幼儿园常见的实验活动类型主要包括"演示-操作型""猜想-验证型""自由-引导型"[①]。

1. 演示-操作型

过程：教师先演示操作，幼儿观察操作过程和结果，并按教师演示重复操作。

优点：实验目的和操作过程非常明确。幼儿年龄较小，未有独立实验的能力，或实验操作过程较复杂，不易说清时，可采用该类型。

不足：可能会限制幼儿自主探究的多样性，减少其通过比较不同探究方法去理解科学的机会，因此，一般不鼓励仅采用教师演示，可改为教师演示结合幼儿操作。

2. 猜想-验证型

过程：教师提出科学情境，幼儿猜想可能的结果，再亲自探究以验证。

优点：突出了"提问—假设—验证"的过程，更贴合探究本质。有益于提升幼儿参与探究的兴趣，因为能够亲自验证自己的猜想；有利于培养幼儿实事求是的科学态度，因为能够认识到猜想和验证不同、假设和事实不同，发现他人观点和自己的观点并不总是相同的，自己的观点也并非永远正确。

不足：需要幼儿对相关内容有一定生活经验，否则猜想易成"瞎想"。建议组织幼儿在实验操作前后分别记录猜想和结果，清楚比较、理解两者。

3. 自由-引导型

过程：该类型中幼儿的探索过程按照目的可以分为三个明确的操作阶段。

（1）"瞎忙"：教师投放材料引发幼儿兴趣，幼儿无目的地自由摆弄材料，然后教师组织幼儿交流刚刚"玩"材料的发现，目的是发现现象、引发思考。

（2）探究：在上一阶段幼儿交流的基础上，组织幼儿尝试有目的地操作材料，目的是发现操作和结果间可能的关系，形成假设。

（3）领悟：针对上一阶段的假设进行验证式操作，目的是验证假设，获得科学发现。

优点：充分体现以幼儿为中心的理念，提供幼儿更多自由操作的机会，鼓励幼儿在操作中自己发现问题、验证问题，总结经验，充分发展自主性。

不足：对操作和思维有一定要求，不适合低龄或能力较弱的幼儿；虽然强调幼儿自主探索，但整个过程离不开教师指导，教师需要在三个环节间做好过渡和引导。

同一项实验内容可以按照上述三种类型设计不同的教学活动过程，无孰优孰劣，教师需要根据实验的内容、难度以及幼儿的认知和操作特点，来灵活选择。

二、学前儿童实验型活动的设计

（一）目标的确立

实验活动的特点是需要幼儿自主操作，且其结果往往以材料的变化让幼儿感到惊奇。因此，实验型活动的重点活动目标包括"科学好奇心"和"科学探究能力"。在《指南》中细化为不同年龄班的活动目标，详见下表 2-2-2、表 2-2-3 及表 2-2-4[②]。

---

① 张俊.幼儿园科学教育［M］.北京：人民教育出版社,2016:173-175.
② 张俊.幼儿园科学教育［M］.北京：人民教育出版社,2016:172-173.

表 2-2-2　小班实验型活动的目标设计

	重点活动目标	具体教学活动目标	《指南》链接
科学好奇心	注意到新奇的事物或现象	注意有些东西在水里总是浮起来	喜欢接触大自然,对周围很多事物和现象感兴趣; 经常问各种问题,或好奇地摆弄物品
科学探究能力	通过自己的观察、操作获得发现	通过自己的观察发现不同的物体在水中的沉浮状态	能用多种感官或动作去探索物体,关注动作所产生的结果

表 2-2-3　中班实验型活动的目标设计

	重点活动目标	具体教学活动目标	《指南》链接
科学好奇心	愿意探究新异的事物或现象	愿意尝试用不同的材料进行实验,探究它们的浮沉状态	喜欢接触新事物,经常问一些与新事物有关的问题; 常常动手动脑探索物体和材料,并乐在其中
科学探究能力	能对问题作出假设并用自己的经验加以验证	能基于日常经验猜测不同材料在水中的浮沉状态,并亲自实验加以检验	能根据观察结果提出问题,并大胆猜测答案; 能对事物或现象进行观察比较,发现其相同与不同; 能通过简单的调查收集信息
	能根据已经获得的资料进行合理推断,得出结论	通过实验和观察总结哪些材料会浮起来,哪些会沉下去	

表 2-2-4　大班实验型活动的目标设计

	重点活动目标	具体教学活动目标	《指南》链接
科学好奇心	能对新异的事物或现象提出问题,并进行探究	提出浮沉现象相关的问题,并且能够尝试去回答或解决有关沉浮的问题	对自己感兴趣的问题总是刨根问底; 能经常动手动脑寻找问题的答案
科学探究能力	能对问题作出假设并用自己的经验加以验证	能基于日常经验猜测不同材料在水中的浮沉状态,并亲自实验加以检验	能通过观察、比较与分析,发现并描述不同种类物体的特征或某个事物前后的变化; 能用一定的方法验证自己的猜测
	能根据过往的经验或逻辑推断对现象进行解释和预测	能根据已有的经验,并且能结合实验中的发现解释"潜水艇"既能浮在水面上,又能沉入水中的秘密	

(二)过程的设计

实验涉及幼儿操作,过程设计要特别关注合理性,现以中班科学教育活动为例辅以说明。

1. 选择实验的内容

学前儿童的实验一般涉及三个主要内容。

(1)物理实验:探究物质的材质特性、基本结构、基本运动和相互作用等。例如:通过玩天平探索力的奥秘,或玩手影游戏感知影子形成的条件。

(2)化学实验:从分子、原子层面探索物质的性质、结构与变化规律。例如:利用白醋和小苏打产生二氧化碳让气球膨胀,发现蛋壳在醋中的变化等。化学实验虽能激发幼儿好奇心,但有时涉及激烈反应,操作难度相对复杂,选择时要考虑安全性。此外,学前儿童很难通过直接观察去理解因果关系,因此,化学实验相对较少。

（3）生物实验：可分为动物实验和植物实验，主要是探索植物生长的环境、条件和动物的生活习性。例如：大葱向阴还是向阳生长？西瓜虫喜欢干燥还是湿润的生活环境？集体教学活动时长有限，较少采用生物实验，一般放在自然角。

> 例如："会变色的白菜"属于生物实验。白菜根吸收色素水后需一段时间才能改变颜色，不适合集体教学。"法老之蛇"是化学实验，颇受欢迎，但主要材料硫氰化汞有毒。即便改良后仍需点燃固体酒精，可能蹿出火苗，有危险，对操作的环境和安全性要求较高，不适合作为幼儿园的科学实验活动。"浮与沉"和"硬币储水"皆属物理实验，材料安全、操作简单、可直观看到变化，是幼儿园常见的实验类型，且都适合中班。"硬币储水"使用塑料吸管在硬币表面滴水，并记录总数。这对精细动作和点数能力有要求，不适合小班。相较而言，"浮与沉"的因果关系比"硬币储水"更直观，有利于幼儿思考与表达，因此，以"浮与沉"实验为例进行阐述。

▶拓展阅读
带着孩子去实验的图画书

2. 确定活动目标和类型

确定实验内容后，可根据幼儿年龄和探究能力确定活动目标，并从演示—操作型、猜想—验证型和自由—引导型中选择最适宜的活动类型。

> 例如："浮与沉"实验适合各年龄班，但活动目标有所差异。与小班比，中班增加了重要的一条目标"能对问题作出假设并用自己的经验加以验证"，正好对应"猜想—验证型"活动过程。因此，如果中班幼儿进行浮沉实验，可以尝试采用猜想—验证型的过程设计。当然，这只是教学设计的一种选择，并不唯一。

3. 选择适合的实验活动材料

幼儿的认识是感性的、具体的，对客观世界的认识很大程度上需要借助对物体的直接操作。材料是实验的媒介，物化的变量，隐藏着活动目标。教师应为幼儿提供丰富且有意义的操作材料，以保证幼儿通过与材料互动获得科学发现。

（1）主体实验材料

主体实验材料尤其要考虑结构性，即能否反映所探究问题的现象特征、揭示事物间的关系。选择材料时要考虑能否帮助幼儿获得如下三个方面的体验与经验。

① 材料特性：材料的物理特性（如轻重、软硬、光滑粗糙、冷热、颜色）、化学特性（如可溶解）和功能特性（用途）。

② 材料变化：特定条件下发生的物理或化学变化（如弯曲、改变物质形态、断裂、溶解）。

③ 材料的相互关系：材料相互作用下表现出的特点（如沉浮、力、静电等）[1]。

> 例如："浮与沉"实验的主要目标是通过材料入水后不同的浮沉状态认识材料特性。因此，选择材料主要关注材料的相互关系，即所选材料能否呈现不同浮沉状态：总是浮起或下沉的材料、开始在水上而后下沉的材料、通过操作可以改变浮沉状态的材料等。材料避免过于花哨，避免包含太多的变量，容易干扰幼儿。

（2）辅助实验材料

依据活动目标和操作过程，选择辅助材料帮助幼儿更加清楚地获得科学发现。

---

[1] 夏力. 学前儿童科学教育活动指导[M]. 3版. 上海：复旦大学出版社，2014：65.

例如:"浮与沉"实验的辅助教材包括实验用的水箱、实验记录表、笔、干抹布等。每件材料都有各自的用途,当幼儿使用材料时能够获得相应的发展。

水箱:活动有观察浮沉状态的需求,透明方形水箱更便于观察。如没有专门的透明水箱,可用其他性质相似的日常用品代替。

干抹布:实验结束后安排幼儿整理清洁。用到水的实验,可以组织幼儿用干抹布擦桌面,既能保证地面干燥安全,又能培养幼儿的自理能力。

记录表:帮助幼儿更加明确实验目标和操作过程,培养其科学学习的方法。

记录是实验的重要组成部分。实验记录形式多样,主要有表格式(图2-2-1)和图画式(图2-2-2)[1],建议教师根据幼儿科学记录的水平选择和使用。小班的记录能力十分有限,一般以集体记录或粘贴方式(图2-2-3)进行,降低记录的难度与要求。

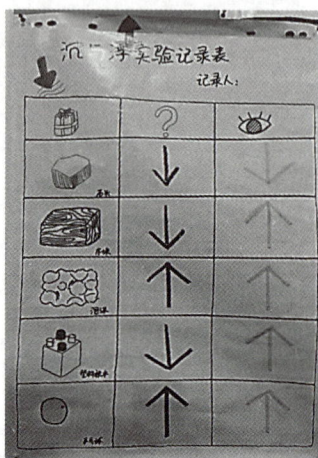

图 2-2-1　表格式记录——中班"浮与沉"实验

图 2-2-2　图画式记录——中班"非牛顿流体"实验

图 2-2-3　粘贴式记录——小班"浮与沉"实验

需要注意的是,无论什么材料,都要确保其安全性和卫生性。教师可从如下两方面着手。

① 选择无毒无害的材料,设计安全、无污染的操作过程。比如:在"火山喷发"实验中,主要材料醋和小苏打都很安全,但操作时,如不注意或凑得过近,可能会有液体喷溅到眼睛里,建议给幼儿准备一副小护目镜。

② 实验前和实验中应向幼儿提示安全卫生要求。如在"水油分离"实验中,提醒幼儿在托盘内操作,避免油水滴落地面,造成滑倒。最后提醒,很多网络上受欢迎、效果令人惊叹的实验并不一定适合幼儿操作,必须考虑其安全性。

4. 进行预实验,如有问题,及时调整

实验型活动中,幼儿的自主性和不可控性更高,可能面临更多的意外情况,也可能提出更多的问题和求助情况。因此,在幼儿操作前教师应进行至少一次的预备实验以满足下列目的:

① 熟悉操作过程,检查材料是否恰当,实验结果是否明显以易于幼儿观察,等等;

② 尝试从幼儿的角度思考他们可能碰到的难点和问题,并思考相应的解决方案;

③ 感知实验的重难点在哪里,应该如何引导幼儿思考,哪些环节应该提问,等等。

5. 投放实验材料

(1)开放式投放:将所有材料一次全部呈现。这种方式给予幼儿更多自由,能够使其按自己的想法

---

① 贾洪亮.学前儿童科学教育[M].2 版.上海:复旦大学出版社,2016:101.

探究。但可能因材料多而造成幼儿(尤其是低龄幼儿)分心、偏离活动目标,或不知从何入手。开放式投放不是随便投放,需要教师仔细选择材料。

(2) 分层式投放:随着幼儿操作和认知水平的提升,适时、分层增加新材料,使活动过程的层次更为清晰。幼儿能通过操作新材料由浅入深不断形成新假设、不断探究,教师必须仔细考虑,有目的地分层投放,清楚每次投放新材料的目的是什么,并引导幼儿操作每一层次的材料后能够积极思考,总结经验,逐渐获得科学认知。

> 例如:上述两种方式都适合"浮与沉"实验,可根据具体情况进行选择。

▶拓展阅读

有层次的实验
材料投放——
以实验活动
"浮与沉"为例

6. 组织幼儿操作

这是整个实验过程中最重要的部分,一般占时最长。教师要根据活动类型组织幼儿操作材料,把握各环节的逻辑关系,层次分明、循序渐进,尤其关注以下三点。

(1) 明确操作规则。操作不等同于动手,须满足目的性和程序性的要求。实验前要清楚说明操作规则。尤其幼儿刚开始尝试实验操作时,需提醒其实验步骤、操作要点和注意事项。

(2) 确定组织形式。操作多以个人或小组的方式进行,也可结合多种组织方式。如采用合作操作,活动前可由教师指定或幼儿商定分工和任务,以培养其合作精神。

(3) 结合操作与思考。实验活动的重点是操作,应指导幼儿使用工具、材料并学习操作技能。但是,缺少思考的操作不是真正的探究,必须鼓励幼儿动手又动脑。一方面,引导幼儿多角度思考,尝试多种材料,变化操作方法;另一方面,引导幼儿基于操作提问,这些问题可能是实验的重难点,或是引发幼儿认知冲突的关键。

> 例如:为中班选择"猜想—验证型"的活动,主要涉及三个环节。
> 操作前:根据已有经验猜想可能的结果且记录猜想。
> 操作中:幼儿操作材料,动手动脑进行探究。
> 操作后:比较猜想与结果,交流探究过程与发现,获得科学认知。
> 幼儿操作前,要强调实验规则。第一,先猜想且记录猜想,再操作。假如操作结束后再记录猜想和发现,幼儿容易混淆两者,不利于获得客观的科学发现。第二,操作时轮流操作材料,操作一个,记录一个结果。如采用合作探究,可考虑两人一组,且操作前确定各自的任务(如一人操作,一人记录)。

7. 组织幼儿充分交流,深化认识和经验

交流是幼儿以表象形式回顾实验的过程,在充分探索的基础上,幼儿一般都有强烈的交流意愿。教师要引导幼儿梳理、交流自己的操作和发现,对其中的现象进行分析比较、概括归纳,深化或调整已有经验和认识。适时适当的提问是启发、引导幼儿的有效方法,比如可以提出:

(1) 你是怎么做的?(回忆操作的方式)

(2) 你觉得这样做可能会发生什么?(猜想操作的结果)

(3) 你发现了什么?刚刚发生了什么?(交流操作的结果)

(4) 为什么会发生?为什么会不一样?(推论原因)

(5) 谁还有其他的解释?(关注他人的观点,提出更多的可能性)

(6) 怎样才知道我们的想法对不对?(引导提出新的假设,引发下一轮的操作)

> 例如:在"浮与沉"实验的交流中,教师要引导幼儿关注到材料和操作的多样性,比较猜想和结果,发现自己和同伴的观察角度以及对于结果的不同思考与解释。这些都将有效丰富幼儿的实验经验与加深理解。

8. 活动结束

活动结束没有固定的方法,但是在实验活动中经常使用以下方式。

(1)小结与评价:基于幼儿的讨论交流,对活动进行总结和评价,特别关注对过程、方法和现象观察的评价。

(2)应用与联想:基于幼儿的科学认知与发现,让幼儿将活动中获得的经验应用于生活,或提出生活中某种相关联的现象,让幼儿去继续探索,使活动得到延伸。

(3)相似的问题情景:鼓励幼儿尝试用获得的经验去解决问题,检验和巩固新学的知识经验。

> 例如:在"浮与沉"实验的总结阶段,有教师采用"应用与联想",请幼儿思考生活中哪里有浮沉现象;也有教师请幼儿思考"浮与沉"的实验原理能够帮助我们解决哪些生活中的问题。例如创设情境:小花猫玩球的时候,一不小心,把球掉到了大坑里。坑又大又深,她不敢下去拿球。你有什么好办法帮助她拿到球吗?

三、学前儿童实验型活动的指导

(一)允许反复实验的试错过程

教师要正确认识并包容幼儿的错误,幼儿当前的错误其实反映了他们真实的认知水平。实验是培养幼儿学会积极面对失败,坚持不断尝试,最终从错误中发现真相的好机会。教师应该这么做。一要保障幼儿充足的实验时间,一般而言,幼儿操作的时间至少占活动时长的一半。二要除安全考量外,不过多限制幼儿操作。组织中、大班幼儿讨论并大胆尝试不同的材料和操作方式,允许幼儿得出不同的实验结果,接纳幼儿按照自己的思维解释现象。三要培养幼儿正确看待自己和他人失误的态度,理解并接纳失误是实验活动中的正常现象。帮助幼儿保持稳定的情绪,反思原因,允许他们反复操作,再次尝试[①]。

(二)观察幼儿的操作过程,重视巡回指导

在实验中,主体(幼儿)通过与客体(材料)反复互动促进自身的认知结构发生变化,获得新的科学经验和认知。幼儿个体差异大,切勿强求一致。教师应在幼儿操作时关注每个幼儿的操作行为、情绪状态和交流谈话,并在此基础上形成指导的依据,切勿把现成的科学知识直接教给幼儿。幼儿实验时,教师要少代劳,多指导,通过提问、讨论等方式启发幼儿正确的思考方向和探究方法。

> 例如:在"浮与沉"实验中,有幼儿举手提出他和同伴使用相同的材料——无盖铁皮小盒,可结果不一样。教师没有直接告知答案,而是引导他回忆操作过程和方法。幼儿想到可能是他们把盒子放入水中的方式不同。这时,教师仍没有直接回应,而是建议他们按照原来的方式再操作一次。最后,幼儿验证了自己的猜想。教师继续提问:"还能想到其他放盒子的方法吗?猜猜结果会怎样?其他的材料也会受到放置方式的影响吗?"受到启发的幼儿又开始了新的探究,并乐在其中。可以看出,教师的指导不仅帮助了幼儿自己探究解答疑问,还启发了他们继续探究的兴趣,延长了学程,使其进行深度学习。

---

① 陈虹.幼儿科学教育与活动指导[M].北京:高等教育出版社,2013:97.

任务回应

教学设计——中班科学活动"浮与沉"

【活动目标】

1. 通过亲自实验总结哪些物体在水中会浮起来,哪些会沉下去。

2. 能够基于日常经验大胆猜想不同物体在水中的浮沉状态,并通过实验加以验证。

3. 对浮沉现象感兴趣,愿意尝试用不同的物体进行实验,探究其浮沉状态。

【活动准备】

1. 实验主材料:小石子,带盖塑料饮料瓶,橡皮泥,木制积木,海绵。

2. 实验辅助材料:透明塑料小水箱,抹布,实验记录单。

3. 集体教学活动前教师提供小水箱及其他一些玩水材料,组织幼儿通过参加玩水游戏萌发对玩水活动的兴趣,丰富幼儿有关物体沉浮的日常经验。

【活动过程】

一、展示材料,激发幼儿的兴趣

教师:今天老师给大家带了很多材料,我们要用它们来做实验。看看你们的桌上有什么。在实验前,请你们先猜一猜,如果把这些材料放在水里会怎样呢?

幼儿自由表达,分享自己的猜想。

二、讲解记录的方法,组织幼儿记录猜想

教师:现在我们要将自己的猜想记录在这张实验记录单上,先来观察一下这张记录单,看看上面有什么,怎么记?

教师:刚才有小朋友猜想小石头放在水里会怎么样,那应该怎么记录?

教师:现在大家已经知道了记录的方法。现在请小朋友在纸上用这种方法记录你的猜想。

教师巡回检查,指导记录。

三、幼儿操作,记录实验结果

教师:现在,我们要把这些材料按照记录单上的顺序轮流放到水中做实验,看看它们是浮还是沉。请大家把结果按照之前的方法记录下来,看看和刚才的猜想是不是一样。

教师巡回指导,观察幼儿:能否按照要求有顺序地操作材料,每次只拿一件材料;能否正确记录实验结果。

四、分享交流、整理收纳

教师:通过刚才的实验,你发现了什么。和你的猜想一样吗?

师生共同小结:今天我们学习了先猜想后验证的方法,原来猜想和结果并不一定总是一样的。有的材料,我们猜它是沉下去的,但亲自实验后却发现原来它会浮起来,所以很多事情一定要自己试试才知道真相。

幼儿把水箱的水倒掉,用抹布把桌面、水箱和材料擦干,最后把材料收纳到水箱里。

【活动延伸】

活动结束后,将所用材料放到科探区让幼儿继续进行活动,巩固对沉浮的认知。之后,再通过投放新的材料,或者提供新的实验问题,引发幼儿的认知冲突,获得对沉浮的新认知。

思考与实训

一、单选题

1. 控制条件下,通过操纵变量来观测相应的现象和变化的科学教育活动是哪一种?(　　)
   A. 讨论　　　　　　　　B. 实验　　　　　　　　C. 观察　　　　　　　　D. 测量

2. 教师在自然角的蚂蚁工坊中投放了不同的食物,有苹果片、白糖、面包等,然后组织幼儿来观察蚂蚁最喜欢吃什么。这个实验属于哪一种?(　　)
   A. 植物实验　　　　　　B. 物理实验　　　　　　C. 化学实验　　　　　　D. 动物实验

3. 下列有关学前儿童科学实验型活动的说法中,错误的是哪一项?(　　)
   A. 实验的内容应为儿童生活中常见的科学现象
   B. 实验的设备和条件应达到实验室的标准
   C. 实验的结果应是已有的科学结论
   D. 实验的操作应简单,且具有游戏性

4. 幼儿在实验活动时一般需要使用哪种科探技能?(　　)
   A. 观察　　　　　　　　B. 操作　　　　　　　　C. 交流　　　　　　　　D. 以上都是

5. 对于低龄幼儿或者操作过程复杂的实验,可以采用哪项实验活动组织实验过程?(　　)
   A. 猜想-验证型　　　　B. 自由-引导型　　　　C. 演示-操作型　　　　D. 以上都是

二、案例分析

1. 根据下面的案例,思考:该实验中提供的材料是否科学?

   某幼儿园大班组织了一次"磁力穿透性"的探究活动。教师提供了如下材料:磁铁、粘有曲别针的小玩具、羽毛、线绳、镜子、木板、塑料板、小毛衣、纸张等。教师简单介绍材料后让幼儿自己操作,探究哪些材料能够被磁力穿透,哪些不能。幼儿通过操作发现:所有的材料都能被磁力穿透。

2. 根据下面的案例,思考:该活动中的记录使用是否恰当?

   今天,中班组织了一次探究物体沉浮现象的活动。在活动的第一部分,教师提供了各种物品供幼儿操作实验。幼儿4人一组操作材料,观察物体的沉浮现象。在活动的第二部分,教师请幼儿想办法让橡皮泥浮起来。操作活动结束以后,教师给每个幼儿发放了一张记录纸,要求幼儿记录刚才两个操作活动的情况。教师说:"请小朋友们回忆一下刚才什么沉下去了,什么浮上来了。再回忆一下你是用什么办法让橡皮泥浮起来的。把你的办法画在纸上。"幼儿有的仰头回忆,但是似乎有点想不起来了,有的低头在记录纸上随便画着。

三、实训题

1. 根据下列素材设计一个大班科学活动,要求写出活动名称、活动目标、活动准备和活动过程。

   大班的胡老师为幼儿提供了各种吹泡泡的工具,有吹管、铁丝绕成的圈、塑料吹泡泡棒等,让幼儿在户外活动时自己吹泡泡玩。幼儿在吹泡泡的时候,有的能吹出很大的泡泡,有的只能吹出小泡泡,有的能一次吹出好多个泡泡,有的一次只能吹出一个泡泡。结果有的幼儿得意,有的幼儿沮丧。针对上述现象,胡老师打算组织一次科学教育活动,以引发幼儿深入探究的兴趣,并使幼儿了解不同吹泡泡工具与吹出的泡泡之间的关系。

   (2016年上半年幼儿园教师资格证考试《保教知识与能力》活动设计题)

2. 设计一个中班科学教育活动,帮助幼儿感知和发现植物的生长变化及其基本条件。要求:写出设计思路、活动名称、活动目标、活动准备和活动过程。

（2023 年幼儿园教师资格证考试《保教知识与能力》活动设计题）

任务 3
交流型活动的设计与指导

任务目标

1. 准确理解交流的含义、学前儿童科学交流活动的定义和意义。
2. 了解学前儿童科学交流能力的发展特点。
3. 熟悉学前儿童科学交流型活动的目标设计、对象选择、过程设计和指导要点，并能够在此基础上有效组织和指导交流型的集体教学活动。

任务思考

　　儿童节那天，幼儿园请了马戏团来表演。可爱的小动物逗得大家哈哈大笑，还引发了幼儿对动物主题的兴趣。经过讨论与投票，每个班级确定了各自的研究主题。大一班选择了"动物的尾巴"，大二班选择了"动物的沟通方式"。现在，大班组的老师正在针对两个研究主题讨论如何带领孩子学习，思考如下：

　　1. 这两个主题采用同一种活动类型吗？
　　2. 观察型、实验型、交流型和技术型活动，哪种更适合这两个主题？依据是什么？
　　3. 平时的科学活动多以观察和实验为主，是否有可能尝试别的类型呢？不适用观察和实验，还能不能学习科学？

　　经过讨论，老师们一致认为"动物的沟通方式"这一主题比较适合作为交流型活动开展。第二天，二班的田老师便开展了一次关于"动物的沟通方式"的集体教学活动。田老师一连抛出了好几个相关的问题请幼儿回答。但是，很多幼儿说不出、说不对。课后，田老师有点疑惑，之前大家都认同这个主题适合采用交流型活动，而且幼儿明明对这个主题很感兴趣，为什么上课的时候说不出来，说不好呢？问题到底出在哪里呢？

任务支持

一、学前儿童交流型活动的理论概述

　　人们通过交流进行互动、交换信息，丰富彼此的认知和经验，推动人类的整体认知发展。交流能力是幼儿适应未来社会生活的必要条件，因此，教师有必要准确理解交流的定义与特征，以更好地促进幼儿交流能力的发展。

（一）科学交流与表达

1. 交流与科学交流

交流是不同主体间传达沟通信息或情感的过程。教学活动中的交流一般指在教学情境中师生或生生之间相互交流思想、情感和共享信息。交流能力则是体现在学生接受、加工、传递信息的动态过程中的能力。交流本身不是研究，却是科学探究的重要组成部分。科学扎根于交流，起源于讨论。科学的发现和结论必须经过表达，得以交流，才能巩固、修正和确认。通过交流，个体有机会整理和展示科学发现，向他人传达有用的科学信息，启发他人新的思考；倾听者还可以提出疑问和建议，调整探究的方向，修正科学结果[①]。科学交流一般是指在科学活动的主要探索环节结束后，教师组织儿童针对探索的发现、问题等进行交流。

2. 学前儿童的科学交流

学前儿童的科学交流指儿童通过某种方式获得相关科学信息后进行归纳和整理，最后以语言或非语言的形式在他人面前表达获得的信息，或与他人交换信息。当代的学前教育强调幼儿的主动建构，即以已有经验为基础，在互动中建构自己对于科学的认知。学前儿童的科学交流提供了儿童自由探究、独立思考和表达自我的机会，充分体现了以儿童为中心、尊重儿童发展的科学儿童观。

（二）学前儿童的科学交流型活动

1. 学前儿童科学交流型活动的定义

学前儿童的科学交流型活动指幼儿在亲自探究、收集整理资料的基础上，通过各种交流方法获取科学知识的科学教育活动[②]。这类活动可单独进行，也可和观察型、实验型、技术型的科学活动结合使用。

2. 学前儿童科学交流型活动的意义

交流型活动作为一种非直接探究型的学习方式，更加适合那些幼儿特别感兴趣，却不能或不便通过直接探究进行学习的内容。交流型活动不仅是科学教育活动中的基础类型，而且具有自身独特的价值。

（1）锻炼幼儿获得与处理信息的能力，尤其是间接信息的获得与处理能力

良好的交流表达能力是当代公民的基本技能。《指南》中指出，要支持幼儿与同伴合作探究与分享交流，引导他们在交流中尝试整理、概括自己探究的成果，体验合作探究和发现的乐趣，如一起讨论和分享自己的问题与发现，一起想办法收集资料和验证猜测。交流型活动通常需要幼儿先收集整理资料，后交流讨论。这两种活动本质上都需要幼儿学会获得与处理间接信息。

（2）提升幼儿的语言能力，尤其是非小说性语言的运用能力

《指南》提出，幼儿的语言学习需要相应的社会经验支持，应通过多种活动扩展幼儿的生活经验，丰富语言的内容，增强理解和表达能力。在交流活动中，幼儿能够锻炼交互使用语言和在公共场合表达自己的胆量与能力。另外，幼儿不仅会使用记叙性语言，而且会大量使用说明性语言，准确描述过程，有逻辑地解释现象，这都有效提高了非小说性语言的运用能力。

> **知识链接**
>
> 非小说性语言（non-fiction language）：一般以交流传递信息为主要目的，更强调内容的真实性、准确性和规范性，如会议报告、实验记录。小说性语言（fiction language）则突出亲历感和现场感，支持交流者个人的思考与体验，如侦探小说、神话。在学前儿童科学教育中，非小说性语言常在以下场景中使用：

---

① 张二庆，乔建生.小学科学课程与教学论［M］.北京：北京师范大学出版社，2016：155.
② 梁志霞，张立星，曹静.幼儿园科学教育与活动指导［M］.北京：北京师范大学出版社，2016：115.

- 阅读科普读物、儿童百科全书,在成人支持下查找信息资料……
- 使用图画、符号、数字、图表、简单文字等记录探究过程的发现和问题
- 基于上述记录开展交流讨论和归纳整理……
- 讨论探究主题、计划过程、归纳发现、回应质疑、发布结果……

（3）培养幼儿的思维能力,尤其是批判性思维能力

幼儿的科学认知发展本质上是一个主动建构的过程。交流与讨论是重要的支架,支持幼儿将粗浅、零星、具体的科学经验上升为深入、完整、抽象的科学概念。另外,由于交流的双向性,幼儿必须倾听、理解他人,甚至质疑他人观点并提出有力证据。以上这些是批判性思维能力的重要内涵。[①]

批判性思维能力一般表现为:能够通过分析、取证、推理等方式,判断出各种不同的说法中哪一种说法更有说服力。该能力通常具有两个特征:一是能够通过思考对一些结论提出疑问,而非一味无条件地接受他人和权威的结论;二是提出疑问之后,能够用有说服力的论证和推理给出解释与判断,包括新的、与众不同的解释和判断。

（4）提升幼儿的科学认知,尤其是去除自我中心化

学前儿童受限于自我中心思维,有时不能区分主观想法和客观现实,不易从他人立场考虑问题,因此获得的认识并不一定正确或完整。需要有意识地引导他们交流探究结果和发现,经由同伴间的讨论、辩论、建议,甚至批评,不断反思自己的科学认识,在交流中积累经验、深化经验。同时,在交流中感知表达的重要性,在讨论和倾听中学会尊重他人,去除自我中心化,也在自我表达中感受自信和自尊。

3. 学前儿童科学交流能力的发展

（1）3～4岁儿童科学交流能力的特点

① 能作描述性表达。此时幼儿已有语言表达的意愿与要求,能用语言发问,基本掌握语言表达的方法与技能,能在教师引导下大胆讲述发现与体验。信息交流能力初步发展,能用描述性词汇进行分享,但一般停留在描述而非解释的水平。如"找影子"的分享环节,幼儿会说"这个影子大,那个影子小",但无法解释"为什么这个影子大,那个影子小"。

② 善用动作交流。此时幼儿具有动作思维的特点,更倾向用外显的手势、动作、表情等方式表达。如用身体模仿鸟的飞行姿态,用表情表达想要飞翔的美好愿望。

（2）4～5岁及5～6岁儿童科学交流能力的特点

① 开始发展语言的概括性和解释性。4～5岁幼儿在语言方面逐渐显示出简单的概括性与解释性,能用语言概述物体或同类事物的特征。表达的连贯性和完整性显著提高,开始能较完整、有逻辑地讲述科学发现,但仅能简单直观地解释现象。如在中班的"光与影"活动中,幼儿概括出形成影子需要光源和物体,且在教师引导下能解释物体挡住光源就有了影子。5～6岁幼儿的语言概括性和解释性不断提高,能更好地理解、评价他人,并与他人讨论。教师应多组织小组讨论、合作展示、科学辩论等合作交流活动。同时,幼儿科学认知能力不断深化,能够对于科学发现进行更加广泛的解释,发现更多可能的相关影响因素。如在大班的"造大桥"活动中,幼儿发现大桥的承重力可能受到桥面材料、桥面的结构、桥墩的数量和结构等多种因素的影响。

② 能用多种非语言方式进行记录。4～5岁幼儿的交流、表征能力有所提升,但依然停留在具体形象思维阶段,适合并善用绘画、符号等非语言的表征手段。5～6岁幼儿表征的抽象性提升,逐渐从使用图画、自创的符号发展到综合使用图像与符号,再发展到使用规范性的符号。符号使用的自主性、创造性逐渐增强,能够使用更抽象的表达方法(如数字、图表)。还可使用少量简单的文字,但一般不独立使用,仅用于辅助图片和照片等。

---

① 钱颖一. 批判性思维与创造性思维教育:理念与实践[J]. 清华大学教育研究,2018,39(4):1-16.

二、学前儿童交流型活动的设计

（一）目标的确立

科学交流型活动的重点教学目标通常包括表达交流技能、科学认知和经验。该类活动以幼儿亲自探究或处理资料为基础,以交流为主体,对幼儿的多种能力有一定要求,更适合中、大班幼儿。适合小班的交流型活动通常在表达交流技能上以"说一说"和"做一做"为主,只要求浅显的科学经验。具体年龄班目标如表 2-3-1 及表 2-3-2 所示。

表 2-3-1　小班科学交流型活动的目标设计

重点活动目标		具体教学活动目标	《指南》链接
表达交流技能	大胆讲述自己的观点	说说小猫有什么本领	说话自然,声音大小适中
	注意听且能听懂他人说的话,能作出回应	其他幼儿介绍小猫本领时,能够认真听	别人对自己说话时能注意听并作出回应;能听懂日常会话
	借助表情、动作、简单涂画等进行表达	能够用动作模仿小猫抓老鼠时的样子;在小猫涂色卡上涂色	愿意表达自己的需要和想法,必要时能配以手势动作;喜欢用涂涂画画表达一定的意思
科学认知和经验	丰富有关主题的经验,并能够有一定认知	了解小猫会爬树、抓老鼠等本领	详细内容参考《指南》"科学探究"领域目标3

表 2-3-2　中、大班科学交流型活动的目标设计

重点活动目标		具体教学活动目标	《指南》链接
表达交流技能	运用完整、连贯的语言讲述自己的观点	组织幼儿在参观城市建筑后,讨论喜欢老建筑还是新建筑	愿意与他人交谈,喜欢谈论自己感兴趣的话题;能基本完整地讲述自己的所见所闻和经历的事情;讲述比较连贯(中班)愿意与他人讨论问题,敢在众人面前说话;能有序、连贯、清楚地讲述一件事情(大班)
	倾听、理解和评价他人的观点	其他幼儿表述观点时,能够认真倾听,并且能够对他人的观点表示赞同或者否定,还能提出自己的理据	在群体中能有意识地听与自己有关的信息;别人对自己讲话时能回应(中班)在集体中能注意听老师或其他人讲话;别人讲话时能积极主动回应;懂得按次序轮流讲话,不随意打断别人(大班)
	借助图画、符号、表格、个别的文字等表征活动、表达观点	借助参观时所画的建筑说明自己喜欢老建筑或新建筑的原因	能用图画或其他符号进行记录(中班)能用数字、图画、图表或其他符号记录(大班)
科学认知和经验	丰富有关讨论主题的科学经验;学习在收集、鉴别信息的基础上建构自己的科学知识	通过交流分享,获得更多关于建筑的知识;在收集和整理相关信息的基础上总结出新老建筑各自的特点	详细内容参考《指南》"科学探究"领域目标3

（二）活动的设计

1. 确定活动类型,做好经验准备

交流型活动信息量大,应在幼儿有一定经验的前提下开展。基于经验的准备方式,交流型活动可分为以下五种常见类型。

（1）调查分享式——"先调查后交流"

幼儿针对主题先搜集、整理资料，梳理出所需信息，再与人交流分享。例如：幼儿在家长支持下搜集节水方法的资料，结合资料在集体教学中分享节水经验，最后回家尝试幼儿认为最为可行的一两个小妙招。

（2）参观汇报式——"走出去"

幼儿在成人带领下前往相关教育场所，开展实地考察，获取直接经验，再将收集的信息经整理后汇报。例如：幼儿参观益生菌饮料工厂，了解生产过程及益生菌对健康的重要性，回园后开展"好细菌、坏细菌"的主题汇报。

（3）讲座对话式——"请进来"

邀请相关人士入园给幼儿上课、做讲座，和幼儿面对面交流、对话、访谈，使得幼儿获得相关科学信息。例如：邀请幼儿园所在社区的汽车博物馆工作人员向幼儿讲述"汽车的昨天、今天和未来"，幼儿亲自提问，和科研员对话；之后，幼儿一起绘画，分享自己对于未来汽车的设想。

（4）探究讨论式——"先做后说"

幼儿先亲自探究，再根据结果和发现交流讨论。例如：一次，有孩子提到一种传言——如果在蚂蚁周围画一个封闭的圈，蚂蚁就会困在里面。这是真的吗？幼儿对此各抒己见。于是，教师鼓励幼儿亲自实验。有的用粉笔在地上画圈，有的用马克笔在纸上画圈，有的回家用花露水在瓷砖上画圈……幼儿还通过画画的方式记录了自己的实验，之后基于实验结果开展了一次热烈的讨论。

（5）文艺交流式——"先看后说"

通过科学文艺或科学多媒体中形象生动的语言或直观的图画等幼儿喜欢的形式呈现科学信息，然后基于对信息的理解和处理进行交流。例如：阅读图画书《走进国宝大熊猫》后，幼儿开展了关于大熊猫的交流活动，包括其外形特点、饮食习惯、生活习惯、为什么是国宝等。

> 例如："动物的沟通方式"这一主题可采用上述方式开展。但是，考虑到幼儿直接探究多种动物如何相互沟通的可能性较小，"探究讨论式"不是最好的选择。此外，参观汇报和讲座对话这两种方式易受资源限制。因此，"调查分享式"和"文艺交流式"都是相对经济、便利、普适性更强的方式。

2. 保存相关资料，奠定交流基础

前期，幼儿为交流活动积累了资料，此时应尽量将前期收集的信息用合适的方式表达并保存下来，如个人或小组的调查记录本（图2-3-1）、班级资料收集盒、照片、录音等，也可使用简单的表格（图2-3-2）。比如，在"我是省水小能手"活动中，幼儿一边展示所拍摄的家庭照片或视频，一边介绍自家省水的方法。

图 2-3-1　调查记录本　　　图 2-3-2　参观调查表　　　图 2-3-3　调查成果展示墙

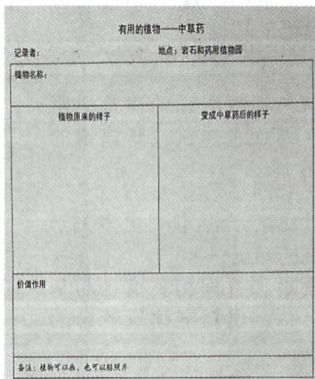

另外，可将保存的资料展示出来，为正式的交流活动热身。展示墙（图2-3-3）是一个经常使用的方法，既可以帮助幼儿梳理前期经验，又可引发幼儿交流，了解和比较同伴间的观点，发现问题，为接下去的交流活动奠定认知基础。

例如:"动物的沟通方式"这一活动中,如果选择"调查分享式",教师可设计采用画图、调查表等方式鼓励幼儿保存调查资料,并通过展示墙展示结果。

3. 丰富表达方式,巩固科学认知

交流型活动的核心部分是基于前期经验的准备交流自己的科学认知与经验。在活动中,教师应根据幼儿年龄和活动特点选择多种表达方式丰富教学过程,帮助幼儿提高科学认知,即鼓励幼儿使用属于他们的"一百种语言",使用他们喜欢的表达方式进行表达。

表达方式有语言的和非语言的两种。语言的方式主要有描述、问答、讨论、辩论等。由于语言能力不够成熟,直接具象的非语言的交流方法更有利于幼儿的表达与理解,例如表情、动作、肢体等。这些方式有时比语言更为直接。儿童天生就会使用这种方式——他们喜欢大笑,用特别夸张的表情、动作。比如,当老师问"柠檬是什么味道",幼儿说"酸酸的",然后皱起眉头,有的还撮起了嘴。又如图像表征,如符号、绘画、数字、图表、照片等;再如实物,如模型、科学小制作。这些方式能引导幼儿仔细观察,获得更清晰、深刻的发现,显著提高观察的积极性和主动性。比如讨论"厨房的工具"时,请幼儿画出厨房中的三种工具,并用动作来演示如何使用。

拓展阅读

儿童的一百种语言

例如:在"动物的沟通方式"的交流型活动中,可以设计多种方式促进幼儿对动物沟通方式的认知,包括语言的方式——说一说你调查的动物沟通方式有哪些;非语言的方式——用动作演示蜜蜂的舞蹈,画一画孔雀的开屏,学学猫叫,展示收集的动物沟通时的图片,旨在帮助幼儿获得直接、生动、具体的科学经验。

4. 整理交流内容,总结科学认知

交流后期,要引导幼儿进行总结,得出结论。通常的做法是回顾探究、交流的历程,梳理认知形成和变化的过程,比如:"比较最后的结论和最初的想法,是否发生改变? 哪里变了? 为什么?""活动前,已经知道了什么? 通过交流,又了解到了什么? 还想了解什么?""比较同伴之间表达的信息和观点有何异同? 为什么会有差异?""在现有交流结果上能否获得进一步的认知,如对个体的认知上升到对类别的认知。""基于交流的结果,还有新问题吗? 下一步要了解什么? 怎样做?"

总结的主体尽量以幼儿为主,或师幼共同总结。教师参与总结,可引用幼儿的表述作为对结论的描述,也可将幼儿前期积累的经验作为基础,使用比较准确的,但是幼儿能理解和接受的语言描述[1]。总结并不意味着交流的结束,相反,应让每个幼儿在获得一定感受、体验和发现的基础上,形成交流讨论的习惯和倾向。

例如:在"动物的沟通方式"活动中,通过前阶段的不同表达方式,幼儿感知到动物沟通的多样性。在总结阶段中,教师可以帮助幼儿回顾不同动物的沟通方式,并请幼儿对这些方式进行分类。

三、学前儿童交流型活动的指导

(一) 做好经验准备,强调幼儿的主体性,鼓励资源和形式多样化

活动开展须以幼儿具备相关经验为前提,建议让幼儿尝试不同的方法获得经验准备,了解科学经验的多源性。同时,关注资源利用,包括自然资源、机构资源和家长资源,还可利用故事、谜语、童谣、诗歌、

唱歌、绘画等多种文艺形式及各种媒体。无论哪种形式都要以幼儿的经验积累为目的,强调幼儿的参与,并将所积累的经验迁移到正式的交流活动中。

(二)做好交流工作,强调方式的多样性,注意保存和展示交流的成果

交流的组织形式应体现多样性,采用个人展示、小组讨论、集体分享等多种方式,切勿仅采用"教师问—幼儿答"的形式。也可采用"幼儿问—幼儿答",甚至"幼儿问—教师答"的形式。交流不是单向的,而是以幼儿为主体的多重互动,包括幼儿和幼儿、幼儿和教师、个人和集体的互动等,这样才有助于发展幼儿的人际交往能力。

此外,教师要理解幼儿的个体兴趣和能力,尊重表达的多样性,提供能够满足幼儿不同表达方法的环境、材料和支持;交流的时间不宜过长、内容不宜过多,教师要学会利用多媒体、实物以及组织幼儿操作等方法增加交流的乐趣。正如《指南》所指出的,学习用多种方式表现、交流、分享探索的过程和结果。

(三)做好组织工作,强调表达的开放性,协调观点的差异与冲突

幼儿的抽象逻辑思维尚在萌发,语言表达能力尚未完全成熟,要给予充分的等待时间,鼓励每名幼儿敢于表达、说明观点,并且大胆赞同、补充、质疑同伴的发言。这种认知差能够引发更加深入的讨论,有助于幼儿主动调整原有认知结构和水平。教师需要认真倾听,通过引导进行协调,帮助幼儿归纳出争论焦点,最终达成较为一致的观点。

拓展阅读

交流时,幼儿观点冲突,如何引导交流?

任务回应

教学设计——大班科学活动"动物的沟通方式"

【活动目标】
1. 能够在前期调查的基础上,通过多种表达方式感知、了解多种动物传递信息的方式。
2. 尝试根据"声音、行动、气味"对动物传递信息的方式进行分类。
3. 乐于积极和同伴交流自己的调查结果,且在交流中耐心倾听他人发言。

【活动重难点】
重点:了解动物是通过声音、气味和行动三种方式来进行沟通的。
难点:通过不同的表达方式学习动物的不同沟通方式。

【活动准备】
1. 经验准备:课前,向幼儿发放"动物的沟通方式"调查表(表2-3-3),让其和爸爸妈妈一起了解、讨论动物传递信息的方式,并用图画的方式完成记录。将完成的调查表贴在展示板上,在课前让幼儿能够看到自己与同伴的调查结果,引发同伴之间自发的交流与讨论,为集体教学中的专门交流做好经验与认知的准备。

表2-3-3 "动物的沟通方式"调查表

记录者:	日期:
动物的名称	传递信息的方式
建议:试一试把你的思考和发现画下来。	

2. 物质准备:"动物的沟通方式"课件、动物传递信息的视频、各种动物的图片、展示板、已经填写好的调查表等。

【活动过程】

一、导入:介绍主题,回顾调查

1. 情境导入:今天,老师有一条很重要的消息要告诉我的好朋友。大家帮我想想,可以通过哪些方法让我的好朋友知道呢?

教师:人类通过说话、写信、打电话传递消息。那么动物如何与同伴交流呢?前几天,请大家把调查表带回家和爸爸妈妈一起搜集资料。现在我们来看看你的调查发现吧。

2. 出示展示板,邀请部分幼儿结合自己的调查表交流分享自己的发现。

二、展开:观察视频,了解动物的三种主要沟通方式

1. 提示:刚刚大家分享了很多小动物传递信息的秘密。那么,我们再一起来看看还有哪些小动物也很擅长与同伴沟通。它们用什么沟通办法呢?

2. 出示小鸟、蚂蚁和蜜蜂的图片,请幼儿猜测图片上的动物如何传递信息。

3. 播放视频,验证、了解三种动物的信息传达方式。

小鸟:通过叫声传达消息(一起听不同的鸟叫声,模仿一下,并猜一猜这种叫声代表了什么含义)。

蚂蚁:通过散发信息素,告诉同伴获得食物的路线。

蜜蜂:通过舞蹈交换信息(一起模仿蜜蜂的摇摆舞和八字舞,了解其含义)。

4. 小结:你们今天可真棒!知道了那么多小动物的秘密。它们通过声音、气味和行动来进行交流。

三、深入:尝试分类,总结巩固

1. 提问:原来动物的交流方式各不相同,可以通过声音、行动和气味来进行交流。那么哪些动物和它们的交流方式是一样的呢?

2. 教师把小鸟、蚂蚁和蜜蜂分别放到不同的"家"(展示板的不同栏)中,代表不同的沟通方式。向每组分发3张不同的动物卡片,幼儿先在组内讨论它们使用哪些交流方式,然后根据讨论结果把卡片放到对应的"家"中。

3. 教师巡回指导,提示幼儿交流时要耐心倾听同伴的发言后才能发表自己的看法,同时关注并协调幼儿的不同意见。

4. 每组轮流分享讨论结果,并把卡片放到正确的"家"中。

四、结束:点明主题,升华理解

1. 提问:如果没有交流,动物会遇到哪些问题?

2. 教师总结:通过今天的学习,我们了解到动物有丰富的交流方法。动物使用这些方法分享信息、寻找食物、寻求配偶。可见,交流与沟通是动物生存的必要前提。同样,我们人类也需要交流和沟通。老师希望你们今后能够尝试更多的交流方法,通过交流解决生活中的问题,成为一个善于沟通的人。

【活动延伸】

1. 阅读:在阅读区投放与信息交流相关的主题绘本,如《信的前世今生》《一起来传话》《怎样传递信息?》等。

2. 讨论:人们传递信息的历史如何发展?(引导幼儿了解从古至今常用的通信工具)

3. 游戏:组织幼儿玩通信游戏——传话不走样,让幼儿通过游戏的方式感知人际信息的传递。具体玩法:教师先将幼儿分为两组,分别向每组的第一名幼儿说一句悄悄话,然后每组分别再一个接着一个往后传话。传话结束后,各组最后一个报告传话内容,传得又快又准的一组为胜。

参考答案

——| 思考与实训 |——

一、单选题

1. 关于科学教育中的交流型活动,下面哪一项说法是错误的?(   )

    A. 交流型活动须在幼儿探究与整理资料的基础上开展

    B. 交流型活动的主要目标是发展幼儿的语言能力

    C. 交流型活动非常适合那些幼儿喜欢却不太容易直接探究的学习内容

    D. 教师在交流型活动中的角色更接近于"主持人",而不是"教授者"

2. 李老师组织幼儿参观养牛场,并在那里学习如何挤牛奶。回来后,根据该主题和幼儿一起讨论"牛奶有什么用?"。这个活动属于哪一类?(   )

    A. 调查分享式   B. 参观汇报式

    C. 讲座对话式   D. 探究讨论式

3. 教师组织小朋友观看经典动画片《小蝌蚪找妈妈》,然后通过这个耳熟能详的故事讨论小蝌蚪的"生长周期"。这个活动属于哪一类?(   )

    A. 调查分享式   B. 讲座对话式

    C. 探究讨论式   D. 文艺交流式

4. 近几年,我国航天事业蓬勃发展,幼儿通过新闻也有所了解。中班幼儿齐齐的爸爸正好在航天研究所工作,参与了不少航天项目。教师邀请他来给小朋友介绍一下我国航天事业的发展。有的小朋友还准备了问题和他聊聊呢。这个活动属于哪一类?(   )

    A. 调查分享式   B. 讲座对话式

    C. 探究讨论式   D. 文艺交流式

5. 关于如何组织和指导交流讨论类活动,下面哪项是错误的?(   )

    A. 建议教师运用多种媒体手段丰富幼儿的知识经验

    B. 教师不需要指导幼儿交流,让他们想怎么说就怎么说才能充分交流

    C. 教师应该鼓励幼儿尝试使用多种方式来表达他们对于科学的认识

    D. 教师应该充分考虑幼儿的主动表达机会,并给予幼儿足够的表达时间

二、简答题

在交流型活动中,幼儿采用了哪些非语言的方法进行表达?请说出至少三种,并举例。

三、实训题

1. 以"中草药"为学习主题,列出适合幼儿进行交流讨论的问题,并设计三种不同的交流型科学教育活动。

2. 基于上述活动设计,撰写教案并组织一次模拟集体交流型科学教育活动。

任务 4
技术型活动的设计与指导

任务目标

1. 准确理解技术与科学的区别和联系,并且了解儿童技术的特点。
2. 了解学前儿童技术型活动的定义以及不同年龄段幼儿科技感知、运用与制作能力的发展特点。
3. 掌握幼儿园常见的技术型活动的基本类型及特点。
4. 熟悉学前儿童技术型活动的目标确立、过程设计和指导要点,并能在此基础上科学设计、有效组织技术型集体教学活动。

任务思考

　　小葵花幼儿园非常重视科学教育。今天,在每周一次的教研例会上,组长王老师提出了一个问题。经她观察,幼儿园的科学教育活动虽然数量上比较多,但类型上不够丰富,几乎没有组织过技术型的科学教育活动。听到王老师的这番话,不少老师开始讨论起来:
　　"我们一直都说'科学技术',那么科学和技术是一回事吗? 有什么关系?"
　　"技术听起来就难。幼儿会技术吗? 会哪些技术? 小班也能开展技术活动吗?"
　　"什么是技术型的科学教育活动? 是现在流行的电脑编程吗? 还是搞小发明? 这样的技术活动,我们没有专业能力来指导呀!"
　　最后,中班的唐老师提出下个月正好要开展"各种各样的天气"的主题活动,其中有一个"可爱的小伞"的绘画活动。整个活动是不是可以发展成关于"小伞"的技术活动呢? 不过具体如何组织,唐老师也有点困惑。

　　根据上面的问题进行小组讨论,完成学习后回顾这些问题,看看能否解惑答疑。

任务支持

一、学前儿童技术型活动的理论概述

(一) 技术、科学与儿童

1. 技术与科学

技术与科学有着明确的区别。从本质看,两者具有各自不同的目的和任务:科学强调认识和掌握,主要是认识事物的本质、探究其规律,旨在解决"是什么"与"为什么"的问题;技术则强调感知和操作,解决问题与设计产品,尤其注重利用与改造,旨在解决"做什么"与"怎么做"的问题。

科学与技术相互联系、相互辅助。例如,想要使用风力发电,既要了解风力发电的科学原理,又要借助相关设备设计与制作一个将科学原理转化为技术的产品。可见,技术的诞生需要建立在对相关科学原理认识的基础上,同时技术也能不断丰富人们所掌握的科学原理。

2. 儿童技术的特点

儿童的技术不同于成人的技术,具有以下特点[①]。

第一,儿童的技术不是一般意义上的发明或专利。儿童的技术是在认识基础上的实践活动与能力。例如:生活中各种各样的饮料瓶盖便可视为技术的体现,儿童认识和打开瓶盖的过程也是技术——他们在认识瓶盖特征的基础上,选择使用拧、推或按压的技术。

第二,儿童的技术不仅是具体的技术产品,更是一种过程,尤其强调设计的方法、操作的技巧、制作的工艺等。例如:儿童想拿到床底的鞋子,先伸手拿,够不到,于是想到用工具。先使用绳子,可惜太软,最终用撑衣杆取出鞋子。这个过程中,他使用了办法、工具等,这就体现了技术是过程。

第三,儿童不仅是技术产品的体验者和使用者,更是技术活动的主体。在技术世界中,儿童并非只是被动适应,更多时候,儿童是主动尝试通过探究和使用技术解决生活中的实际问题。例如,儿童知道在超市购物可使用手机支付,还知道拨打电话可以与人沟通等。

(二) 学前儿童的技术型活动

1. 学前儿童技术型活动的定义

学前儿童的技术型活动是指学前儿童熟悉并使用科学技术产品、掌握日常工具的使用方法,或在一定科学认知的基础上学习设计、制作简单的产品的科学教育活动。学前儿童的"技术"主要包含两个重要内容。

(1) 设计技术:儿童在科技制作中需要思考使用哪些方法。

(2) 使用技术:儿童在使用产品或工具时要掌握的操作技巧。

2. 学前儿童技术型活动的意义

技术是学前儿童深入发现、认识及改造世界的重要工具,对于学前儿童的发展具有多个方面的重要作用。

(1) 促进儿童的身心健康与思维发展。在技术活动中,儿童操作各种材料和工具,锻炼大小肌肉的动作能力及手眼协调能力。同时,通过认识使用生活中的技术产品,更加熟悉这个世界,获得安全感;通过运用技术解决问题,获得掌控感。儿童使用多感官参与认知使信息不断刺激细胞,促使智慧活跃,同时激发儿童好奇心和求知欲,产生学习的内驱力。

(2) 提升儿童对技术的直接体验与操作水平。儿童通过选择和使用材料工具获得关于技术的最初的直接经验,且不断提高操作能力。例如:在"我是中国人"的主题活动中,幼儿合作制作舞龙。在连接龙头和龙身的过程中,尝试了很多材料和方法(胶水粘、订书机订、胶枪粘、绳子扎等),掌握了连接物品最直接的经验,同时也提高了操作水平。

(3) 深化儿童对于科学知识的理解。科学是技术的认知基础;技术是科学的实践运用。科技产品是科学知识在客观世界的物化体现。因此,儿童操作具体的材料或制作产品的过程也是理解科学的过程。例如:在制作小小天平的过程中,幼儿直观感知并理解了平衡力。

(4) 培养儿童良好的审美情趣。科技产品的设计与构造通常需要同时考量造型与审美。儿童在认识科技产品的过程中能够潜移默化地感受到产品的美感;在设计与制作产品的过程中,学习在考虑内部构造的基础上兼顾外形的美感等。

3. 学前儿童技术能力的发展

(1) 3~4岁儿童技术能力的特点

① 缺乏操作的目的性和耐心。3~4岁儿童在科学活动中注意力普遍不持久,容易偏离或遗忘活动

---

① 张俊. 技术和幼儿技术教育[J]. 幼儿教育,2001(11):12-13.

目标。可采取游戏、故事、儿歌等有趣的活动导入,强调技术活动的情景化、故事性、趣味性等,更好地吸引儿童持续、有目的地操作。

②　缺少足够的独立操作能力。3～4岁儿童的精细动作能力还未完全发展成熟,因此要有意识降低操作的难度,引导儿童从日常简单的技术操作开始,逐步掌握简单工具的正确使用方法,为以后的操作,尤其是制作活动奠定基础。另外,3～4岁儿童的表达能力欠佳,在操作过程中要及时关注并帮助他们解决困难,保障操作顺利。

(2) 4～5岁儿童技术能力的特点[①]

①　技术操作能力有所提升,但还不够成熟。4～5岁儿童在认识、使用材料的基础上开始能够选择并使用适合的材料、工具解决问题,但仍较难独立使用技术去制作。因此,应按制作难易程度递进式展开活动,提供合适的材料供幼儿选择使用。也可设计一些小挑战,稍微提高制作的要求和难度。比如:使用两种材料完成制作,不过仅要求制作简单的物品,且允许儿童在操作过程中边做边想。

②　依然保有具体形象思维的特点,操作活动有赖于具体的物品和材料。可提供视觉化的技术参照或说明,如图示、流程图等,为儿童自主学习与操作提供形象化的支持。引导儿童在具体的制作中了解并正确利用制作对象的功能、结构、物理特性等;在制作中学会判断、分类、比较和对应,进而掌握正确的制作方法。

(3) 5～6岁儿童技术能力的特点

①　提高了制作的自主性。在能模仿制作的前提下,5～6岁儿童的制作活动更加开放,可以为其提供更多自主设计与操作的机会。可组织儿童自己构思制作的蓝图,自行选择合适的材料、工具,用自己的方法完成制作。要注意,制作过程中儿童一般会遇到挑战和问题,教师尽量避免直接示范或代替解决,要让儿童自己去分析问题和错误,思考如何解决,通过自己的不断尝试去完成制作。

②　提升了技术操作和产品制作的水平。5～6岁儿童的精细动作能力和技术操作能力已有较好的发展,教师的活动指导不仅要关注儿童在操作过程中使用的方法,还要关注这些方法是否能够实现有效的制作。简而言之,对5～6岁儿童不仅要关注操作过程,而且还要关注操作结果,比如最后制作出的产品。

③　增强了合作的意愿与计划的能力。5～6岁儿童有更强烈的合作意愿和集体活动的想法,而且在成人支持下进行自主计划的能力也显著提高。5～6岁儿童的技术活动一般操作过程的时间更长、挑战更大,非常适合合作操作与制作。教师应多引导儿童共同计划制作的过程,创造更多儿童合作的机会,支持他们共同解决问题和难点。

(三)学前儿童技术型活动的类型

学前儿童技术型活动可分为两大类:一类是对简单的科技产品和常用工具的操作与认知,又分为"感受-操作式"和"运用-操作式";另一类是在认识的基础上开展的科技小制作活动,又可分为"模仿-制作式"和"设计-制作式"[②]。

1. 感受-操作式

目的:幼儿能充分接触和感受技术产品与工具(图2-4-1),满足了解技术的愿望,培养关注科技的热情。例如:儿童在操作遥控小汽车时知道了遥控器可以操纵汽车方向。

过程:先由教师讲解产品用途,并演示正确的操作步骤,幼儿认真观察;幼儿在观摩学习的基础上尝试操作;师生共同讨论、确定并完成正确的步骤。

2. 运用-操作式

目的:幼儿通过使用产品和工具,了解它们的正确使用方法及具体

图2-4-1　感知日常工具

▶微课
学前儿童技术型活动的类型

▶拓展阅读
美国《国家科学教育标准》中的"科学与技术"

①　梁志霞,张立星,曹静.幼儿园科学教育与活动指导[M].北京:北京师范大学出版社,2016:123-124.
②　张俊.幼儿园科学教育[M].北京:人民教育出版社,2016:187-188.

用途,并且尝试使用该产品和工具解决生活中的问题。例如:儿童能正确使用直尺,知道首尾相接、做记号的方法,并且用该方法测量、裁剪,获得所需长度的材料。

过程:通常先由教师创设问题情境启发幼儿思考;然后幼儿尝试使用产品或工具,教师观察指导(特别要强调保障幼儿在该阶段充分操作、反复尝试的机会,以在不断的试错过程中反思总结);最终幼儿掌握并分享正确的使用方法。此类活动可以作为独立、完整的一个活动,也可是技术型活动的一个环节,如在幼儿学会运用工具后开展设计制作活动。

3. 模仿-制作式

目的:幼儿在观察认识产品的基础上,能够按照给定的步骤学习制作产品。比如:幼儿观察自然角的营养土,了解营养土的成分,然后根据教师提供的制作流程图和说明书制作营养土,并在自然角使用(图2-4-2)。

图2-4-2　制作营养土　　　　图2-4-3　设计制作排水系统

过程:先组织幼儿观察技术产品的外形特征和内在功能;由教师演示完整的操作过程;幼儿亲自动手实践操作;最后,师幼共同交流制作的作品。

4. 设计-制作式

目的:幼儿在已有制作经验基础上,利用自己的想象和创造力,自主设计简单的科技产品,并使用各种材料工具和技术将设计转化为产品。例如:幼儿先思考、设计并绘制出自己心中的"排水系统",然后选择喜欢的材料(废旧纸箱、PVC管、卡纸、卫生纸卷芯等),经过合作交流、反复操作和调整,最后完成制作(图2-4-3)。

过程:教师组织幼儿了解制作对象,做好知识经验的准备;幼儿在教师支持下通过个人或小组合作的方式自主设计,通过交流讨论修改设计,并最终确定一个比较理想的设计方案;最后,幼儿动手动脑完成技术产品的制作过程,并交流展示。

二、学前儿童技术型活动的设计

(一)目标的确立

技术型活动的核心是认识与使用技术,因此,该类型活动的重点教学目标是技术操作能力,即幼儿运用工具材料,对客观对象或材料进行操作加工或制作新产品的能力。在目标制定上,各年龄班之间具有一定的差异,并且体现出"感受技术产品—掌握简单工具使用—按照程序操作—设计并开展科技小制作"的前后发展联系,具体如表2-4-1所示[1]。

---

① 夏力.学前儿童科学教育活动指导[M].2版.上海:复旦大学出版社,2009:76.

表 2-4-1　小、中、大班技术型活动的目标设计

年龄班		重点活动目标	具体教学活动目标	《指南》链接
小班	感受技术产品	运用多种感官感知技术产品的特征与用途	通过照镜子、用镜子制造光斑等活动知道镜子的用途	能用多种感官或动作去探索物体,关注动作所产生的结果;经常问各种问题,或好奇地摆弄物品
	掌握简单工具的使用	能够正确使用简单的测量工具、生活工具和自制工具	用推、按、拧等不同方法使手电筒亮起来,掌握手电筒的正确使用方法	
中班	按照程序操作或制作	能够利用各种材料和工具按规定步骤与程序制作简单的物品	能够选择利用教师提供的各种材料和工具,在教师引导下按照规定的流程逐步正确地制作小伞	常常动手动脑探索物体和材料,并乐在其中;初步感知常用科技产品与自己生活的关系,知道科技产品有利也有弊
大班	设计并开展科技小制作	能够明确表达自己的想法,通过交谈、图像、图样、模型等手段来设计,并利用各种材料和工具制作简单的物品	能够在教师引导下,通过交流讨论确定自己制作小伞的方法,并且选择合适的材料逐步完成小伞的制作	能经常动手动脑寻找问题答案;在成人帮助下制订简单的调查计划并执行;能用数字、图画、图表或其他符号记录;能发现常见物体的结构与功能之间的关系

由上可知,如果为中班幼儿设计活动,目标比较适合确定为"在教师引导下,利用提供的材料和工具完成简单物品的制作",并要注意这个制作流程可能也需要教师的引导。

(二) 过程的设计

技术型活动的过程设计应体现该类型活动的本质——幼儿通过实际操作去获取知识,通过实践去解决问题。操作并不仅仅是动手做,它也是一种研究,要通过操作引导儿童动脑筋、想办法去创造、建构自己的相关科学经验。现以中班制作小伞的活动为例辅以说明,以供参考。

1. 活动准备

技术型科学活动应做好充分的准备,包括内容准备、材料准备和经验准备。[1]

(1) 内容准备

适宜的活动内容是激发幼儿参与兴趣、获得科学认知、提高制作能力的关键。技术型活动的内容选择要考虑两个重要条件。

第一,生活性。选择幼儿生活中的常见物品,如小风车、不倒翁、小电器、小玩具等,以关联幼儿的已有经验,进一步激发幼儿对这些常见生活物品的探究兴趣和操作欲望。

第二,趣味性。幼儿年龄小,一般容易被事物的外部特征所吸引,因此通常可以考虑色彩鲜艳、新颖有趣的感受对象或制作对象。

> 例如:对于幼儿而言,伞是一件日常生活中常见的物品,孩子们都有足够的生活经验,满足生活性的条件;小伞还能够打开、收拢,还能在制作的基础上增加装饰美化小伞的环节,满足了趣味性的条件。因此,小伞是一个不错的活动内容,能够激发儿童创造制作的欲望。

(2) 材料准备

技术型活动,尤其是在制作活动中,材料是活动成功的关键,一般要考虑下面四个因素。

第一,提供幼儿常见的、易得的、无危害的材料。

第二,考虑可组装和可拆卸的材料。

---

[1]　贾洪亮.学前儿童科学教育[M].2版.上海:复旦大学出版社,2016:106.

第三,衡量材料的操作难度和对认知的要求。

第四,根据幼儿的年龄特点提供偏向半成品或具有较多选择性的材料①。

> 例如:在"小小伞"活动中,可引导幼儿认识伞的结构,知道伞面、伞柄、伞骨等。因此提供一些可组装和拆卸的伞的制作材料,更有利于幼儿了解伞的结构间的关系。而且,材料的目的性最好比较明确,且易操作,这样更加适合中班幼儿的认知和操作水平。

（3）经验准备

技术型活动中,经验准备的主体包括教师和幼儿。

一方面,教师需要针对本次的技术型活动做充分的准备,如相关的科学原理、知识与技能目标中的重难点等。如制作"小风车"的活动中,幼儿按步骤做了自己的小风车,可是有的却转不起来。如果教师在活动前做足准备,预设了这个问题,那么就能够通过查阅资料或者根据已有的科学经验准备,引导幼儿发现问题并及时解决问题。

另一方面,技术型活动,尤其是制作活动要以幼儿具备一定的科学认知和操作经验作为前提。一个既不知道科学知识,又不会使用工具的孩子无法参与技术活动。比如:制作小风车前,应该确保幼儿能够正确使用剪刀、胶棒等。同时,可以组织一些活动帮助幼儿在制作前具备对风车结构与功能的认识和经验,帮助幼儿在制作中实施有效的操作,完成制作。

> 例如:建议教师在制作活动前,组织幼儿通过日常观察、集体讨论或简单调查等途径认识伞的基础结构——伞面、伞柄、伞骨等。既保证幼儿在活动中有明确的制作目标,了解产品雏形,也能够使其在这个过程中去评价自己的制作是否有效。同时,对于教师而言,需要提前了解,甚至提前亲自操作材料制作小伞,了解制作的重难点,如小伞的骨架制作,以支持幼儿顺利完成制作。

2. 活动过程

（1）情境导入,激发幼儿的制作兴趣和探究欲望

活动导入的目的是吸引幼儿的注意力,调动好奇心,在教师引导下积极思考。导入的方法很多,可以根据各年龄段的特点和技术型活动的具体内容,灵活选择。一般常见的方法有:实验导入、游戏情节导入、介绍材料导入、演示操作导入、问题设疑导入等。

> 例如:在"小小伞"中,教师可以设计一个需要使用小伞的情境——小鸡在雨中四处乱跑,想要避雨。利用幼儿对小鸡的关心,引导幼儿思考:如何帮助淋雨的小鸡?通过情境化和游戏化的方式设置疑问,自然引入"小小伞"的主题。而且幼儿非常清楚本次制作活动的目标产品是什么,它的用途是什么,活动的操作目标十分清晰。

（2）关注能力,鼓励幼儿的自主尝试和反复操作

鼓励幼儿大胆假设,在已有的相关经验的基础上,依据自己的想法操作。技术型活动,尤其是制作类活动必然会出现制作不成功的现象。教师需耐心引导幼儿正确面对操作失败,学会从失败中总结经验、提升学习能力。注意:一定要让幼儿自己思考、自己操作,支持幼儿反复操作与实验,通过多次探索与操作获得成功的体验和成就感。

---

① 张俊.幼儿园科学教育[M].北京:人民教育出版社,2016:188-189.

例如：中班在经验和能力方面已有一定积累，如了解伞的基本结构与功能，操作能力也显著提高，可以尝试自己动手制作小伞，但可能还达不到完全独立设计制作的能力。因此，教学过程设计可以关注两点：①教师的引导；②分层操作，有步骤地制作产品。

"小小伞"的制作活动可以设计两次操作：先制作伞面，然后通过观察发现问题，知道"没有伞骨，伞面就撑不开"，获取了"伞要有伞面、伞柄、伞骨才能使用，才能为小鸡挡雨"的经验。上述相关科学认知自然开启了第二次制作活动——组织幼儿制作伞骨，交流制作小伞的方法。在两次制作活动中，教师与幼儿之间、幼儿与幼儿之间的学习与探究，更多的是一种指向思考能力、制作能力、交流能力的多项互动与成长。

（3）有效提问，联结幼儿的思考交流和技术制作

幼儿的技术操作一般不会一次就成功，教师应给予理解与尊重，通过不断抛出有效的提问引导幼儿发现、解决问题，而不是把答案告诉他们，更不是在幼儿操作过程中用成人的思维和方法去暗示结果。做到有效的提问，需要教师在活动中去观察、关注幼儿的探索情况，鼓励幼儿表达，针对幼儿提出的困惑生成一个个有价值的提问来支持幼儿的思考与制作。

例如：在"小小伞"活动中，幼儿在教师提问的支持下，不断发现问题、解决问题，完成了两次制作探究。在初次制作后，教师通过对幼儿经验的掌握，预设到"只有伞面的小伞打不开"。于是，设计了一系列的提问："为什么做的伞不能挡雨？""你做的伞与卡片中的伞有什么不一样？哪里不一样？"这些提问发展了幼儿的类比、联想等思维能力，并且自然开启第二次的制作，关注伞骨的制作。第二次制作前，教师通过提问"你又有了哪些新材料？"和"你准备选择什么材料做伞骨呢？"等引导幼儿学会选择适合的材料，并尝试第二次制作。

3. 活动总结

技术型活动结束后，教师要对幼儿的整体表现和学习收获进行总结与反思，以及对教师自身的活动感想、出现的失误、指导困惑、持续探究可能性等问题进行总结，便于在日后的教学或活动组织中不断提升专业教学与指导能力。同时特别要注意，教师对于幼儿在这个过程中的学习和探究应该给予鼓励式和过程性评价。

例如：在"小小伞"活动中，教师在每个环节都有计划地为幼儿创造自由宽松的交流条件，引导幼儿积极交流与思考。导入环节后，引导幼儿交流"如何帮助淋雨的小鸡？"；第一次制作后，引导幼儿展示交流自己的作品，并与其他同学的作品和实物进行比较；第二次制作后，引导幼儿交流用了哪些材料制作伞骨，分享成功的经验；最后，紧密联系生活，分享伞的其他作用与功能。

三、学前儿童技术型活动的指导

（一）活动目标兼顾科学性与人文性

技术型活动的重点目标是发展幼儿的技术操作能力，自然要在指导中重视儿童的动手操作与实践探索，强调对科学原理的思考与探究，体现科学教育活动的科学性。同时，也要注意考虑人文性，让儿童进行充分的沟通与交流。尤其在认识和利用工具，以及制作的整个过程中，有意识地引导幼儿去了解技术与人类生活的关系、技术发展的历史、技术背后蕴含的人文元素，帮助幼儿更全面地认识技术及其价

值。比如:蜡染制作活动中,组织幼儿搜集资料,了解蜡染的起源、民族地域特色、文化价值等。

(二)活动材料兼顾选择性与结构性

技术型活动的主体过程就是幼儿与材料工具的互动过程。幼儿通过直接使用工具、操作材料获得关于技术的认知。因此,指导活动时,教师要特别关注材料的选择。一是提供的材料应该有可选择性[①]。不同的材料才能够激发幼儿探究的兴趣,在比较、分析、讨论材料的过程中幼儿能更加熟悉材料工具的特性,有益于学会动脑筋、想办法,自主解决问题。二是提供的材料要具有结构性。一方面要考虑材料中蕴含的操作的目的性,另一方面要根据操作的难度和幼儿年龄衡量材料工具的高低结构。比如:对于小班而言,制作活动可能需要选择结构更高的半成品材料包,操作过程和目的更加清晰;大班幼儿可以选择更多低结构的材料,满足他们自主设计和制作的需要。

(三)活动过程突出幼儿的自主性与合作性

技术型活动与儿童生活息息相关,更要注重儿童的直接探究。一方面,教师应尊重和理解儿童的思维,指导幼儿完成探究。这部分的指导只提供一些儿童需要的帮助。另一方面,创造真实的生活情境,抛出生活中的具体问题,让儿童带着问题亲历整个探究的过程,获得最直接、最深刻的感知经验。

此外,技术型活动是兼顾抽象科学原理和实践动手操作的复杂活动,需要教师一定程度上的指导与帮助,以及儿童间的沟通交流。技术型活动可考虑多人合作的原则。这种合作既可以是幼儿与同伴的合作,也可是教师以合作者的身份和幼儿一起展开交流与讨论。

(四)共享家园与社区的物资、人力资源

技术型活动不仅需要提供大量多类的材料,还要提供认识技术的空间,以及关于使用技术的知识。可见,仅依靠幼儿园和教师是不够的。因此,家庭和社区的支持对技术型活动的丰富就有举足轻重的作用。一方面,动员家长和利用社区资源为此类活动提供充足的物质资源的支持,比如一些专门的技术型活动所需要的设备、器具和材料。另一方面,家长与社区也是非常宝贵的知识与技术支持者。比如,某幼儿园在组织采集、观察桂花后,要开展制作桂花糕的活动,于是将幼儿的爷爷奶奶请进来,指导小朋友们制作。

任务回应

教学设计——中班科学活动"小小伞"[②]

【活动目标】
1. 能够选择合适的材料,通过两次小伞制作,探究伞的结构,知道伞由伞面、伞柄和伞骨组成。
2. 愿意积极主动探究、动手动脑,在发现问题的过程中解决问题。
3. 增强关爱小动物的社会性情感。

【活动准备】
1. 小棒、吸水海绵、布、牙签、橡皮泥、火柴棒等若干。
2. PPT课件(小鸡淋雨的情景视频),实物伞的卡片。
3. 幼儿有关伞结构与功能的经验。

① 张俊.幼儿园科学教育[M].北京:人民教育出版社,2016:188.
② 浙江学前教育网,有改动. http://data.06abc.com/20121022/90723.html.

【活动重难点】

1. 重点：了解伞的构造,知道伞有伞面、伞柄、伞骨。

2. 难点：尝试自己操作、制作完整的、伞面可以撑开的小伞。

【活动过程】

一、情景导入,激发幼儿制作伞的兴趣

1. 播放视频:雷雨中小鸡四处逃窜的情景。

2. 引导幼儿思考如何帮助小鸡。

关键提问:今天可真冷。小鸡淋了雨,会生病。我们快想个办法帮助小鸡吧!

二、第一次操作:制作伞面、伞柄

1. 展示制作小伞的材料,逐一介绍并引导幼儿思考。

关键提问:你想要用什么材料做伞?

2. 幼儿尝试自己制作小伞,教师个别化指导。

3. 幼儿展示与分享第一次制作的小伞。

关键提问:你使用了什么材料做伞? 你是怎么制作的?

4. 引导幼儿思考与比较。

关键提问:为什么小朋友做的伞不能挡雨? 请仔细观察,你做的伞与卡片中的伞有什么不一样? 哪里不一样?

小结:原来,生活中的伞都有伞骨。伞骨就像人的骨架,具有支撑作用。没有伞骨,伞面就撑不开。

三、第二次操作:制作伞骨

1. 提供更多材料,引导幼儿尝试制作伞骨。

关键提问:刚刚做的伞没有伞骨,所以不能帮助小鸡挡雨。现在,请大家观察一下,我们又有了哪些新材料? 你准备选择什么材料做伞骨呢?

2. 幼儿交流制作小伞的方法。

关键提问:你使用了什么材料做伞骨? 你是怎么做的? 你的伞面能够撑开吗?

小结:今天,我们知道了伞不仅有伞面、伞柄,还有伞骨。第一次制作的小伞没有伞骨,无法打开。这次我们做的伞都有伞骨,终于能够帮助小鸡撑开小伞,遮雨了。

四、进一步了解伞的功能

1. 引导幼儿思考伞的更多功能。

关键提问:你们平时还见过或者用过什么样的伞? 除了挡雨,伞还有什么用处呢?

2. 播放PPT,欣赏多种有趣的伞。

小结:伞不仅能挡雨、遮阳,还能装饰和表演,伞的用处有很多。

【活动延伸】

1. 在美工区开展"小花伞"的创意美术活动,请幼儿装饰自己制作的小小伞;还可以将装饰好的小伞放到角色游戏区的小超市售卖。

2. 在收集相关资料的基础上,开展"各种各样的伞"的科学交流活动,让幼儿认识生活中各种类型的伞,知道它们的外形特点与用途。

思考与实训

一、单选题

1. 下面哪一项关于"科学"与"技术"的说法是错误的?(　　)

　　A. 科学是探究,技术是设计

　　B. 科学强调认识和掌握,技术强调感知和操作

　　C. 科学比较深奥难懂,技术比较简单易学

　　D. 科学回答"是什么"与"为什么",技术回答"做什么"与"怎么做"

2. STS 教育的全称是什么?(　　)

　　A. Science, Technology and Society　　　　B. Science, Technology and Skill

　　C. Science, Technology and Smart　　　　D. Science, Technology and Safety

3. 下面哪一项是对儿童使用技术的描述?(　　)

　　A. 儿童用雪花片搭建了花篮,并使用它

　　B. 儿童用直尺裁开了彩纸

　　C. 儿童思考用什么办法把树上较高处的橘子摘下来

　　D. 以上各项都是

4. 李老师组织幼儿开展"我们的教室有多大"的测量活动,通过使用直尺、卷尺、绳子等多种工具,采用首尾相接等方法完成测量。案例中教师采用了哪种技术型活动?(　　)

　　A. 感受-操作式　　　　　　　　　　　　B. 运用-操作式

　　C. 模仿-制作式　　　　　　　　　　　　D. 设计-制作式

5. 老师请来了幼儿的外婆,向孩子们演示如何制作泡菜。然后,孩子们按照外婆的方法自己试着做一做。该案例中的活动可以视为哪种技术型活动?(　　)

　　A. 感受—操作式　　　　　　　　　　　　B. 运用—操作式

　　C. 模仿—制作式　　　　　　　　　　　　D. 设计—制作式

二、简答题

1. 简述学前儿童技术型科学教育活动的重要价值。

2. 技术型活动的内容选择要满足哪些条件?

三、实训题

　　扫描二维码阅读大班技术型活动案例"小汽车跑起来",根据教学内容与过程,分别写出认知、技能和情感目标。

模 块 小 结

　　依据活动中幼儿发展的核心科学探究技能为标准,学前儿童集体科学教育活动可以分为观察型、实验型、交流型和技术型集体教学活动。须指出,这仅是理论上的划分。事实上,不存在没有观察的实验活动,不存在没有实验的技术活动,也不存在没有交流的观察活动。这种划分只是强调幼儿在不同的教育活动中获得的核心的科学经验有一定差异。

　　幼儿园科学教育实践中,建议教师以这四种理论类型为基础,基于幼儿的发展特点以及学前儿童科学教育的内容范畴,有目的、有计划地选择不同类型的集体教学活动。这有益于幼儿获得更加丰富的科学学习经验,练习不同的科学技能,更加全面地认知周围的物质世界。

模块三

区域活动的创设与指导

幼儿园是学前儿童科学教育的重要场所,而区域活动是实施幼儿园科学教育的重要途径之一。与集体教学活动不同,区域活动结构相对松散,幼儿自主性更强。教师一般通过有目的地创设环境和投放材料组织幼儿开展科学探究,并给予间接性指导。幼儿则根据自身兴趣、水平和意愿选择活动内容,用自己的方法操作。有时也以科学游戏的形式开展活动,旨在提高幼儿的参与性和活动的趣味性。

幼儿园科学教育的区域活动主要包括专门的科学区域活动和渗透于其他区域活动中的科学活动,如在沙水区感知沙子的物理特性,在建构区的建构游戏中探索力的奥秘,在表演区玩皮影戏的过程中发现并理解光影关系。

事实上,"区域"既包括室内区域,也包括室外区域。为了便于讨论,本模块将区域限定于班级活动室内。在班级中,专门的科学区角一般涉及自然角和科探区,本模块将主要讨论这两个区域空间。另外,在区域空间中,尤其是在科探区或者相等功能的区域中,科学教育活动经常以科学游戏的形式出现,因此,本模块还将专门讨论科学游戏的设计与指导,以帮助教师更加全面地了解科学教育的区域活动。

自然角是比较传统的科探活动场所,向幼儿提供观察自然及以自然物为学习对象的活动。《中共中央 国务院关于学前教育深化改革规范发展的若干意见》指出,要鼓励、支持幼儿通过亲近自然、直接感知、实际操作、亲身体验等方式学习探索,来促进幼儿快乐健康地成长。教师应有目的地利用自然角中的环境材料和机会提供各种形式的科学教育活动。

知识导航

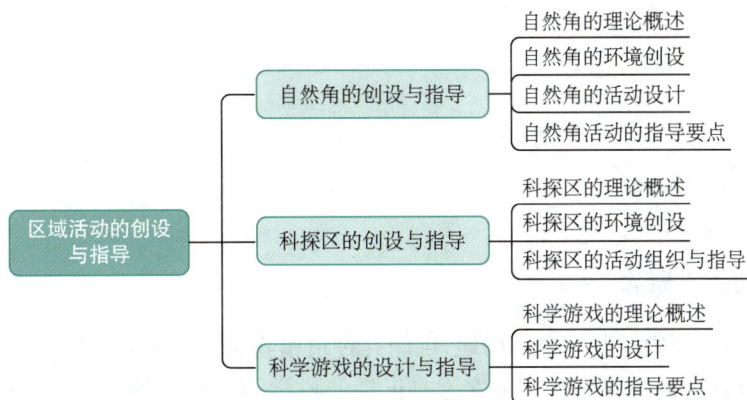

任务 1
自然角的创设与指导

任务目标

1. 掌握自然角的基本概念并理解自然角的教育价值。
2. 在理解自然角区域划分和功能的基础上,掌握自然角环境创设的方法。
3. 熟悉自然角材料投放的一般内容和原则。
4. 掌握在自然角组织相关学前儿童科学教育活动的方法与指导策略。

任务思考

> 开学啦!老师重新布置了自然角,特地新放了好几种不同的植物,五颜六色,真好看。开学第一周,不少幼儿被吸引过去,后来渐渐去的少了。由于缺少照顾,不少植物枯萎了,有的叶子都快掉光了。于是,老师想到了一个好办法。她通过集体教学活动和幼儿讨论植物生长的条件并提醒幼儿自然角的植物也需要喝水、清理黄叶,希望大家课后多去照顾它们。
>
> 果然,第二天,不少幼儿都去自然角给植物浇水、清理枯叶。可是,新问题又来了。大家争着给植物浇水,有些植物整天泡在水里,反而长得不好了;幼儿都去摘黄叶,有的摘不到,就把新鲜的绿叶摘下了。最糟的是,个别幼儿抢着照顾植物,发生了争执。
>
> 此时,老师有点着急了——小小自然角,麻烦真不少。

1. 到底要不要组织幼儿照顾植物呢?怎么才能避免上述问题?
2. 除了浇水、清理黄叶,幼儿还有哪些参与自然角活动的方式呢?
3. 怎样才能让幼儿自发来到自然角,并且有序照顾植物,让自然角成为科学学习的场所呢?

任务支持

一 自然角的理论概述

(一)自然角的基本概念

自然角是指在幼儿园内开辟一个小场地,供幼儿种植植物、饲养小动物及陈列各种与自然相关的物品,并且让幼儿进行自主自由的观察和探索等非正规的科学活动的场所[①]。自然角的价值绝非仅是养花种草,教师要意识到其对幼儿发展的全面价值。

---

① 王潇. 学前儿童科学教育活动设计与指导[M]. 北京:机械工业出版社,2017:101.

（二）自然角的教育价值

1. 绿化班级环境,有益幼儿的身心健康

幼儿园中,自然角是离幼儿最近的接触自然的场所。将自然延伸到室内,增加室内环境的自然性,有益幼儿的身心健康。苏霍姆林斯基认为:"儿童学习抽象知识,总会出现紧张和焦虑,我们应创造机会,让他们充分在自然界中去感受、去学习,不仅能帮助儿童缓解这些焦虑和压力,还能让他们更好地获得对周围世界的理解与认识。"[①]如今,绝大多数儿童都受到"自然缺失症"的困扰,须增加他们与自然的接触与联结。

> **📚 知识链接**
>
> 《林间最后的小孩》是一本具有警示意义、里程碑式的作品,作者理查德·洛夫在书中一针见血地指出当代儿童与自然间令人惊异的断裂问题。同时,作者指出由于缺乏与自然的直接接触,儿童出现了日益严重的肥胖症、注意力缺陷、抑郁症等各种身心问题,并将其命名为"自然缺失症"。理查德并未止于警示,还提出了一系列实操性建议,指导成人帮助儿童拉近与自然的距离、修复与自然的天然联结,如提供儿童参与种植、饲养、园艺、散步、露营、钓鱼和观赏野外动物等机会。

2. 提供直接经验,发展幼儿的认知和技能

苏霍姆林斯基在《帕夫雷什中学》中写道:"大自然是个神奇的地方,充满着无限的丰富性和多样性。它是思维的主要源泉,是启迪智慧、发展才能的主要地方。"自然角突破了时间空间的局限,幼儿可随时近距离接触自然,发现集体教学活动中无法发现的问题和现象,获得更多主动观察(尤其是长期系统观察)、亲自操作、合作探究和交流表达的机会。

3. 培养责任意识,促进幼儿的自主发展

《幼儿园工作规程》建议:"合理利用室内外环境,创设开放的、多样的区域活动空间,……支持幼儿自主选择和主动学习,激发幼儿学习的兴趣与探究的愿望。"幼儿是自然角的小主人,拥有亲自管理和实践操作的机会。他们在搜集、种植和饲养活动中认识生物、爱护生物,培养尊重生命的意识;在照料、养护、记录中学会与人分工合作,形成责任意识。教师通过有目的地投放材料、建立值日生制度及启发式指导,激起幼儿主动参与各项自然角活动的兴趣,发展幼儿的自主性。比如,教师在幼儿小班时,组织他们按照值日表浇水,中班时让他们通过观察、讨论掌握浇水的频率和量,大班时自己制订浇水的值日安排。

（三）自然角的学习内容

自然角的主要学习对象是生物,旨在发展幼儿对于植物和动物的科学认知与经验。

1. 有关植物的科学经验

(1) 种类与特征:植物种类繁多,其外形特征不同。

(2) 繁殖方式:多数植物通过种子繁殖,但也有其他繁殖方式。

(3) 结构与功能:植物器官分为根、茎、叶、花、果实等部分,各部分功能不同。

(4) 生长条件:植物生长需要阳光、空气、水、温度、土壤等必要条件。

(5) 与人类的关系:植物对人类有很多贡献,但有些具有害处。

> 例如:采集植物果实并在自然角展出。幼儿根据自己的标准将果实分类,讨论果实的用处和价值。然后,延伸出专题讨论——"哪些果实具有药用价值?"。该活动中,幼儿获得了关于植物的结构、多样性、与人类的关系等多种科学经验。

---

① 刘凤梅.幼儿园"亲自然"教育现状及对策研究——以信阳市五所幼儿园为例[D].信阳师范学院,2018:10.

2. 有关动物的科学经验

(1) 种类与特征：动物种类繁多，其外形特征不同。

(2) 繁殖方式：繁殖和哺育方式不同，如有的胎生，有的卵生。

(3) 结构与功能：一些身体部位具有特定的功能，如变色龙的皮肤、猫的胡须等。

(4) 生活习性：动物的运动方式、各种习性和适应的居住环境不同。

(5) 生长变化：动物生长变化不同，有的在不同阶段会呈现不同的形态。

(6) 与人类的关系：动物对人类有很多贡献，但也有一些害处。

拓展阅读

[二维码]

适合幼儿探究
的生物范畴
的学习内容

　　例如：在自然角组织孵小鸡活动。小鸡破壳而出后饲养小鸡，在照顾过程中观察、认识小鸡。在活动中，幼儿获得了关于动物的繁殖、生长、外形特征及生活习性等多方面的科学经验，以及小鸡喜欢吃什么、小鸡的尖嘴巴有什么用的科学知识。

二、自然角的环境创设

(一) 自然角的空间选择与区域划分

1. 明确自然角的空间位置

微课

[二维码]

自然角的位置、
区域与功能

创设自然角的首要任务是选址，一般可设在有阳光照射的活动室角落或平台，也可在班级向阳面的阳台、廊檐、走廊等(图 3-1-1、图 3-1-2 及图 3-1-3)。一般所占空间不大，可利用窗台、墙角、柜面等在一角或多处设置[①]。设置时，要考虑三点。一是幼儿活动的安全性和便利性，如"能否同时容纳多名幼儿？与水源距离如何？取水是否便利？"。二是动植物的生长，如"是否有足够阳光保证植物生长"。除个别情况外，大部分植物生长需要光照，可让幼儿直接感知阳光是植物生长的必要条件。三是幼儿参与的可能性。如将自然角设在走廊，幼儿每次路过或在走廊排队时就能看到自然角，增加了注意和观察自然角的频率。同时，还能观察到其他班级的自然角，有利于发现生物的多样性并进行比较观察。

图 3-1-1　室内向阳的一角　　　　图 3-1-2　活动室内的阳台　　　　图 3-1-3　班级外的走廊

2. 划分自然角的区域功能

(1) 种植区：

① 一般种植区：提供常规的集体种植经验，可尝试水培、沙培、扦插等多种栽培方式。

② 个人种植区：幼儿独立种植属于自己的植物。通常全班种植相同或相似的植物，有利于提高幼儿参与的兴趣和与同伴比较的积极性。注意：由于每名幼儿都参与种植，建议选择易种植且体积小的植物，如小葱、萝卜等(图 3-1-4)。

③ 特色种植区：提供一些专门性的种植经验，如多肉、苔藓、芽苗菜等的种植(图 3-1-5)。

---

①　施燕，陈颂. 学前儿童科学教育活动设计与指导[M]. 上海：上海交通大学出版社，2019：152.

（2）饲养区：提供亲自照顾，以及观察动物繁殖、出生、成长的机会（图3-1-6）。

（3）工具区：提供各种工具，满足照顾动植物、探究自然和记录等的需求（图3-1-7）。

（4）操作区：提供技术操作和制作的机会，如制作桂花香水、落叶标本等。

（5）展示区：展示与自然相关的物品，供观察、分类、交流等。可由幼儿根据兴趣、季节或主题收集、采集后展示，也可由教师提供现成的自然物实物、模型或标本等（图3-1-8）。

（6）实验区：提供实验操作的机会，如不同的光照如何影响生长？（图3-1-9）

注意：以上仅是概念上对自然角的区域划分，实际创设中并不一定需要在空间上单独创设或分隔每个区域。现实中，一个空间可承载多种功能或有多种空间重合，如美工区的桌椅可作为操作区。

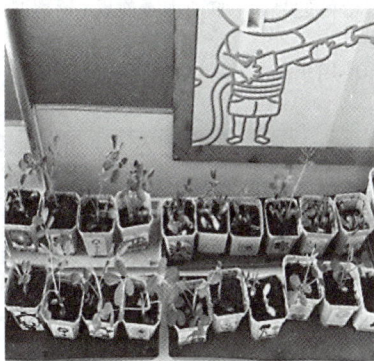

图3-1-4　个人种植区

图3-1-5　特色种植区

图3-1-6　饲养区

图3-1-7　工具区

图3-1-8　展示区

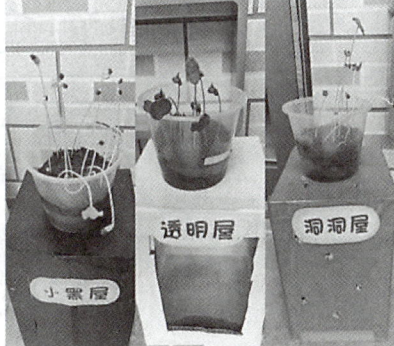

图3-1-9　实验区

（二）自然角的投放内容与物品摆放

1. 自然角的投放内容

自然角的内容以自然物居多，但也包括非自然物。根据性质，大致可分为四大类，各类投放内容可见表3-1-1。

表3-1-1　自然角的投放内容

类别	投放内容
自然实物类	1. 安全、易照料的，生活中常见的，但可能未仔细观察的植物，如幼儿园里的树叶、门前的红色小果子 2. 易生长、易照顾，对种植环境要求不高，生长周期相对较短的植物，帮助幼儿在较短时间内了解植物的生长过程。小班适宜选择较大粒的种子，如扁豆、蚕豆等。中、大班可增加颗粒相对小的种子，如黄豆、豌豆 3. 特点鲜明的盆栽花卉，如仙人球、猪笼草、水仙等；能用多种方式栽培的植物，如红薯、生姜、土豆；能发芽的植物或种子，如黄豆、花生，或根茎插水栽培的植物，如文竹、土豆块等

(续表)

类别	投放内容
自然实物类	4. 安全温顺,对生长环境和喂养要求不高、易存活,对幼儿没有伤害(不咬人、未染病)的动物,如小蝌蚪、兔子、乌龟等。尤其要关注动物是否有疾病,且在流行病(如禽流感)时考虑转移动物,以减少风险、保证幼儿健康 5. 一些观赏鱼品种(如金鱼、热带鱼等)、幼儿感兴趣和可摸的水生动物(如鱼、虾)或昆虫(如蚂蚁等),在与它们的直接互动中获得相关的科学认知
图片模型和标本①	1. 放大型、分解型或仿真型的材料,满足不同的观察需求。如水稻模型,以不同生长阶段为分界点让幼儿观察了解其完整的生长过程 2. 色彩鲜艳、造型生动的动植物图片、模型和标本等,可考虑一些珍稀的品种,如猫头鹰蝴蝶(翅面酷似猫头鹰脸),扩大幼儿的知识面、丰富幼儿对生物多样性的了解 3. 一些与当下自然角正在开展的科学活动相关的物品和玩具,如使用乐高积木和动物玩偶搭建的迷你动物园,营造自然的氛围,提供更多的观察机会
操作材料与工具	1. 尺寸与材质适合幼儿用于照顾动植物的材料和工具,如龟粮、浇水壶等 2. 生活中收集到的各种常见废旧简易材料和工具,可直接或改造后用于种植、饲养,如把废旧饼干盒当作蚕宝宝的"家",将玻璃牛奶瓶改造成水培器皿等 3. 各种用于自然探究的材料工具,如放大镜、手持式显微镜、捕虫网等
信息传达记录类	1. 与自然学习内容相关的文艺作品,如在豆芽实验区放置绘本《妈妈,买绿豆!》,在蚂蚁工坊摆上绘本《蚂蚁和西瓜》 2. 传达科学信息的物品,展示相关知识与信息,引导幼儿自主学习与探究。如展板"我们的种植计划"帮助幼儿明确种植任务,关注实施进度;又如"橘子与橙子"的比较信息板,提示观察时关注内外部结构并加以比较 3. 操作流程图,说明相关的科学操作程序,如柚子精油的主要制作步骤 4. 交流记录的材料和工具,如自制的科学观察记录本、纸、笔、便签、胶水棒等

2. 自然角的投放原则

(1)季节性

自然角的投放内容与生物息息相关,更易受自然环境因素影响,尤其是季节因素。同时,自然角的内容更新直接影响幼儿的关注和兴趣,因此,要有目的、有计划地根据季节变化投放物品,并不断更新和补充。例如:春天插上几枝迎春花和户外捡拾的柳枝,将春色与生机带进班级;秋天陈列采摘的果实,感受秋收的富足。

(2)年龄性

自然角是开展观察活动的最佳场所。建议基于幼儿年龄特点投放合适的观察对象。

① 小班要求"学习观察个别物体,能够感知动植物最明显的特征"。因此,一般选择常见的、特征明显的动物,植物可选结构简单、花朵大而鲜艳、特征清晰的鸡冠花、一串红、金盏菊、蝴蝶花等。在展示区可让幼儿认识各种最常见的水果,如苹果、梨、橘、桃等;在种植区栽种适合小班照料的葱、蒜、萝卜、白菜、太阳花等。

② 中班要求"学会比较观察不同的物体,能够了解动植物的主要特征"。因此,选择一些在根、茎、叶方面有特点的植物,如含羞草、宝石花、水仙花、大吴风草等。还可选择同一科但品种不同,或外形上具有较高相似度的动植物等,如黄瓜和丝瓜、橘子和橙子等,促进比较观察能力的发展。

③ 大班要求"能系统观察事物,发现动植物的细微特征"。因此,可选择外形特征不那么突出,需细致观察才能发现差别的植物,如吊兰、文竹等。选择一些在生长中外部形态有较大变化的小动物,如小蝌蚪、蚕宝宝等。如有可能,让幼儿参与饲养,在亲自饲养的过程中系统观察它们的生长变化,掌握简单的饲养方法,感知生命周期的奥秘。

(3)多样性

多样性原则不仅指投放物品的数量,也体现在种类、形态、来源等多方面。

---

① 王潇. 学前儿童科学教育活动设计与指导[M].北京:机械工业出版社,2017:101-102.

① 种类多样：陈设多个品种，让幼儿感受、认识不同植物开花、结果、换叶等规律，尽可能在不同时节看到不同植物开花、结果。

② 色彩多样：尽量保证每个季节看到不同颜色，丰富的色彩是吸引幼儿注意力的重要因素。

③ 形态多样：投放物品虽以实物为主，但考虑到自然角受到各种条件限制，图片、模型等其他类别的物品也可加入，丰富自然角内容，如仿真型的材料。

④ 方法多样：选择能够满足幼儿使用各项科学技能和多种科学学习需求的物品，如绿萝用以观察、黄豆可以实验、桂花可用于制作、萝卜可以采摘。

⑤ 感官多样：能够满足幼儿使用不同感官实现科学认识的需要，如含羞草是幼儿很喜欢的植物，不仅能看，还能摸，另有薄荷除了可看、闻、摸外，还能泡水、品尝。

⑥ 来源多样：物品提供的主体以幼儿为主，但也可由教师、家长、社区等提供；提供的方式有可直接购买，也可自己采摘、采集、捡拾、改造、制作等。

3. 布置自然角的物品

（1）注意摆放的位置、进行合理的陈列

自然角物品摆放时避免过于密集，防止幼儿活动时碰倒旁边的物品。摆放的高度也应根据幼儿身高、物品高度及易碎程度妥善分布。一般摆放的高度与幼儿视线齐平，且有利于幼儿观察、操作和记录。如将金鱼缸放在架子高层，幼儿要踮脚才能看到，无疑增加了风险。

自然角物品种类丰富，所以要注意陈列的合理性。如可将水培区和土培区分隔，将用于比较的物品并列摆放或同类但不同品种的物品归类摆放。又如，并排放胡萝卜、绿萝卜、白萝卜，既有利于幼儿自发比较观察，还可丰富其关于萝卜多样性的认识。另外，生长周期短、速度快的植物要摆在明显位置，便于幼儿经常观察、记录生长过程。

（2）选择适合的器具、补充操作的工具

培育植物的器皿要注意安全，水培植物或一些旨在让幼儿观察根系生长的植物可选择透明玻璃瓶，还要根据植物特性决定是否需要选择底部有透水孔的器皿等。

《纲要》中指出：提供丰富的可操作的材料，为每个幼儿都能运用多种感官、多种方式进行探索提供活动的条件。自然角中需要一些可操作的工具，满足幼儿种植、管理和科学探究的需求。

（3）制作物品的标识、增加记录的材料

建议制作一些物品小标签或活动小标识，帮助幼儿更好地了解科学知识，明确学习任务，清楚操作过程，如区域标识和活动过程记录（图 3-1-10），植物的名称、特性和照顾方式（图 3-1-11），值日生工作内容提示（图 3-1-12）等。可在工具上贴上标签，帮助幼儿正确认识和使用，如浇水瓶上的标志解决幼儿浇水过量的问题。

图 3-1-10　区域功能和活动标识　　**图 3-1-11　植物名称、特性与照顾要点**　　**图 3-1-12　值日生工作内容提示**

此外,建议教师根据自然角的学习内容和幼儿记录能力投放不同类型的记录本,引导幼儿养成观察记录的好习惯。

三、自然角的活动设计

(一)制订自然角的活动计划

自然角的活动计划是班级活动计划的一部分,与班级整体的科学教育目标和内容紧密联系、保持一致。教师可以一学期或一学年为期进行整体设计,按月设计要展示的内容、具体的活动,并作相应的墙饰和环境创设等①。

拓展阅读

自然角的年度活动计划

(二)确定自然角的活动目标和内容

1. 小班的活动目标和内容

(1)活动目标

① 对自然角感到好奇,喜爱动植物和周围环境,在成人影响下关心爱护自然角。

② 在成人引导下用多感官观察个别物体,感知动植物最明显的特征,注意动植物的变化,获取粗浅的科学经验。

③ 尝试用词语或简单的句子描述物体特征和自己的发现。

(2)活动内容

① 观赏类:幼儿感兴趣的、色彩形象特征突出的动植物和自然物(如画上表情的橘子,各种颜色、形态的贝壳等)。

② 观察类:引导观察物品最突出的特征。

③ 实践类:开展有趣的、短期内有变化的种植饲养活动,知道动植物生长变化与季节变换有关。

④ 自主管理:考虑到小班各项能力较弱,部分教师选择代为管理自然角。但事实上,可以让小班尝试简单的照顾动植物的方法,主要是浇水和喂食,对其他不作要求。

2. 中班的活动目标和内容

(1)活动目标

① 培养幼儿关心爱护自然角物品的情感和行为,能够主动参与自然角活动。

② 能够仔细观察、比较动植物的异同,发现动植物在生长过程中的变化。

③ 了解个别动植物的形态特征和生活习性。

④ 描述自己的发现,与同伴、教师交流,并尝试使用绘画和符号记录下来。

(2)活动内容

① 观赏类:摆放品种多样的动植物,了解动植物的多样性。

② 观察类:说出动植物的名称,了解其典型特征、主要用途及生活习性;观察动植物的生长周期变化。

③ 实践类:进行简单的、易于观察比较的饲养种植活动。如在土培、水培植物的过程中比较观察它们的生长,探索环境对于生长的影响;又如,对比观察葱、蒜的外形等。

④ 自主管理:在教师引导下,学习照顾自然角内的动植物,管理自然角。

3. 大班的活动目标和内容

(1)活动目标

① 关心周围的环境,在直接接触自然角的过程中获得有关季节、人类、动植物与环境关系等的感性经验,建立四季和节气的初步概念。

---

① 张俊.幼儿园科学教育[M].北京:人民教育出版社,2016:208.

② 激发和培养幼儿好问、好探索、乐于合作的态度,喜欢并能主动参与自然角活动。

③ 养成观察记录的习惯,学会使用更多种的方式记录自然角的探索过程和发现。

④ 积极主动地与同伴、教师交流,用连贯的语言完整表述自己的探索过程和结果。在自然角活动中主动提出问题,并参与各种交流讨论。

（2）活动内容

① 观赏类:以幼儿收集的各种动植物和自然物为主。

② 观察类:跟踪观察自己感兴趣的小动物,了解它们的生存方式和环境特征。

③ 实践类:开展各类种植实验,了解植物生长所需的必要环境条件(阳光、空气和水),了解植物生长与环境的关系,如追光实验、暖棚实验、吸水实验等。

④ 自主管理:自主管理自然角,记录管理过程、讨论发现的问题并尝试解决问题等。

（三）组织自然角的教育活动

1. 自然角的科学探究活动

自然角是"一间特殊的教室"。教师组织幼儿以动植物为主要学习内容开展各种科学探究活动,一般以观察为基础,并在此基础上设计各种与之相关的科探活动,主要包括测量、实验、交流讨论、采集采摘、展示参观、技术制作、科学游戏等。教师可自主选择,灵活运用,将不同活动融合起来。

例如:幼儿园的种植园地大丰收! 幼儿从种植园摘了许多南瓜。老师把南瓜布置在活动室门外的走廊。一天,小语指着最大的南瓜问:"老师,这个南瓜到底有多大?"老师请她先自己想办法。小语想到美工区有直尺,于是拿来量,可直尺不会拐弯,量不了圆南瓜。于是,孩子们开会讨论用什么办法量南瓜。有的想到妈妈在家用软尺帮他量身高。于是,第二天,在老师指导下,几名幼儿尝试合作用软尺测量,小语读数,终于成功了。最后,老师将软尺拉直、挂在墙上,还在旁边标注南瓜的周长,幼儿更直观地了解到南瓜到底有多大。

过了几天,孩子们在课上观察橘子的内部结构。这时,有孩子提问:南瓜里面是什么样? 于是,老师搬来了一个南瓜,切开,供幼儿观察。结束后,又将切开的南瓜重新放回展示区。幼儿发现那块南瓜开始慢慢变干,里面的籽儿也变干了。

又有一天,有个孩子不小心碰到地上的南瓜,一个南瓜就滚了起来。老师没有责怪他,反而问孩子们南瓜为什么会滚。有的认为这与南瓜的形状有关,圆南瓜就能滚。老师指着另一种长条形南瓜,问:"这种南瓜能滚吗?"有的幼儿说能,有的说不能。于是,自然角开展了一次滚南瓜大赛。比赛前,老师先让幼儿猜测哪种南瓜能滚,哪种滚得快,再通过比赛来验证。幼儿用双手向前滚动南瓜,要求手不离瓜。游戏中,幼儿直接感知到南瓜的滚动与其形状之间的关系,还发现了其他的影响因素。

2. 自然角的自主管理活动

（1）明确值日生任务

自然角每天都有饲养照顾、清洁整理的常规工作,主要包括:

① 根据情况给植物浇水,给水培植物换水,观察植物的生长情况;

② 如有需要,用小铲子松一松盆栽里的土,用剪刀轻轻剪去枯萎的叶子等;

③ 按需给饲养的小动物喂食、换水、清理排泄物等;

④ 保持台面干燥干净、物品整齐等;

⑤ 记录今天的工作、记录照料的动植物生长等情况,如有新投放物,可制作标签;

⑥ 关注是否出现动植物死亡,物品丢失、损坏等特殊情况。

拓展阅读

自然角的小实验

班级可根据投放内容形成具体的值日生任务,但要注意年龄班的区分。小班幼儿年龄小、力气小,可承担浇水工作。可提供一些有趣的浇水工具,如小奶瓶,引导幼儿把植物当"宝宝"照顾。中班可学习一些操作方法,如清理枯叶和蚂蚁工坊的废物等,可通过值日生制度组织轮流照顾。大班可采用小组认养,并开展一些组间竞赛,比比哪个小组养的鱼存活时间最长,同时学习一些动植物管理技术,包括换水、喂食、检查土壤的干湿情况,并做好观察记录等[①]。

(2)建立值日生制度

自然角中常见的无人管理或重复照顾问题(如争着浇水、超量喂养金鱼),其实都是缺少值日生制度的表现。可以通过建立有效的值日生制度,培养幼儿分工合作、遵守规则、认真负责的好品质。值日生制度无固定模式,可自发报名,可由教师指定,但应以全班幼儿轮流值日为主要方式。小班值日生任务较简单,有时需教师提醒。大班则可自主协商,制订工作内容。

有些班级在值日生制度上会开展值日生评价活动。可由值日生完成值日后对自己的工作自评,或请同伴评价。评价要点不在于评分高低,而是要具体说出值日生哪些工作做得好,可让大家学习,哪里可以改进,值日生制度还可如何调整,等等。

(3)记录值日生工作

① 记录墙:设置"小小值日生"墙,上方以图画形式提示工作内容,下面罗列每日管理人员名单,并用幼儿自画像和学号标识(图3-1-13)。也可组织幼儿完成值日后将自己的照片插入对应日期和工作内容的纸杯中(图3-1-14),避免重复照顾。

② 记录册:完成任务后在值日记录册上勾选或绘画当日的工作内容(图3-1-15)。

③ 插牌法:浇水后,在植物边上插上表示浇水的标牌,避免重复或忘浇。

图3-1-13 自画像和学号标识

图3-1-14 插杯标识

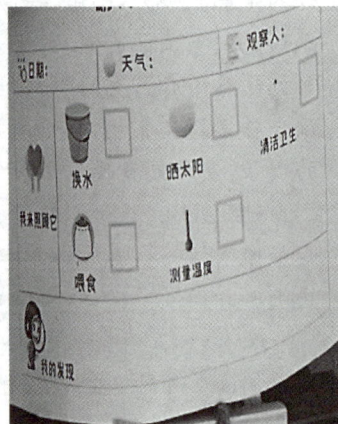
图3-1-15 记录册勾选标识

四、自然角活动的指导要点

(一)自然角管理要体现幼儿的参与性

幼儿参与自然角的创设能获得满足和自信,理解自然角的来之不易,在使用管理中珍惜爱护自然角。尽量由幼儿在成人指导下采集、摆放物品,由幼儿作为小园丁轮流照料管理,这样也可提高幼儿发现和解决问题的能力。

---

① 张俊.幼儿园科学教育[M].北京:人民教育出版社,2016:212.

例如：一天，幼儿到园后发现自然角的一盆水培花生不见了。后来，幼儿通过观察发现可能是小鸟把花生叼走了。于是，大家开会讨论如何防止该事件再次发生。有的提出将花生搬到室内，有的提议每天安排值日生看护，有的认为可用稻草人吓走小鸟……最后，大家通过投票选出最为可行的方法，即在水培花生的盆子外套上一个家里餐桌上用的网罩。

（二）自然角活动要体现形式的多样性

作为区域活动，自然角结构松散、灵活性高。教师应关注自然角中的生成性学习内容，联合其他教育途径与资源，将科学教育渗透在幼儿一日生活的每一处。

（1）自然角与集体教学活动。例如：在有关立冬节气的集体教学活动后，幼儿了解到立冬吃葱的好处，教师在自然角组织幼儿种植小葱。

（2）自然角与家园合作。不少幼儿平时不爱吃绿叶菜，教师特地开展了种植绿叶菜的活动。一段时间后，孩子们收获了鲜绿的鸡毛菜（图3-1-16）。他们拔菜、洗菜，回家和爸妈一起烧鸡毛菜，通过照片分享烹制鸡毛菜的方法。原来鸡毛菜很好吃呢！

（3）自然角与社区资源利用。例如："菌菇宝宝快长大"活动（图3-1-17）中，幼儿遇到不少问题。考虑到这些问题比较专业，教师联系了附近农科院的工作人员，请他们来指导。

（4）自然角与班本课程或项目化活动。幼儿园的桂花开了，满园香气。孩子们都被这香味吸引，于是引发了探究桂花的想法。他们将捡拾的桂花放在自然角，给教室增添香气。同时，教师以"桂花可以做什么"为主题开展项目化活动。幼儿观察比较桂花（金桂与银桂），还制作了桂花的自然笔记。接着，调查桂花的用途——原来桂花可以做桂花蜜、桂花糕、桂花酒，还有桂花香水、糖桂花。最后，教师在自然角创设了"桂花香水铺"的操作区，孩子们边做边探讨最佳的香水制作方法（图3-1-18）。

图3-1-16　收获的鸡毛菜　　图3-1-17　菌菇生长实验　　图3-1-18　制作桂花香水

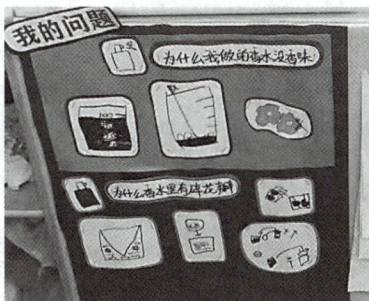

（三）自然角教育要渗透对生命的思考

学前儿童科学教育的主要目标之一是培养幼儿热爱自然，了解人与自然的关系，并在此基础上产生关爱生命的情感。教师可组织以班级、小组或个人为单位认养自然角的动植物。认养的植物最好能结果或开花，使幼儿惊奇、兴奋和满足。同时，组织幼儿定期观察照护，并做好记录，培养他们乐于观察、亲近自然、爱护生命的情感。引导幼儿在照顾管理过程中学会爱护动植物，意识到生命的可贵。幼儿年龄小，手部力量控制差，可能会发生无意识伤害动植物的行为，如拔草时把植物也拔了，用手把金鱼捞出来观察。教师要在理解幼儿的基础上，耐心引导，切忌简单粗暴地训斥幼儿[①]。另外，要在种植饲养活动中渗透生命教育，让幼儿在观察思考的基础上形成对生命更加完整的理解。

---

① 张俊.幼儿园科学教育［M］.北京：人民教育出版社，2016：210.

例如：某班自然角养的小鸡突然死了，教师以此为契机和幼儿讨论小鸡可能因为什么而死亡，并延伸到对人的生命的理解——死亡是生命的一部分，动植物都会死亡，生命只有一次。因此，要珍惜所有的生命。最后，师生一起埋葬小鸡，并办了一个葬礼。大家一起回忆有小鸡的日子，每人对小鸡说了一句"悄悄话"。这就是一种润物细无声的生命教育。

任务回应

案例分析——自然角的活动组织与管理

　　幼儿在自然角中的无效参与行为，如忽视自然角或无序参与自然角的探究与管理，追根溯源，往往是因为教师没有意识到自然角对于幼儿学习与发展的价值，也没有掌握利用自然角开展教育活动的方法。

　　自然角，和其他区域一样，一般以幼儿自主与区域的环境、材料互动为主，以教师的间接指导为辅。但是，这绝不代表教师不进行任何自然角活动的设计与组织。相反，考虑到幼儿的探究能力较弱、探究的持续性也不高，像自然角这类突出幼儿自主性的低结构活动更加需要教师有目的、有意识的引导。一方面，让幼儿知道这个区域的功能，以及自己在其中可以进行哪些活动——这是关于"做什么"的认知。另一方面，让幼儿知道如何参与这个区域的活动——这是关于"怎么做"的认知。如果没有这两方面的知识，幼儿就很难主动参与自然角活动，或者即便是有参与的意愿和兴趣，也不知道如何参与。

　　自然角的活动十分丰富，除了浇水、清理黄叶，基于幼儿的年龄，还有很多的活动可以让幼儿参与。但是，如何才能让幼儿更加自主地参与自然角的学习呢？在实际教育活动中，其实有不少值得推荐的做法，包括将自然角与其他活动形式结合起来，将幼儿与环境的直接互动和教师的间接指导结合起来，等等。比如：在主题活动"小蚂蚁"中，通过集体教学活动和孩子一起探讨蚂蚁的外部特征和生活习性，然后引导他们去自然角仔细观察蚂蚁、记录蚂蚁、亲自验证。

　　每位教师都有自己的教学智慧。在实践中，教师应该基于本班幼儿的特点找到一些适合自己的方法，通过理论与实践的相互转换，积累并形成自己对于幼儿和教学的新认知。

思考与实训

参考答案

一、单选题

1. 自然角的教育价值不包括下列哪一项？（　　）
   A. 绿化班级环境，有益幼儿的身心健康
   B. 满足美观需求，增加室内环境装饰
   C. 提供直接经验，发展幼儿的认知和技能
   D. 培养责任意识，促进幼儿的自主发展

2. 教师在自然角中投放了风信子，让幼儿观察并通过绘画记录风信子的特点。该活动中，幼儿所获得的关于植物的核心经验是下面哪一项？（　　）
   A. 植物的种类　　　　　　　　　　　B. 植物的繁殖方式
   C. 植物的结构　　　　　　　　　　　D. 植物与人类的关系

3. 自然角的空间位置首先考虑的因素不包括下面哪一项?(　　)

    A. 空间的美化程度   B. 幼儿活动的安全性和便利性

    C. 动植物的生长需求   D. 幼儿参与的可能性

4. 教师在自然角布置了"五谷丰登"的主题环境,投放了各种粮食,比如红薯、土豆、玉米等。此外,还摆放了一些农民收获粮食的图片,又在黄豆边上放上了小型石磨等。该区域在功能上最可能属于哪一项?(　　)

    A. 种植区   B. 实验区   C. 展示区   D. 饲养区

5. 自然角中投放物品需要遵循多样性原则。多样性的内涵不包含下面哪一项?(　　)

    A. 来源多样   B. 形态多样   C. 价格多样   D. 方法多样

二、简答题

请说出自然角中值日生的常规工作包括哪些内容,至少三项。

三、案例分析

认真阅读下面的故事,评价案例中教师的行为。

中一班的自然角是全年级最漂亮的自然角,里面琳琅满目、精致美观,盘子里摆放着品种多样的蔬果,玻璃瓶里装着大小不一的植物种子,漂亮的鱼缸里几条鱼在游……生活老师王老师很爱干净,自然角的一切都被擦拭得一尘不染。凡是孩子们接触摆弄过的物品,王老师会立即收好,生怕孩子们弄坏了。有一天,几名幼儿从户外捡拾了一些红果子放在自然角,其他小伙伴被它们鲜红欲滴的颜色和圆滚滚的可爱形状吸引了过来。还有的忍不住伸手去摸,把头凑去闻。王老师看到了,马上走过来说:"只能用眼睛看,不能摸,不然摸坏了就不好看了。"说完,王老师赶紧把小果子放到了一个漂亮的盘子里,并放到高处。

四、实训题

以小组为单位,选择1～2种豆类种子(黄豆、绿豆、黑豆……),完成一次发芽观察活动,并且讨论基于该活动还可以组织哪些相关的科学探究活动。

任务 2
科探区的创设与指导

1. 了解科探区的基本概念和教育价值。
2. 掌握科探区环境创设与材料投放的原则。
3. 掌握科探区相关科学教育活动的组织与指导策略。

任务思考

> 户外活动时,孩子们发现:当他们背对太阳站着的时候,前面会有很多影子出现。当他们变化动作的时候,影子的样子也会不一样。凌凌小朋友说:"老师,你看我做这个动作,我的影子在学我呢!"小朋友们都跑过来看,有的小朋友也马上摆出不同的动作和影子做游戏。孩子们对影子产生了浓厚的兴趣。

教师应如何在班级科探区中设计相关的区域活动,以支持幼儿的深入探究呢?

任务支持

一 科探区的理论概述

(一)科探区的基本概念

作为幼儿园班级活动区重要的组成部分,科学探索区以其丰富的探究内容与材料,安全的探究环境与氛围,引导幼儿自主选择材料、自由结伴,以个别化、操作性的活动方式探究科学常识。通过参与科学探索活动,幼儿可获取直接经验,充分拓展科学兴趣,以及培养对科学的热爱。

(二)科探区的教育价值

1. 丰富的探究环境,鼓励幼儿发展自主能力

科探区为幼儿的主动探索创造了条件。首先,提供了相对宽松的探究氛围和灵活的探究形式,既满足幼儿好奇好动的特点,又使幼儿在积极主动的探究中产生自信心和自豪感,激发对科学现象持续探索的愿望。其次,提供了丰富多样的操作材料,既满足幼儿的发展需求,又为幼儿的自主选择和自主探究提供有力的物质支持。

2. 个性化的学习方式,促进幼儿发挥科学潜能

学前儿童在发展速度、认知风格、个性等方面都存在一定差异。只有适宜的环境才能符合幼儿发展

的需求,满足幼儿学习的兴趣。科探区为幼儿提供了不同层次的探究材料和内容以及自由充分的时间和空间。幼儿可根据自身需要、兴趣和发展水平,按照自己的学习方式和进程,选择探究材料和内容、操作次数和时间等,形成个性化的学习模式,将探索发现与已有经验进行分析、概括,获得必要的科学技能,发展科学思维,发挥自身的科学潜能。

3. 操作性的探究材料,支持幼儿亲历科学发现

《指南》强调"幼儿的思维特点是以具体形象思维为主,应注重引导幼儿通过直接感知、亲身体验和实际操作进行科学学习"。学前儿童的科学学习不是单纯掌握科学知识或概念,而应实实在在"做"科学,像科学家一样亲历探究,在观察和操作各种材料的过程中,调动身体感官,通过嗅、看、听、摸、捏、尝等方式,亲历科学探究过程,建构自己的科学经验。

二、科探区的环境创设

(一) 科探区的空间选择

1. 确定科探区的空间大小

《纲要》指出:"幼儿园的空间、设施、活动材料和常规要求应有利于引发幼儿的主动探索与同伴交往。"科探区的空间大小应因地制宜。一般,室内面积尤其是人均面积大的班级,可分主题创设科探区,如光影区、沙水区、电磁区等;人均面积小的班级创设科探区时,可与其他区域相结合,如与数学区整合为益智区①。

2. 明确科探区的空间位置

科探区位置主要考虑活动的便利性与动静性质(如图 3-2-1)。比如:科探区中水是普遍使用的材料,因此科探区最好邻近水源,方便取水。也尽量设在靠窗的地方。

另外,由于探索活动需要幼儿专注投入、动手动脑,科探区最好与角色区、表演区等相对吵闹的区域分隔,可与图书区、美工区等安静的区域相邻。当需要一些低结构材料探究或用工具记录时,美工区可满足需求。当幼儿在活动中遇到不懂的问题,可随时到图书区查阅资料。建议图书区多投放些科学百科类图书,或根据当前的一些探究内容设置主题图书角。比如:科探区正在进行光影系列实验,便可在图书区投放《奥菲利娅的影子剧院》《谁的影子》和《我和我的影子》等相关绘本,让幼儿通过实验和阅读两种途径加深对光影关系的理解。另外,科探区和自然角都是开展科学学习的专门区域,在部分功能上有所重合,因此,空间设置上也可有所合并。

(二) 科探区的空间布置

1. 规划科探区的空间布局

合适的置物架和其他家具有助于界定区域空间,保证活动的有序开展。合理规划区域内的空间布局,要充分考虑幼儿的年龄特征。

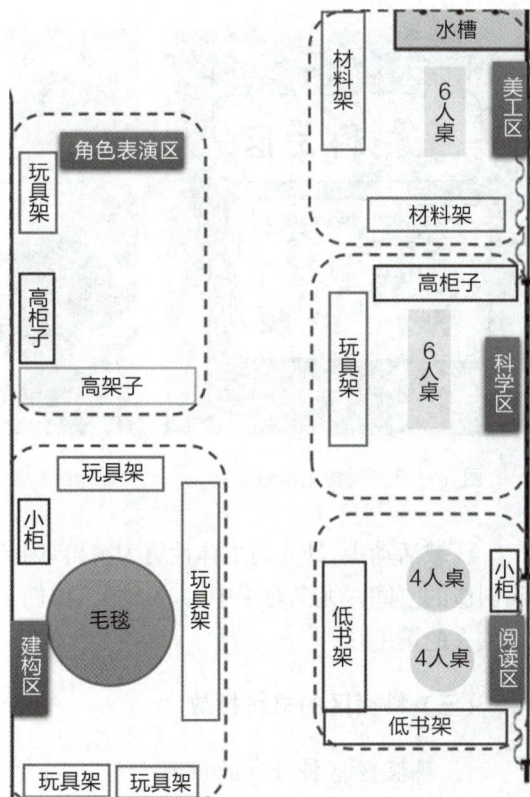

图 3-2-1　科探区区域空间规划图

---

① 董旭花.幼儿园科学区(室):科学探索活动指导 117 例[M].北京:中国轻工业出版社,2011:5.

（1）小班注意力易分散,空间布局可选择高低错落的柜子进行围合,保证幼儿在较安静的环境中探究而不被周边活动干扰。

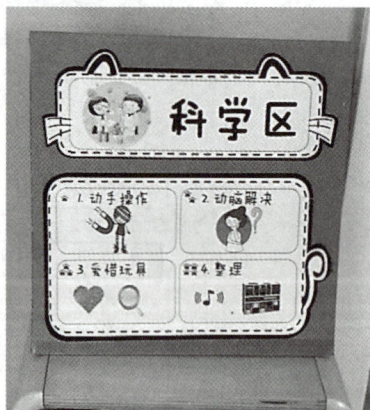

图 3-2-2　开放的收纳柜和操作台

（2）中、大班在自控力、专注力等方面有明显提高,对于合作有更高的要求,更加喜欢与同伴、教师共同探究和讨论。因此,布局科探区时,可以选择大小一致的柜子进行开放式摆放[①]（图 3-2-2）。

2. 标识和装饰科探区的空间环境

科探区中明显的区域标识（图 3-2-3）,可以帮助幼儿明确区域活动的学习内容、规则或目标。科探区活动丰富、材料较多,有时会混淆。因此,可为每个活动设计简单易懂、生动有趣的活动名称,并制作名称标识,标识要求显眼、美观,还可辅以图片或照片说明（图 3-2-4）,提示幼儿操作的内容和方法或者操作的过程和结果。

墙面和柜面也是重要的空间资源,可结合科探区的主题或内容进行充分利用,以满足幼儿的探究需求。可通过悬挂或粘贴部分互动性操作材料,或者展示相关的科学信息与活动过程（图 3-2-5）,最大限度地拓展空间。还可在墙面张贴实验操作步骤、方法示意图或主题网络图,引导幼儿围绕某一探究主题,将活动过程与发现展示在墙上。这些做法不仅装饰了墙面,而且能够帮助幼儿整理活动思路,提供分享交流的机会。比如:沿着"我已经知道的""我想知道的""我怎么知道的"以及"我的经验与理论"这一线路进行更加深入的思考与探究。此外,张贴幼儿的实验记录表、科学海报等都有助于幼儿探究。

图 3-2-3　科探区区域标识

图 3-2-4　活动名称立牌

图 3-2-5　科探区的信息墙

区域活动中,幼儿的主体性更为突出,因此,环境创设上建议多倾听幼儿的意见和想法,给幼儿想象和创造的空间。尤其对于中、大班幼儿,他们喜欢且完全有能力参与创设科探区,这是他们成为科探区小主人的第一步。

（三）科探区的材料投放

1. 科探区材料投放的原则

（1）安全性原则

安全性是科探区材料投放的首要原则。首先应选择无毒、无味、无尖锐面等无明显安全隐患的材料。如有废旧材料一定要严格消毒。例如:"溶解"实验中,可提供糖、盐、木头、圆石子等较安全的物品;"万花筒"活动中,要检查筒中的镜片是否脱落,避免划伤的风险。

---

① 王微丽,霍力岩.幼儿园科学区材料设计与评价[M].北京:中国轻工业出版社,2018:13.

此外,还应避免使用具有潜在安全隐患的材料。如一些再生塑料或泡沫制品等,此类物品虽暂时难以发现毒性,但长期使用对人体存在危害。因此,选择材料时要关注材料本身的质量及是否符合国家的安全标准等。此外,活动前,应详细交代材料的操作规则;活动中提醒幼儿注意使用规范,如任何实验材料都不入口、不泼洒同伴和自己等。

(2)探索性原则

探索性是科探区材料投放的基本要求。幼儿通过观察材料发现问题,通过亲自操作加深对问题的认识和理解,并在具体的观察、思考和操作中得出结论。因此,投放材料不仅要注重是否便于幼儿进行自主性探索,还要蕴含幼儿能够通过探索解决的问题,使材料能够引发幼儿的兴趣和思考,不断提升幼儿的动手和探索能力。

幼儿的探究具有"试误性"的特点,要保证科探区的材料可以支持幼儿反复探究。

例如:"点亮灯泡"活动中,教师投放电池、电线等材料,让幼儿自己摸索怎么连、怎么接才能让灯泡亮起来(图3-2-6)。"看谁滑得快"活动中,不仅为幼儿提供了若干装有不同量的水和沙子的矿泉水瓶,若干形状大小不一的小积木,还设计了不同高度的自制坡道和记录表。幼儿在多次操作、观察、比较后,逐步探索出物体滚动速度与摩擦力、斜坡角度和物体重量的关系,并在表格对应材料的地方做了记录。

(3)适宜性原则

适宜性是保证幼儿有效探索的重要因素,具体表现在要同时考虑幼儿年龄特点和活动难度。

针对小班,投放具有游戏性、趣味性和情境性的材料,吸引幼儿对科探区产生兴趣。材料投放要数量多、种类少,既保证幼儿专注于活动,也避免了争抢材料的问题。

例如:在"青蛙吃虫"活动(图3-2-7)中,所有的材料形态圆润,抓握方便,非常适合小班幼儿使用。另外,该活动的玩法是想办法让小青蛙吃到虫子,规则简单、具有操作性。同时,活动具有情境化和游戏化的特点。

图3-2-6 点亮小灯泡　　　　图3-2-7 青蛙吃虫

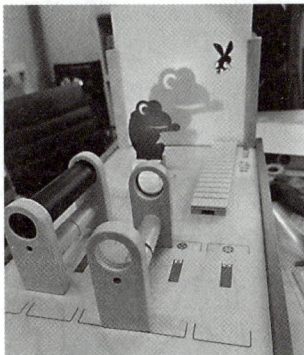

中、大班由于认知水平和探究能力都有了进一步的发展,因此材料投放要能引发幼儿自主操作与深入探索。材料的类型可以增多,这为中、大班自主选择材料、创造性使用材料提供了物质基础。可以尝试一物多用,从不同层面启发幼儿的思维能力;或投放半成品,鼓励幼儿合作完成。有些实验可投放记录表,鼓励幼儿用喜欢的方式简单记录。

(4)层次性原则

层次性是材料在投放过程中的"细化",指在选择投放材料前预先思考,将幼儿通过操作该材料可能达到的目标,按由浅入深、从易到难进行排序,分解成若干与幼儿认知发展相吻合的操作层次。

例如:"沉浮"活动中,低水平的幼儿只需知道什么现象是沉,什么现象是浮;中等水平的幼儿需要观察发现不同的物体在水中的沉浮状态有差异;高水平的幼儿可以了解改变物体的形状或者投放的方式可能改变沉浮状态。如果有些幼儿已了解不同材质的物品在水中有不同浮沉结果,而教师投放的材料仍然停留在让幼儿观察各种物体在水中的沉浮现象,幼儿很难保持兴趣,难以产生更深、更久的探索行为。因此,根据不同的目标为幼儿提供适宜的、富有层次性的探究材料,才有利于幼儿在不同层次的操作中获得完整的科学经验。

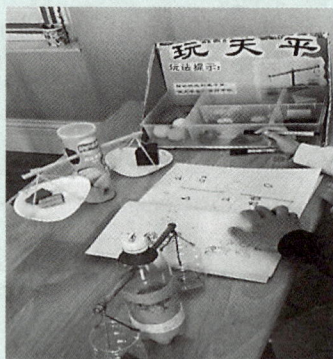

图 3-2-8 玩天平

又如:"玩天平"活动(图 3-2-8)中,教师投放了不同的材料,包括不同颜色相同大小的毛球、不同大小的单元积木、娃娃家的一些玩具、户外捡拾的小石子等,目的是让幼儿在操作中感知物体的重量和数量,同时了解平衡力。有的幼儿玩的时候两边都各放一个同样的物体,如两个颜色不同但大小相同的毛球;有的对数量关系掌握得更好,会挑战更多玩法,如左边放上一颗石子,右边放两个积木、一个小玩具和数个毛球,让两边达到平衡。

2. 科探区材料投放的类型与内容

材料是幼儿探究的物质支柱,科探区的教育价值附着于材料。教师可以根据幼儿园科学教育的内容从以下五种类型选择科学工具和材料(表 3-2-1),以促进幼儿的科学学习。

表 3-2-1 科探区常见的材料

类型	材料内容
物理科学	光:光台、彩色镜头、平面镜、放大镜、显微镜、万花筒、潜望镜、手电筒等
	冷、热和温度:温度计、热水袋、冰块等
	声:发声玩具,如风铃、打击乐器、捏气发声的塑胶小动物等;传声玩具,如电话、自制传声筒等
	电:电池、电线、小灯泡、小电珠、小电扇、皮毛、纸屑等
	力:跷跷板、天平、沙漏、斜坡和各种可滚动的物体、沉浮的各种材料、弹力玩具(弹簧秤、皮球、皮筋等)、惯性玩具(轨道车、惯性船等)、齿轮类玩具等
	磁:磁性沙盘、探索板、磁棒和各种其他磁性材料
	水:水的三态变化实验材料、量杯、自制小水车、吸水性实验材料等
	空气和风:气球、充气玩具、扇子、小风扇等
化学科学	溶解的材料:糖、盐、土、水等
	变色反应材料:碘酒、淀粉等
	其他:如去锈、醋泡蛋壳等
地理科学	天气季节:天气记录表、温度计、天气书和其他类似的材料等
	宇宙、地球:书籍、宇宙星球模型、宇宙飞船、宇航员挂图、地球仪、天文望远镜、观察记录册、世界拼图、五大洲拼图、中国地图拼图等
	日月星辰:太阳模型、太阳系模型;月亮模型、月相变化图等
生命科学	动物:关于动物成长的图书、动物标本、仿真玩具、动物图片、动物生长过程图片或挂图等
	植物:关于植物生长的图书、常见植物标本、种子成长挂图、仿真玩具等
	人体:人体孕育书籍、挂图、卡片,人体 X 光片、器官模型、人体构造拼图等
科技与生活	四大发明小实验材料、交通拼图、交通工具模型、通信工具模型、旧电话、旧手机、垃圾分类标识等

拓展阅读

有关颜色的科探区活动与材料

（四）科探区的区域管理

1. 合作制定科探区规则

有限的空间要满足不同幼儿的活动需要，就要制定共同活动的规则，以保障幼儿自主学习的顺利展开。规则不应由教师单方面提出，应根据幼儿自主活动的需要，针对幼儿在活动中易出现的问题与幼儿经过共同讨论形成。同时，引导幼儿用自己能理解的方式表征规则并呈现在区域环境中，最终帮助幼儿更好地明确、理解和遵守这些规则。

2. 有序整理科探区材料

操作材料可按主题分类存放在筐或盒里，贴上标签后再摆放到柜中。通常低矮的开放性橱柜更便于幼儿自主取放与探索材料（图3-2-9），科探区可多选用这类橱柜。但是，随着活动逐步深入，材料会不断增加，有必要使用一些高一点的橱柜，橱柜可有开放的，有封闭的。需教师指导使用的材料一般可放置在高的封闭性橱柜中。

想要迅速找到需要的材料，可以关注下面两点。

（1）归类收纳。如感官观察类放在一起（图3-2-9），包括视觉卡、气味瓶等。

（2）使用标签。设计各种不同的标识（图3-2-10），幼儿可以通过标识自主选择材料，解决问题。标识也有助于整理、回收材料。

图 3-2-9　感官类操作材料

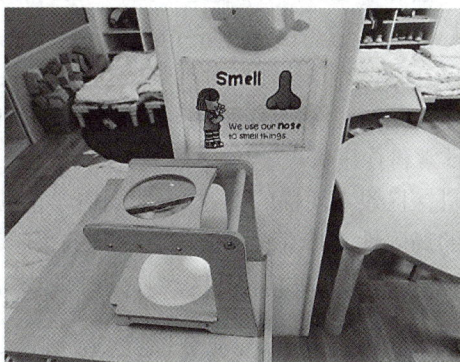

图 3-2-10　标签提示操作方法

3. 合理更新科探区材料

幼儿的注意力和关注持久度较有限。因此，活动材料的合理更新会给他们带来新的刺激，使得他们坚持不断地探究，积累和深化科学经验。更新材料应注意保持新旧材料的动态比例，全部更新或完全不更新均不能促使幼儿保持良好的探究兴趣和动机。科学合理的方式是既保留部分原有材料，鼓励幼儿对原有材料产生新玩法，提高材料的利用率，又根据主题需要追加新材料，通过投放新材料使科学活动更具有挑战性，充分调动幼儿的积极性[1]。

> 拓展阅读
>
> 科探区环境评估检核表

三、科探区的活动组织与指导

（一）科探区的活动组织

1. 确定活动目标

一般，可根据教学计划、本班幼儿的发展水平和兴趣爱好等来设计活动目标。设计时应注意以下方面[2]。

（1）区域性科学活动更加自由和开放，其目标相对于集体科学活动应更宽泛、更长远。

---

[1] 高傲. 幼儿园科学区创设现状研究[D]. 辽宁师范大学, 2017:27.
[2] 董佩燕, 张晓焱. 学前儿童科学教育[M]. 镇江:江苏大学出版社, 2014:144.

（2）活动过程中，根据幼儿的操作水平和活动情况动态调整活动目标，使目标更具体、可行，更有利于幼儿在活动中获得相关科学经验和发展。

（3）科探区活动侧重幼儿的自主探索，设计目标时要避免过于强调科学知识与内容的学习，而应该重视对幼儿科学兴趣与态度的引导，以及科学方法与能力的培养。

2. 设计实施活动

根据区域活动内容的来源，科探区可以分为下列三种主要的类型①。

（1）与主题活动相关的科探区

该类型的科探区通常是为配合幼儿园的主题教育而设置，既可在主题教学活动前进行，为活动积累经验；也可作为主题活动后的延伸，加深巩固幼儿的科学经验。主题性探索活动中，科探区的活动与材料往往不是一次生成，而是在主题活动前或随着主题活动的展开逐步生成并完善，体现多层次的活动设计，支持幼儿找到感兴趣的、符合自己水平的活动内容。

（2）与集体教学相关的科探区

该类型的科探区是集体教学和区域活动结合的一种形式。教师以观察和间接指导的方式参与，一般不直接干预幼儿的活动。活动过程一般包括四个主要环节。

① 教师介绍活动材料（通常是新提供的材料），幼儿了解材料的种类、特征等。

② 师幼共同讨论玩法或操作程序。针对难度较大的科探活动，教师可直接示范或演示，帮助幼儿清楚操作方法和步骤；针对难度适中的活动，可借助拍摄实物的步骤图或绘制的流程图支持幼儿理解和操作；针对难度较低的活动，可引导幼儿主动探究，亲自体验。

③ 幼儿自主操作，教师在旁观察、适时指导，还可以做好观察记录表。

④ 师幼分享、讨论，总结活动经验和科学认知，提升活动质量。

（3）日常科探区

日常科探区没有明确的主题，一般涵盖学前儿童科学教育的广泛内容范畴，以弥补主题活动和集体活动内容的局限性。日常科探区要以幼儿的兴趣和需要为出发点，要在日常生活中敏锐捕捉幼儿生活中的科学探究契机，并将其转化为区域活动的内容。

> 例如：今天，天天带了个不倒翁娃娃。孩子们立刻对这个倒不了的娃娃产生了兴趣。他们围在娃娃周围，边玩边议论。有的小朋友不信娃娃会不倒，用力推娃娃，结果娃娃又重新站了起来。孩子们百思不得其解，满是疑问。这时，教师及时发现并抓住了幼儿的好奇心，投放了制作不倒翁娃娃的半成品材料。除了娃娃的外壳，还提供了沙子、棉花、橡皮泥等材料，鼓励幼儿在亲自动手、比较观察中发现不倒翁不倒的秘密。

（二）科探区活动的指导策略

1. 基于观察，支持幼儿深度探究

科探区的指导须以观察为前提。幼儿操作时，教师应以观察者的身份关注、分析幼儿在区域中的活动行为，如材料的选择，操作行为、状态和情绪，是否遵守相应的规则，材料的整理与归类，是否遇到问题以及如何解决问题。基于观察，教师再分析是否需要介入，以及何时、如何介入以支持幼儿的持续探究。

> 例如：幼儿搭建汽车轨道时遇到了轨道反复倒塌的问题。多次无效操作后，幼儿明显出现了受挫的情绪，准备放弃。此时，教师通过观察及时介入，先引导幼儿停下来仔细观察自己搭建的轨道，然后再观察其他小组的轨道，通过比较思考导致轨道反复坍塌的原因。原来，轨道的地基过小，无法承受桥面的重量。发现原因后，幼儿调整策略，最终成功搭建轨道。

---

① 张俊.幼儿园科学教育[M].北京：人民教育出版社，2016：202-203.

2．提升经验，鼓励幼儿记录表达

应鼓励幼儿通过图画、符号、数字、图表等方式记录自己的探究和发现，促进幼儿积极思考。还可以引导幼儿利用自己的科学记录分享交流自己的探究过程。此外，记录与表达是重要的同伴学习的过程。幼儿在分享中归纳和整理自己的发现与思考，逐渐形成完整的科学经验与认识。其他幼儿则在倾听的过程中思考、模仿、学习他人的经验，并将自己的经验与他人的经验相结合或相比较，达到认知平衡，为下一次的学习和探索积累有效经验[①]。

3．强化认知，促进区域之间联动

区域间的整合有利于拓展幼儿的思维，使其进行创造性思考，通过迁移和应用已有经验来解决不同的问题，进而能够持续探索。在开展一段时间的科探区活动后，教师将其他各区域活动与之联系起来，引导幼儿融会贯通，发现事物间的联系。

> 例如："颜色变变变"主题下，各区域都可开展与之有关的活动。一开始，幼儿可能只在科探区中利用教师提供的几种颜料进行探究。随后，幼儿可在美工区调和各种颜色后进行绘画，以此观察不同颜色混合后产生的变化。此外，还可以制作"颜色在哪里"的调查表，鼓励幼儿和爸爸妈妈一起寻找身边的颜色，积极投身于感知颜色的活动中。相同主题下，幼儿通过参与不同区域活动练习深化相关的核心经验[②]。

任务回应

活动设计——区域活动"光与影"

【活动目标】

1. 通过观察探索活动，感知光和影子的关系。
2. 探索光的远近、角度等对影子变化的影响。
3. 对光影现象感兴趣，激发探究欲望。

【活动准备】

布置好的暗室、手电筒、白色投影墙1块、不同动物玩具、不同形态的影子提示卡、记录表。

【活动操作过程】

1. 幼儿自主选择小动物玩具及手电筒，在布置好的暗室里，通过手电筒将小动物玩具照射到白色投影墙上，观察发现动物有了影子，感知影子的形成与光的关系。

2. 观察动物影子的变化：用手电筒从上面、侧面、前面、后面照射动物观察影子变化，记录在记录表上。

3. 幼儿任意选择一个动物玩具，根据不同形态的影子提示卡的要求，在白色墙面上呈现动物玩具影子的不同形态，如变大的小兔、变瘦的小狗等。

4. 根据游戏难度需要可增加两人合作的游戏。如两人可选取同一张提示卡，按照提示卡的要求进行影子投射，看哪组最先完成。

【教师观察重点】

1. 幼儿在操作过程中能否知道手电筒、投影墙与小动物的位置关系，并且成功地制造出小动物的影子。

---

① 张敏．科学区幼儿深度学习的教师支持策略研究——以L园中班为例[D]．湖南师范大学，2021：62.
② 李洁．大班科学区域活动中幼儿深度学习的研究[D]．山东师范大学，2020：50-51.

2. 幼儿能否从不同的角度去观察影子,并且将观察到的结果记录下来。

3. 幼儿能否在理解提示卡的前提下,通过操作来呈现不同形态的影子。

4. 幼儿能否与同伴进行合作,并且愿意开展科学游戏。

思考与实训

参考答案

一、单选题

1.《纲要》强调要"提供丰富的可_____的材料,为每个幼儿都能运用多种感官、多种方式进行探索提供活动的条件"。(　　)

    A. 制作　　　　　　　　B. 替换　　　　　　　C. 操作　　　　　　　D. 游戏

2. 关于科探区的说法,下面哪一项是错误的?(　　)

    A. 材料要精心选择,灵活调整　　　　　　　B. 避免放置与集体教学内容重复的材料

    C. 要根据儿童年龄放置材料　　　　　　　　D. 要根据儿童的兴趣放置材料

3. 材料投放一般要遵守适宜性原则。这项原则的内涵涉及哪些方面?(　　)

    A. 方法适宜和难度适宜　　　　　　　　　　B. 方法适宜和性质适宜

    C. 年龄适宜和难度适宜　　　　　　　　　　D. 年龄适宜和性质适宜

4. 教师在科探区投放了一套垃圾分类卡片,属于哪个范畴的学习?(　　)

    A. 生命科学　　　　　　　B. 物质科学　　　　　　C. 地球与空间科学　　　D. 科技与社会

5. 科学区根据活动内容的来源,可以分为哪些类型?(　　)

    A. 与主题活动相关的科探区、与集体教学相关的科探区、日常科探区

    B. 与主题活动相关的科探区、与集体教学相关的科探区、游戏科探区

    C. 与主题活动相关的科探区、运动科探区、日常科探区

    D. 自主科探区、与集体教学相关的科探区、日常科探区

二、简答题

1. 简述科探区材料投放原则。

2. 简述科探区活动的教师指导策略。

三、实训题

    请结合本节学习内容,选择特定的年龄段,在幼儿园科学教育内容中选择合适的主题,通过小组讨论为该年龄段选择合适的材料,并且讨论这些材料对于幼儿发展有哪些帮助,教师在指导幼儿与这些材料进行互动时的观察要点和指导要点是什么。

任务 3
科学游戏的设计与指导

任务目标

1. 理解学前儿童科学游戏的基本概念、本质特点及教育价值。
2. 了解科学游戏的目标和基本类型,并在此基础上掌握设计科学游戏的原则与方法。
3. 掌握并运用学前儿童科学游戏的指导策略。

任务思考

> 今天,李老师和孩子们一起通过光影原理使用镜子在墙上制作光斑。当孩子们成功做出光斑时,兴奋地大喊起来。有的还想用手去抓同伴制作的光斑,大家玩得不亦乐乎!活动结束后,有个幼儿走到老师跟前说:"这个游戏真好玩!"李老师听了,有点困惑。今天这个活动明明是集体教学活动,怎么变成了游戏呢?一番思考后,李老师认为那个孩子说得没错,这个活动的确满足了游戏活动的特点。那么,这个活动到底是游戏,还是实验?能否既是游戏,又是实验呢?
>
> 另外,李老师想到《幼儿园工作规程》中明确了游戏在幼儿园教育中的地位,并将"以游戏为基本活动,寓教育于各项活动中"专门列为幼儿园教育的重要指导原则,指出"游戏是幼儿全面发展的重要形式"。

学习本节任务后,尝试回答以下问题:
1. 幼儿园科学教育中如何贯彻该指导原则呢?
2. 科学游戏和一般的科学探究活动有何联系与区别呢?
3. 除了光影游戏,还可以设计哪些科学游戏呢?

任务支持

一、科学游戏的理论概述

科学游戏是科学教育的一种组织方法,既可用于集体教学活动,也可应用于区域活动或一日生活之中。鉴于科学游戏多于区域活动开展,因此本书将科学游戏归于区域活动模块,但将二者分开论述,因为科学区域活动突出环境创设与教师指导,科学游戏侧重分析科学教育活动中的游戏因素,所涉及的教育活动类型更加广泛。

(一) 科学游戏的基本概念

学前儿童的科学游戏指在教师的组织指导下,运用一定的材料,对幼儿进行以科学教育为目的的有规则的游戏①。教师可运用的物品材料既包括自然材料,如水、石、沙、土、竹、木、树叶、贝壳等,也包括科技产品和玩具以及图片、实物等。事实上,我国古代就有利用自然物质材料进行科学游戏的现象,如用小葱吹葱笛,冬天玩冰②。

(二) 科学游戏的本质与特点

1. 科学是有规则的游戏

谢尔曼提出了著名的"科学游戏论",将科学视为一种有规则的游戏。他认为应该而且能够将科学方法用于人类生活,并将其变成好玩的游戏。游戏是幼儿最喜爱的活动,也是幼儿探究、认识世界,实现身心全面发展的基本活动。因此,教师与家长应该尝试把科学活动变成好玩的游戏,让幼儿像"玩游戏"一样"玩科学",自然地理解、内化活动中的经验知识,掌握科学的思维方式和态度,并且感受科学的乐趣。

2. 科学游戏与科学探究活动

科学游戏和其他形式的科学探究活动一样都是儿童学科学的活动,两者既有相关,又有不同,详见表 3-3-1。

表 3-3-1　科学游戏与科学探究活动的比较③

比较	科学游戏	科学探究活动
不同	在过程中体现问题、任务或目的	有明确的问题、任务或目的
	重复性操作为主,旨在认识重复游戏中所伴随的科学现象	尝试性操作为主,旨在探索科学现象之间的关系或解决问题
	不强求知识性的结果,而更重游戏体验	结果通常是新发现,掌握新知识
相同	1. 都是儿童和物质材料直接的相互作用过程,是儿童主动的活动; 2. 都会体现出一定的科学现象,蕴含一定的科学原理; 3. 两者可相互转化:科学游戏可能引发有目的的探索,科学探索可能会演化成游戏	

三、科学游戏的设计

(一) 科学游戏的目标设计

1. 科学游戏的知识、能力和情感目标

科学游戏的结构性较低,幼儿的自主性较强,但是游戏中还是蕴含着一定的目标,引导着教师组织游戏过程,并在过程中指导幼儿获得更丰富的科学经验。科学游戏的目标也可从知识经验、情感、能力三个维度划分(表 3-3-2)。

表 3-3-2　学前儿童科学游戏的三维目标④

知识经验目标	情感目标	能力目标
1. 丰富知识经验,扩大认知范围 2. 在科学游戏的探究中认识周围的事物,以及不同事物间的联系和一些周围的自然现象	1. 喜欢科学游戏,在游戏中激发好奇心、探究欲及对自然的热爱 2. 愿意遵守规则,与同伴友好合作,共同完成游戏 3. 能够面对,并坚持克服困难	1. 根据指令完成科学游戏,培养幼儿初步的探究能力 2. 通过科学游戏引导幼儿善于观察、发现、思考大自然和身边的一些现象 3. 培养幼儿的动手操作、交流表达、社会交往能力 4. 发展幼儿的创造能力

---

①③ 贾洪亮. 学前儿童科学教育[M]. 2 版. 上海:复旦大学出版社,2016:119.

② 施燕. 幼儿科学教育与活动指导[M]. 上海:华东师范大学出版社,2014:71.

④ 王潇. 学前儿童科学教育活动设计与指导[M]. 北京:机械工业出版社,2017:67.

2. 各年龄段科学游戏的活动目标与特点

科学游戏一般由目标、过程、规则和结果四个部分组成,不同年龄段幼儿的科学游戏有不同的要求。

(1)小班科学游戏的活动目标与特点

① 主要训练感官、记忆力、观察力、简单分类及初步的语言能力。

② 小班幼儿以动作思维为主,且注意力集中时间短。因此,设计游戏时一般提供可操作的材料,并允许幼儿按照自己喜欢的方式摆弄材料,反复操作,有时可不完全按照游戏规则进行操作。同时,更加强调任务的情境化和操作的趣味化。

③ 小班幼儿理解能力和操作能力不足,因此,科学游戏的任务、指令要简单明确,游戏规则应直接简单。一个游戏一般只涉及一个任务。同时,允许幼儿反复操作,采用大量的常规性的操作,不强求创造性的操作。

④ 小班幼儿更多进行独自游戏和平行游戏。此时大部分幼儿的合作能力不足,一般以个人游戏或个体操作为主;但是喜欢和同伴一起玩,游戏行为上经常表现趋从性和模仿性,因此应提供幼儿共同游戏的空间,使其有机会观察同伴,模仿同伴的游戏行为。

> 例如:小班的"找影子"游戏只需幼儿在幼儿园找到影子即可,规则简单、易懂。游戏在户外开展,幼儿可以相互观察与模仿,获得更多乐趣。"浮与沉"游戏中,提供火锅店的漏勺,让幼儿将浮起来的物品捞出来。材料和操作方法都比较有趣,能够吸引幼儿。

(2)中班科学游戏的活动目标与特点

① 主要发展幼儿能够主动关注周围事物与有序观察事物的能力,旨在帮助幼儿正确认识各种事物的特性,感受事物间的相互关系和作用,体会物体的空间关系,等等。

② 中班幼儿以联合游戏为主,在游戏中逐渐熟悉与人交往合作的方法,开始形成自己的游戏小组,拥有游戏伙伴,在游戏中的坚持性和合作性开始加强。因此,可以进行小组合作的游戏。

③ 中班幼儿能够遵守一定的规则,自主性有所发展,但是科学游戏主题不是非常稳定。因此,可以设计规则游戏,但是给幼儿一些自主空间,安排部分的情节和内容,使其尝试自己解决问题。

④ 中班幼儿操作能力显著提高,并有一定的创造意识,不再满足于常规的玩法,而是尝试新玩法。因此,要多设计一些动手又动脑的游戏,发展幼儿有意识地思考、探索的能力,培养他们能够使用更加完整的语言进行表达沟通的能力和制作简单工具的能力。同时,提供更丰富的游戏材料,满足他们积极主动调动生活经验,不断尝试方法进行游戏探索的需求[①]。

> 例如:中班的"香槟塔"游戏中,幼儿使用教师提供的一次性纸杯搭建香槟塔,并比比哪组搭得高。游戏中,幼儿不仅通过直接操作掌握了塔稳固的奥秘——底部整齐、面积大,而且还想到了让塔更漂亮的方法,发现了不同的搭法。有的还想到了搭建一些著名的塔,比如东方明珠电视塔。

(3)大班科学游戏的活动目标与特点

① 重点在于扩大幼儿的知识面,丰富幼儿的亲身体验,培养幼儿的动手能力,使其认识物体的特征并能区别物体之间的异同,获得相关的科学经验,发展幼儿的探索能力和思维能力。

② 大班幼儿合作意识和能力都有所发展,以合作性游戏为主,因此,可以给予幼儿更多的自主性,让其自己建立小组并且在成人支持下协商确定游戏计划和活动方案,共同完成任务。

③ 大班幼儿自我意识明显发展,各方面能力增强,具有初步的逻辑思维能力和不断提高的创造能力。同时,对于事物的特征以及事物之间的关系有了一定了解。因此,在游戏中,提供给他们在逻辑思

---

① 施燕,陈颂.学前儿童科学教育活动设计与指导[M].上海:上海交通大学出版社,2019:78-81.

考的基础上主动探究、创造性解决问题的机会。另外,也可以提高游戏的挑战性,让幼儿在不断的尝试中培养意志力和不怕失败的科学精神。

例如:大班的"吹泡泡"游戏中,幼儿分为两组,每组每轮出一人,使用不同的工具吹泡泡,比一比谁的泡泡吹得大,吹得多。随着游戏经验的积累,幼儿开始不满足于使用教师提供的材料,他们根据自己喜欢的材料和兴趣建立了小组,一起讨论如何制作吹泡泡工具。孩子们的想象能力非常棒,想到了很多有意思的方法,如在塑料片上打孔,一次吹出几个泡泡;把吸管接起来,看看长长的吸管是不是能吹出更大的泡泡,逐渐发展为一场"花样泡泡秀"。

(二) 科学游戏的类型

1. 感知游戏

感知游戏是幼儿通过感觉器官感知物体而开展的游戏,旨在发展幼儿感知能力及对物体特征的认知。根据感知方式又可细分为视觉游戏、听觉游戏、触摸觉游戏等。

例如:神秘摸箱。在四面封闭的纸箱上方开洞,里面放入水果。幼儿通过用手触摸判断里面的水果是什么。这是典型的触摸觉游戏。当然,摸箱里可以放入更多类型的物品让幼儿触摸,如生活用品、玩具等,通过更新材料让幼儿增加新的游戏经验与科学认知。

随着科学技术的发展,现在还出现了多媒体互动游戏,这是一种利用多媒体软件进行科学活动的游戏。在游戏中,儿童通过操作软件与界面进行互动从而学习科学[1]。譬如:一些幼儿园引进多媒体互动墙,让幼儿通过直接操作来体验科技。这些新技术的确向幼儿提供了更丰富直接的科技经验,但须注意幼儿园科学教育的基本目标依然是鼓励幼儿多与自然互动,在自然的环境中获得感知经验,在实际教学中需要注意不同活动内容的比例。

2. 操作游戏

操作游戏是幼儿在遵循一定规则的前提下,通过操作材料或玩科学玩教具来获得科学经验和技术能力的游戏。操作游戏多以个人游戏的形式开展,经常运用于幼儿园科探区,强调幼儿在自由操作中直接感知相关的科学经验。

例如:"磁铁迷宫"游戏(图 3-3-1)中,幼儿在游戏卡上方摆放动物铁片,在卡纸对应下方放上磁铁。幼儿通过移动下方磁铁让动物从卡纸"终点"逐步走出迷宫,到达"出口"。

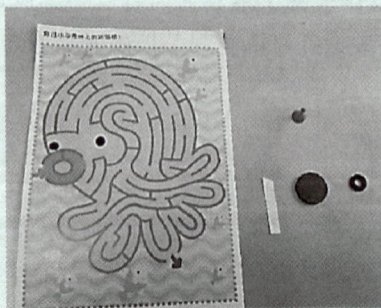

图 3-3-1 磁铁迷宫

① 施燕,陈颂.学前儿童科学教育活动设计与指导[M].上海:上海交通大学出版社,2019:77.

操作游戏还可以包括幼儿操作技术玩具而开展的游戏。这种游戏将玩和科学探究结合起来,以帮助幼儿获得相关科学经验,主要涉及与电、声音、力、磁等相关的玩具。

拓展阅读

常见的科技玩具及其在科学教育中的运用

例如:幼儿使用"编程老鼠"不仅可感知技术的力量,且通过设置"前进、后退、向左、向右"四个方向的按键帮助小老鼠到达目的地。过程中,幼儿还能够获得关于空间的理解。

3. 益智游戏

幼儿运用科学知识的游戏,通常以智力题的形式出现。益智游戏类型丰富,有时候也被投放在科探区。根据操作目的,又可细分为如下六种。

(1)分类游戏:将一组材料按颜色、大小、数量等属性进行分组,如垃圾分类(图3-3-2)。

(2)排序游戏,亦称接龙游戏:①根据材料的某一特征(大小、粗细、轻重、厚薄等)的差异有序排列材料,如幼儿将捡拾的树叶按照颜色深浅排序,按照特定规律给花瓣和树叶排序(图3-3-3);②根据事物或现象的发展顺序排列,如按照生物的"食物链"(摄食关系)来接龙。

(3)配对游戏:根据事物间的关系进行匹配,可分为整体与部分的关系、从属关系、同类关系、相似关系等。如:"喂喂我的小动物"游戏中,两名幼儿共同参与。一名手持小动物卡,另一名手持食物卡。第一名幼儿出示任意一张动物卡时,同伴要快速找到相应的食物卡与之匹配。

(4)拼图游戏:把整幅图片分割成若干部分,游戏时将部分拼成整体(图3-3-4)。

图3-3-2　垃圾分类游戏　　　图3-3-3　自然物排序游戏　　　图3-3-4　"我的身体"拼图

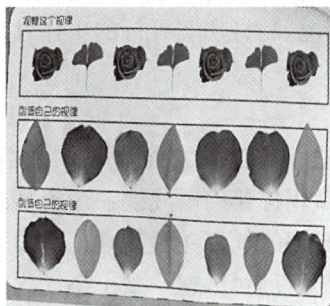

(5)找错游戏:在特定画面上有意出现一些违反科学性的错误,让幼儿通过观察思考找出错误,并纠正错误。比如:过马路的图中故意漏画汽车轮子;生活场景图中,水壶没有壶嘴;小农庄中,小兔长了一条细细长长的尾巴;等等。

(6)棋类游戏:教师可购买现成的富含科学知识的棋类玩具(图3-3-5),也可根据科学教育的内容自制棋类。比如:自制"环保棋"游戏中,2~4名幼儿轮流掷骰子,从起点出发,掷到几就走几步。为增加趣味性,可在棋盘上设置一些有特殊含义的带图格子,且按图示跳跃、停止或后退(如利用废纸,具有环保意识,向前跳跃4格),最先达到终点为胜①。

图3-3-5　垃圾分类飞行棋

4. 情境游戏

教师根据科学教育的要求,创设有趣的情境,让幼儿观察思考,并运用已有的知识经验反映他们对事物的认识,处理特定情境下的问题。例如:"工具"游戏中,教师自制转盘,画有若干场景(厨房、卧室、教室等)。幼儿转动转盘,停下时指针指哪个空间,幼儿就要说出该场景中

---

① 贾洪亮.学前儿童科学教育[M].2版.上海:复旦大学出版社,2016:121.

可能使用哪些工具,有什么用。

5. 运动游戏

这是一种寓科学教育于身体活动的游戏,多在户外开展。幼儿通过动作直接感知,加深对事物及科学现象的因果关系的理解。例如:"玩风车"游戏中,幼儿拿着风车边跑边玩,直接感受自己奔跑速度与风车转速之间的关系。又如,组织幼儿模仿蜜蜂的"舞蹈",并传达信息(图3-3-6)。

6. 竞赛游戏

这是一种通过竞赛判别输赢的游戏,更加适合在中、大班开展,以满足他们日益增长的求知欲和好胜心。常见的类型有科学知识问答、棋类游戏等。例如:学习垃圾分类后,教师设计了垃圾分类知识大比拼,全班同学分成四个小组,进行问答比赛。

图 3-3-6　模仿蜜蜂传递信息

此外,科学游戏还可根据内容范畴,分为物理类游戏、天文类游戏、地理类游戏、生物类游戏等。需说明,各类科学游戏并非相互排斥、界限分明,很多情况下,一个游戏可能同属于两种类型。因此,不要受限于理论分类,应大胆地、创造性地设计,让幼儿在科学游戏中学好科学。比如:棋类游戏是常见的益智类游戏,但设置了竞赛目标,也可属于竞赛游戏;"拍球计数"既属于运动游戏,也带有竞赛性质。

(三) 科学游戏的组织过程

《纲要》指出:"教育活动的组织与实施过程是教师创造性地开展工作的过程。教师要从本地、本园的条件出发,结合本班幼儿的实际情况,制订切实可行的工作计划并灵活地执行。"科学游戏活动一般可以按照下面过程实施组织[①]。

1. 营造游戏氛围

游戏正式开始前,应营造轻松、适宜的心理氛围,同时采用各种方法吸引幼儿的兴趣和注意力。比如,光影游戏前,教师拉上窗帘,关灯,用神秘的语气说:"今天从森林王国来了几个神秘的小动物。大家要认真看,仔细想,猜猜它们是谁。"神秘的气氛让幼儿立刻安静下来,激起了参与游戏的兴趣,充满期盼地看着老师想要游戏。说完,老师打开投射灯,逐一拿出小动物剪纸,将它们的影子投射在墙面。

2. 理解游戏规则

理解游戏的玩法和规则是发挥科学游戏教育作用的基础。不理解游戏的玩法或不遵守规则,幼儿可能无法在游戏中获得科学认知。例如:"闻水果"游戏要求幼儿闭眼睛,用鼻子闻,猜出水果名称,目的是发展幼儿用嗅觉了解物体的能力。如果幼儿不遵守规则,睁眼参与游戏,那么游戏目标无法达成。因此,应根据具体的科学内容和幼儿实际的倾听理解水平,在开展游戏前用幼儿能够理解的语言清楚介绍游戏的玩法和规则;如有需要,可边讲解边演示。在确认幼儿理解这些规则后,再开始正式的游戏活动,使游戏顺利进行。

3. 开展游戏过程

游戏过程中,游戏的主体虽是幼儿,但是教师在游戏中具有显性的影响作用。教师在游戏中具有多重角色,不仅是游戏的组织者,也是游戏的合作者、观察者和支持者。游戏开始后,教师的主要职责是观察,尤其要关注幼儿在游戏中的操作行为。当出现游戏停顿、玩不下去,或玩法单一时,可以伙伴身份与幼儿共同游戏,给予启发性的提问或建议;关注幼儿在游戏中的表现,根据幼儿的不同需要提供适时、适当、适量的帮助,推动游戏进行,提高游戏质量。切勿只顾游戏,忘却指导,或急于求成,包办代替。

需特别说明,幼儿经常在科学游戏中获得游戏目标之外的一些发现。很多教师视此为"意外",担心影响科学游戏;事实上,这是科学教育实践中的正常现象,尤其是在游戏这种高自主性、低结构化的活动中。教师要珍视这些"意外",如与当下游戏内容相关,可在游戏中和幼儿讨论学习;如与当下游戏相关性不大,但属于科学教育内容,可在游戏结束后,利用其他时间和幼儿继续探究。切记不能对幼儿的发

---

① 夏力.学前儿童科学教育活动指导[M].3版.上海:复旦大学出版社,2014:151.

现视而不见。

4. 评价游戏活动

游戏结束后要对游戏活动进行评价。从教学价值看，游戏的评价更像科探活动的交流分享，主要目的不是判断游戏结果的"成功"和"失败"，而是让幼儿通过积极充分地分享游戏经验和游戏中的发现，有效提升他们的科学经验、科学认知及全面发展。

评价主体应多样化，包括幼儿的自我评价、同伴评价、教师评价，也可结合多种方式评价。评价的对象可以是幼儿个体、小组或集体。评价的内容也很丰富，可涵盖多方面：①幼儿参与游戏的情绪情感；②幼儿执行游戏规则的情况；③幼儿在游戏过程中的交往和社会性发展；④幼儿在游戏中的探索行为，如新玩法、新创意等；⑤幼儿在游戏中的发现与问题，尤其关注所获得的相关科学经验等。在上述评价的基础上，多肯定幼儿积极的游戏行为和发现，对游戏活动的质量予以鼓励。此外，注意进一步提出深入发展游戏的新要求，激发幼儿在游戏中的新需要、新任务，思考新玩法，利用科学游戏不断促进幼儿在"玩"中学科学。

三、科学游戏的指导要点

（一）了解游戏的隐藏目标，兼顾幼儿的科学体验

科学游戏是低结构化活动，设计游戏时虽也考量活动目标，但并不需要订立严格的游戏目标。科学游戏的目标不仅强调科学经验与认知，也强调幼儿在游戏过程中是否获得愉悦、是否感受到游戏过程中与同伴合作的意义、是否发现科学学习的乐趣等。因此，科学游戏一般要求教师心中明确每个游戏所隐含的科学教育价值与目标，即考虑幼儿通过游戏能够获得哪些科学经验或认知，并且在隐藏的目标的引领下通过投放材料、观察指导带领幼儿逐步达成游戏目标。

> 例如："看脚识动物"游戏中，幼儿通过观察游戏卡上动物脚部的照片以及脚的细节，由局部判断整体，猜出动物的名称。游戏中隐含了认识各种常见动物的知识，包括它们的外形特点和名称，但是这些知识目标不是通过说教直接传达给幼儿，而是在愉快的游戏情境中得以复习和巩固。当有幼儿猜错时，同伴间会相互帮忙；当有幼儿故意说错答案时，同伴间还会相互打趣大笑……这些情感、情绪和体验都是游戏中隐含的非科学知识的目标。

（二）利用游戏的材料投放，引导幼儿的科学发现

科学游戏中的游戏材料要求与科探区活动中的材料要求非常相近。一方面，从活动目标的达成上看，要求有利于幼儿操作，并通过操作实现隐藏在材料中的目标；另一方面，从材料本身看，要求易于收集准备，便于收纳整理，最好可反复使用，且经济实惠，以最少的物力和人力投入获得最好的效果。

科学游戏中，还可利用自然物为材料，也可利用废旧物品自制游戏材料。这些材料不仅丰富了幼儿的游戏内容和经验，而且减轻了教师专门准备材料的压力。比如："摸箱"游戏中，除在箱中投放水果、生活用品外，教师还可将幼儿户外捡拾的自然物放入箱中，既发展幼儿的观察力，又让幼儿加深了解自然物的特征。

正式投放材料前，应亲自使用相关材料进行游戏，确定材料是否适合幼儿的水平，以及通过操作该材料能否直指教育目标。要排除不适合的材料及对幼儿科学经验的形成存在干扰的材料。例如，设计"物体下落"的游戏时，教师一开始选择纸盒和积木作为材料。但通过亲自操作，教师发现两种物体虽然重量不同，但同一高度下落的速度基本相同，幼儿很难发现其差异，这就可能干扰幼儿形成物体重量会影响下落速度的经验。于是，教师用方形积塑代替了纸盒。再次尝试，方形积塑与积木的下落速度明显

不同,可正式投放游戏中①。

(三) 介绍游戏的玩法规则,助力幼儿的科学操作

幼儿园的科学游戏基本都是有规则的游戏。科学游戏规则应该简单、易懂,既要保障游戏的顺利开展并达成游戏目标,又要关注幼儿的安全健康和社会性发展。因此,游戏开始前,须用幼儿"听得懂、能理解"的语言介绍规则。只有在充分理解游戏规则的前提下,幼儿才能够与材料进行有效互动,达成游戏中隐藏的科学学习目标。常用的介绍策略包括:

(1) 介绍完规则后,提问幼儿或请幼儿复述来确认幼儿是否理解规则;

(2) 如果规则略复杂或通过观察发现部分幼儿可能未掌握游戏规则,则可以通过重复规则或直接演示、举例说明等方式帮助幼儿理解;

(3) 对于幼儿需要反复操作的游戏,如科探区的科学游戏,可将游戏规则的要点通过图片、照片、幼儿能够理解的符号等方式进行表征,并且利用展示墙等介绍。

任务回应

案例分析 ——是集体教学,也是游戏

《幼儿园工作规程》中明确了游戏在幼儿园教育中的地位,并将"以游戏为基本活动,寓教育于各项活动中"专门列为幼儿园教育的重要指导原则,指出"游戏是幼儿全面发展的重要形式"。这一规定明确了在幼儿园教育活动(包括科学教育活动)中以游戏为活动形式的可能性与必要性。

事实上,游戏就是科学教育的重要实施形式。游戏与科学探究在很多方面有着天然的一致性,比如两者都需要环境与材料作为物质基础,都强调幼儿在活动过程中的自主性,最后幼儿都能在与环境材料的互动中获得认知与情感上的发展等。因此,无论是通过科学游戏,还是通过探究的方式学习科学,活动的目标都具有一致性,即幼儿在操作或探究中获得科学经验与认知。

无论哪一项科学教育的内容,无论哪种科学教育实施的途径,无论哪个年龄班的幼儿,都可以通过开展科学游戏的形式实现科学教育。观察型活动可以成为游戏,实验型活动也可以成为游戏;物质科学可以成为游戏,生命科学也可以成为游戏;小班幼儿可以边游戏边学科学,中、大班幼儿也可以在游戏中学习科学。尤其是诸如实验型活动、区域活动等这类更加强调幼儿的操作和自主性的科学教育活动,经常成为教师与幼儿口中的"游戏"。

由此可见,游戏与集体教学并不相互排斥;相反,集体教学活动的设计完全可以采用游戏的方式来进行。比如:经典的科学实验"浮与沉"中,老师会和孩子们说:"今天我们一起来玩一个游戏。看看谁能找出会浮在水上的材料。"当老师向幼儿提供新材料,鼓励他们进行新的操作与探究时,会说:"让我们再来玩一次,看看这次又有什么新发现。"

| 思考与实训 |

一、单选题

1. 在幼儿园的哪些科学教育活动中可能看到科学游戏?(　　　)

　　A. 集体教学活动　　　B. 一日生活活动　　　C. 区域活动　　　D. 以上都是

① 王潇. 学前儿童科学教育活动设计与指导[M]. 北京:机械工业出版社,2017:69.

2. 提出了"科学游戏论"的是（　　）。
　　A. 爱因斯坦　　　　　　B. 谢尔曼　　　　　　C. 霍金　　　　　　D. 费曼

3. 科学游戏与科学探究活动的差异有哪些？（　　）
　　A. 科学游戏在过程中体现问题、任务或目的；科学探究活动一般带有明确的问题、任务或目的
　　B. 科学游戏以重复性操作为主，旨在重复游戏中所伴随的科学现象；科学探究活动以尝试性操作为主，旨在探索科学现象之间的关系或解决问题
　　C. 科学游戏不强求知识性的结果，而更看重游戏体验；科学探究活动的结果通常是新发现，掌握新知识
　　D. 以上都是

4. 摸箱游戏属于下列哪种科学游戏？（　　）
　　A. 感知游戏　　　　　　B. 操作游戏　　　　　　C. 情境游戏　　　　　　D. 运动游戏

5. "玩风车"游戏属于下列哪种科学游戏？（　　）
　　A. 感知游戏　　　　　　B. 操作游戏　　　　　　C. 情境游戏　　　　　　D. 运动游戏

6. 教师自制的"环保棋"属于下列哪种科学游戏？（　　）
　　A. 感知游戏　　　　　　B. 益智游戏　　　　　　C. 情境游戏　　　　　　D. 运动游戏

二、简答题
1. 科学游戏的教育价值有哪些？
2. 请列举科学游戏的设计原则。
3. 评价是科学游戏中的重要环节，请至少说出四项评价内容。

三、实训题
1. 请收集一份科学游戏的活动设计方案，并基于该游戏面对的幼儿年龄特点，从游戏目标、游戏准备、游戏玩法和游戏规则四个方面进行评价。
2. 请选择一个年龄段，以"声音"为探究内容设计一次科学游戏活动。活动内容包括游戏目标、游戏准备、游戏玩法和游戏规则。

模块小结

　　区域活动是幼儿园教育活动的主要途径之一,也是幼儿园教育的特色。事实上,幼儿园科学教育渗透在许多的区域活动之中。当然,幼儿园中还有专门的或者以科学教育为主要目的的区域。其中,自然角和科探区就是最为常见的两个场域。在与自然角的直接接触与互动中,幼儿能够获得对于生命的理解,在喜欢自然的情感中萌发对于生命的赞美与珍惜。

　　科学探索区作为幼儿园班级活动区重要的组成部分,以其丰富的探究内容与材料、安全的探究环境与氛围,引导幼儿自主选择材料,自由结伴,采用个别化、操作性的活动方式去探究科学常识,通过参与科学探索活动来获取直接经验,充分拓展了幼儿的科学兴趣,培养了幼儿对科学的热爱。教师应该充分利用科探区的环境与材料,让幼儿在自主操作活动中发现问题、思考问题、解决问题,并且获得更多个体学习的经验。科探区是对于集体科学教学活动的有益补充,二者有效协同,可使科学教育活动"松弛有度"。

　　最后,职前教师也要特别关注科学游戏的设计、组织与指导,因为游戏是幼儿园的基本活动,也是真正实现"做中学"和"玩中学"的重要途径。设计一次科学活动并非难事,但是如何以生动、有趣的游戏形式让幼儿真正体验到科学的乐趣,却是个挑战,这一挑战的应对与突破,也是促进教师专业成长与发展的好机会。

模块四

日常生活中的科学教育

生活活动是幼儿园课程的重要组成部分。但现实中,生活活动一般更加倾向于满足幼儿的生理需要,而忽视一日生活的每个环节所蕴含着的幼儿学习与发展的契机,包括科学学习的机会。生活活动中的科学教育是指将科学教育渗透于幼儿园一日生活中,包括散步、进餐、盥洗、采集等。生活活动中的科学教育具有随机性、渗透性和多样性的特点,能够帮助幼儿在学习掌握生活能力的同时也学习科学,积累大量相关的科学经验。比如:散步时发现小草在春天萌发,进餐时了解食物的营养,午睡时知道蒙头睡觉的危害,等等。

生活活动的内容非常丰富,很多活动都不是专门的科学教育活动;其中,科学教育特征比较突出的生活活动包括天气预报活动和散步采集活动。本质上,两者都是综合性教育活动,却蕴含着很多丰富的科学教育机会。上述活动中,学前儿童自由接触大自然,既有益身心、发展能力,又丰富经验;同时,还能有效优化幼儿园的课程实践和家园合作,为不少幼儿园建设具有特色的园本课程提供了机会。

《幼儿园工作规程》指出:"幼儿户外活动时间,每天不少于 2 小时。"幼儿对大自然和周围的环境有天然的好奇心。散步活动向幼儿提供机会,在教师带领下放松身心、交流互动,开展随机的、自然发生的科学教育。《指南》中提出要"经常带幼儿接触大自然,激发其好奇心与探究欲望。和幼儿一起发现周围新奇、有趣的事物或现象,一起寻找问题的答案"。散步活动虽占时不长,却是一日活动中的必要环节,还可与采集活动结合起来。散步采集活动是让幼儿回归自然的生动课堂。教师应挖掘其中的教育价值,丰富幼儿生活,促进身体发育的同时培养科学探究能力及态度,使之成为生活活动中重要的科学教育机会。

知识导航

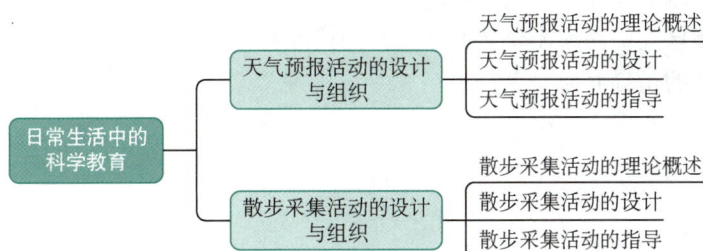

任务 1
天气预报活动的设计与组织

1. 了解天气预报活动的定义、特点、意义和目标。
2. 理解天气预报活动的设计方法。
3. 掌握天气预报活动的组织过程。

任务准备

今天,中班的李老师原本计划组织幼儿进行户外观察活动。不巧的是,他们刚到户外,阳光明媚的天气突然就变得阴沉沉的,没多久就下起雨来。这时,有的幼儿立即就往室内跑,有的幼儿则对这突如其来的雨表现出兴奋的状态,开心地喊起来。面对突变的天气,李老师不得不重新调整活动。她赶紧让孩子们回教室,并且调整了教学计划,和孩子们一起读起了森林动物园的故事。故事读到一半,李老师和孩子们就被外面的声音吸引了。他们发现,小班的王老师带着小朋友穿着雨衣、雨靴来到户外。他们有的在用小手接雨,有的用小桶接雨,还有的用脚踩雨,或者用小伞"转雨"。孩子们都开心地笑了。

这一幕让李老师产生了不少疑惑。于是,下课后,她赶紧去找王老师,问:"为什么下雨天还和孩子们出去呢?"王老师笑笑说:"这也是一种科学活动呀!这是与天气相关的科学探究活动,可以归为天气预报活动,目的是让幼儿获得与天气、气象相关的科学经验。"

完成本节学习任务后,尝试回答以下问题:
1. 如何理解天气预报活动?和其他的一些活动相比,有什么特点?
2. 幼儿园里可以组织哪些类型的天气预报活动?
3. 针对不同年龄班的幼儿,有哪些相关的活动目标?
4. 教师如何实施该类活动?需要准备什么?如何准备?
5. 天气预报活动的指导有何要点?

任务支持

一、天气预报活动的理论概述

(一) 天气预报活动的定义

天气预报就是应用大气变化的规律,根据当前及近期的天气形势,对未来一定时期内的天气状况进行预测。天气预报活动指的是教师依据当前及近期的天气形势、天气变化所组织开展的幼儿科学教育活动。通过这项活动,能够让幼儿从中获得自然现象和气象等方面的科学经验,使得幼儿能体验到科学与日常生活的紧密关系。

(二)天气预报活动的特点

天气预报活动主要体现为以下三个特点。

第一,随机性。天气预报活动内容的选择往往是根据活动所在地的天气情况决定的,同一个季节中,不同地域的天气情况也会有所不同。这就要求教师能随时关注天气的变化,适时地调整活动内容的选择。比如:教师了解到本周会有月食发生,于是提前告知幼儿和家长,请家长带领幼儿一起观察这一难得的自然现象。

第二,生成性。幼儿的兴趣十分广泛,同时他们的关注点也比较发散。教师在设计、实施天气预报活动时,要从幼儿的角度出发,引导幼儿有目的地进行观察、探究,让幼儿在天气预报活动中构建起自己的认知结构,找到解决问题的方法。

第三,直接性。对幼儿来说,直接经验的运用比间接经验更能使其提起兴趣。这就要求教师了解幼儿已掌握的生活经验,利用能够直接体验或者让幼儿能反馈其直接经验的方法来组织天气预报活动。

例如:有幼儿在书上看到松果能够预报天气(图 4-1-1),便来问教师:"这是真的吗?"其他幼儿听到了,也觉得很神奇。于是,教师便在自然角的展示区投放了一些松果,然后组织幼儿进行了一段时间的观察和比较。最后,幼儿发现松果的鳞片完全打开时,一般空气比较干燥、天气晴朗。而当阴雨天即将来临时,空气中的湿度会变大,这时松果表面的鳞片向内收缩,叶子挺直。幼儿不禁感叹:我们真的可以根据松果的形态来判断下雨或天晴。该案例便源于幼儿生成的问题。在探究该问题时,教师利用了天气预报活动的直接性特点,让幼儿通过亲自观察松果获得直接经验,并且回答了自己的问题。

图 4-1-1 松果预报员

微课
天气预报活动的一则案例

(三)天气预报活动的意义

1. 满足幼儿的好奇心,培养幼儿感知天气的能力

好奇心是幼儿产生学习兴趣的开端,也是幼儿探究科学知识的基础。天气预报活动从一定程度上来说,就是源于幼儿在观察天气中产生的新发现;因为发现了新事物,从而让幼儿产生了好奇心,进而增加了幼儿探究这一新鲜事物的兴趣。幼儿最早的好奇就源于对自然现象的观察,其中天气的变化是幼儿每日能够直接感知的重要自然现象,尤其是对于今天的幼儿而言,他们与自然直接接触的机会并不多,天气变化也成为他们与自然接触的重要内容。

例如:在组织幼儿进行散步活动时,幼儿突然发现今天天空中的云的形状特别不一样,好像羽毛一样。于是,教师可以在幼儿提问的基础上组织相关的科学教育活动,让幼儿通过观察和记录知道云有不同的形态(图 4-1-2),而且其形态与天气状况息息相关。

图 4-1-2 幼儿记录的不同形态的云

通过开展上述天气预报活动,幼儿不仅能够满足自己对天气相关内容的好奇心,还能在教师有目的的科学教育活动中学会认识天气、感知天气,满足幼儿"亲近自然、喜欢探究"的科学教育目标。

2. 拓展幼儿探究的时间与空间,将天气探究融入幼儿生活中

天气的变化实时发生,并不受到空间和时间的限制,因此天气预报活动的实施方式也非常灵活,教师可以突破一般科学集体教学活动的限制。

例如:天气预报活动可以成为家园合作进行科学教育的重要主题。教师可以组织幼儿在家长的支持下,连续观察一月中月相的变化,了解月相变化的规律。幼儿园也可以组织幼儿去参观气象馆,让幼儿获得更丰富的天气探究的经验。由此可见,各种各样的天气预报活动可以拓宽幼儿探究的时间与空间,不仅延长了学习历程,也加大了探究学习的深度,把活动融入了幼儿的生活里。

3. 引导幼儿自主探究天气方面的知识,理解天气与社会、生活的关系

天气预报活动没有相对固定的学习内容和学习方式,幼儿可以不受教师给予的教学内容的限制,自己选择自己感兴趣的学习内容,并用自己喜欢的方式进行学习。与此同时,幼儿也可以在课外继续丰富关于天气方面的知识,按照自己的设想一步步地进行验证及反思。这一特点保证了天气预报活动中幼儿的自主性。幼儿在教师和家长的引导下,可以从中了解气象和人们生活之间的关系以及对人们生活的影响,学会根据天气情况做好相应的准备工作,从而提高生活质量。比如:幼儿通过学习"夏天与冬天",能够清楚表达两个季节的区别,而且知道在不同的季节有哪些正确保暖或降温的方法。

4. 使用各种探究的技能,形成幼儿良好的学习品质

天气预报活动虽然看似简单,但是通过天气预报活动,幼儿不仅能够了解日常的气象知识,学会测量、记录所观察到的天气情况,还能提高愿意仔细观察、善于分析思考、积极合作交流以及自我表达的良好学习品质与能力。

图 4-1-3 饼干月相图

例如:在观察月相活动中,幼儿坚持连续观察 30 天,并且在教师设计的表单上记录月亮的变化。完成记录后,教师组织幼儿展示自己的记录,并且通过交流总结出月相变化的规律。最后,教师请幼儿用自己喜欢吃的奶油夹心巧克力饼干将月相变化用兼具趣味性和创造性的方式表现出来,培养了幼儿的创造力(图 4-1-3)。

(四)天气预报活动的目标

1. 小班幼儿选择以观察为主的教学活动

小班的幼儿喜欢亲近大自然,对周围的事物和现象十分感兴趣,并且经常会提出各种问题。他们对感兴趣的事物通常会仔细观察,调动身体的各个器官去感知事物。基于这些特征,教师可以选择观察类的活动,让小班的幼儿能充分发挥自己的主观能动性,让自己能够完全地融入天气预报活动中。比如:春天,在户外进行观察,感知小草和绿植的生长,发现春季来到时周围的环境发生什么变化。又如:在秋冬交替时,观察周围的植物等。

2. 中班幼儿选择以调查为主的教学活动

中班的幼儿喜欢接触新鲜事物,常常手脑并用地探索新事物、新材料,他们会把观察到的事物或者

现象进行比较,根据结果提出问题。因此,依照中班幼儿的发展特点,教师可以在天气预报活动中增加更多的调查环节,可以包含测量、比较、记录等,培养中班幼儿积极思考的能力。比如:使用自制的集雨桶,测量、比较雨量的大小;记一记本月中有几天雨天、几天晴天。

3. 大班幼儿选择探究式的教学活动

大班幼儿对于自己感兴趣的事物喜欢深入思考,刨根究底。在遇到问题时,他们会通过自己动手动脑、寻求师长帮忙或者与同伴交流等多种方式来解决。因此,教师在组织大班的天气预报活动时,需要多引导幼儿挖掘现象背后所存在的原理,鼓励幼儿用自己的方法探索、研究问题,培养幼儿学会通过分析、验证、合作、交流等手段完成活动目标。当然,幼儿所提出的方法并不一定是合理的,此时,教师需要引导幼儿对失败部分进行反思以及重新制定解决方案。比如:大班幼儿通过小组合作的方式来调查二十四节气,包括节气的划分、天气特点,以及对于我们人类生活的影响和一些因此而形成的传统文化习俗(表 4-1-1)。

表 4-1-1 二十四节气调查表

调查人:　　　　　　　　　　　　　　　　日期:

| 我的生日(阳历):_____月_____日 |
| 离我生日最近的节气: |
| 这个节气的气候特点(画一画): |
| 相关习俗/文化(画一画): |

二、天气预报活动的设计

(一) 观察式天气预报活动

1. 观察式天气预报活动的对象

观察式活动的主要适用对象是幼儿园小班的幼儿,这个年龄段的幼儿对大自然比较感兴趣,喜欢接触大自然,对身边发生的天气现象很感兴趣,并且经常会提出许多问题。此时,通过观察式的天气预报活动,不仅能让幼儿提高对观察天气现象的兴趣,同时也能让幼儿了解各种天气的特征,感知天气的变化[①]。

2. 观察式天气预报活动的目标

观察式天气预报活动的目标是:培养幼儿热爱和亲近大自然的情感[②],使其通过对天气变化的感

拓展阅读

小班观察式
天气预报活动
案例 3 则

[①] 张俊.幼儿园科学教育[M].北京:人民教育出版社,2016:33.

[②] 张俊.幼儿园科学教育[M].北京:人民教育出版社,2016:257.

受,培养观察力和想象力,以及了解天气变化对动植物生长和人类的生活所产生的影响。

例如:一年四季,每个季节有各自的特点。春天,万物生长,春风拂面,让幼儿走出教室,在室外寻找春天的影子,如正在发芽的植物、迎面吹来的春风、天空中飞来飞去的小鸟、池塘里游来游去的小鱼都是孩子们观察与认识的好对象。夏天,天气炎热,幼儿可以去感受室外炽热的阳光(仅限于短时感知,切勿长时间在高温下进行活动,避免受伤害)。树上的蝉不停地鸣叫,蚊子总会在身边飞来飞去,人们穿的衣服变薄了。有时天空会突然"变脸",下起一场雷雨。秋天的时候,树上的叶子变黄了,慢慢地落到地上,天气开始慢慢变凉,幼儿又穿上了长衣长裤,种植角里的植物越长越大。冬天的时候,幼儿看到室外的大树已经变得"光秃秃"的,大家穿上了厚厚的衣服,小动物们都"躲"了起来。教师还可以组织幼儿将自己观察到的自然变化、天气状况以及周围环境的特征通过建构游戏或者其他形式来表征(图4-1-4)。

图4-1-4　表征春暖鸟归巢

(二)调查式天气预报活动

1.调查式天气预报活动的对象

拓展阅读

中班调查式天气预报活动案例1则

调查式活动的主要适用对象是幼儿园中班幼儿,这个年龄段的幼儿不仅喜欢动手尝试新鲜事物,当遇到他们感兴趣的事物和现象时,他们还会进行观察比较,并提出问题,在老师和家长的引导下完成简单的调查收集与记录工作。通过调查式的天气预报活动,中班幼儿在锻炼观察力的基础上,增强收集信息的能力,对观察到的事物和现象可以进行比较与思考,同时能学会用简单的图画或者符号来记录所观察的内容。

2.调查式天气预报活动的目标

调查式天气预报活动的目标是:培养幼儿敏锐的观察能力,让幼儿了解一些简单的天气现象;帮助幼儿认识一些常用的天气预报标志;鼓励幼儿学会用绘画的方式记录所见所闻;让幼儿学习表达自己的想法和见解。

例如:一年中,每个季节的天气现象是不尽相同的。春天的时候,南方地区春雨绵绵,而北方地区天气干燥,有时还会有沙尘暴。夏天的时候,南方地区潮湿多雷雨,而北方地区多炎热干燥。秋天的时候,大部分地区秋高气爽,有时会出现大雾和重霜,而江南地区则可能出现大风大雨。冬天的时候,北方大部分地区都会刮大风和下大雪,南方部分地区偶尔也会下雪。教师根据不同的季节和不同的天气来设计天气预报活动,活动中可以将各种气象标识制作成卡片给幼儿展示,让幼儿按照活动当天的天气选择相应的气象标识;也可让幼儿按照自己的观察和想象来创作天气标识,并展示出来。

(三)探究式天气预报活动

1.探究式天气预报活动的意图

拓展阅读

大班探究式天气预报活动案例2则

探究,是指在学习情境中通过观察、阅读,发现问题,搜集数据,形成解释,获得答案并进行交流、检验和探究性学习。《指南》中提到,"幼儿科学学习的核心是激发探究兴趣,体验探究过程,发展初步的探究能力"[1]。探究式活动主要适用对象是幼儿园大班幼儿,这一年龄段的幼儿对感兴趣的问题总喜欢

---

① 中华人民共和国教育部.3～6岁儿童学习与发展指南[M].北京:首都师范大学出版社,2012:43.

"打破砂锅问到底",会自己动手动脑寻找问题答案,当探究中有所收获时会感到兴奋和满足。探究式天气预报活动,能让幼儿了解天气预报和人们生活之间紧密的联系,让幼儿感知和认识天气变化的规律。探究式天气预报活动还能促进幼儿相互交流、相互合作,培养幼儿的语言表达以及合作交流能力。

　　2. 探究式天气预报活动的目标

　　探究式天气预报活动的目标是:鼓励幼儿多了解获取天气预报的方法与途径;培养幼儿学会用数字、图画、图表或者其他符号记录探究过程,并能用语言完整地表述出来;培养幼儿与同伴互相交流、合作的能力,让幼儿体验分享的快乐;引导幼儿感知天气预报与人们生活之间的紧密联系。

　　例如:在春天,组织"春天来了"的主题探究式天气预报活动。首先,分别以"春天有哪些变化""春天的动物""春天的植物"三个问题组织幼儿观察天气、观察周围的事物与现象。同时,利用散步活动鼓励家长带着幼儿一同踏青游玩,让幼儿在户外活动中感受春天带来的身心愉悦,以及和同伴一起出游的乐趣。在活动中,请幼儿将自己的观察和体验以图画的形式画下来,最后用幼儿的图画布置成了班级的主题墙(图4-1-5)。

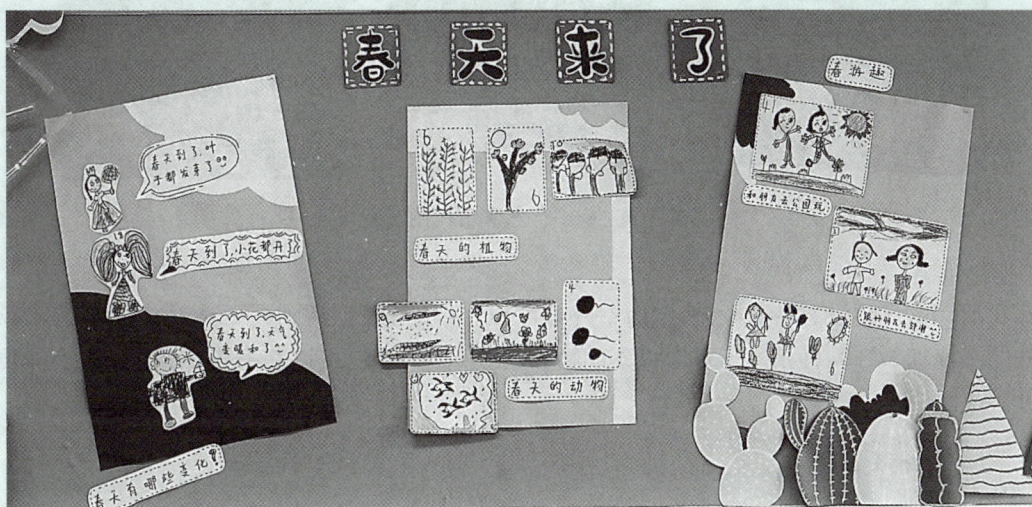

图4-1-5　"春天来了"主题墙

　　又如:幼儿园的空草地上建起了小小气象角,里面摆放着很多观测气象的仪器设备,有测量气温的大屏气温计,有测量风力和风向的风向标,有测量雨水的量雨器,还有测量蒸发量的蒸发器。教师带领着幼儿到气象角去进行活动。在观察气温时,幼儿尝试学习使用温度计,并准确读取上面的刻度。在观测风力、风向时,幼儿站在风向标下,观察飘带是否飘动,飘带飘拂的方向就是风的方向。在测量降雨量的时候,幼儿把收集来的雨水倒入标准雨量杯中,读取量杯的数值。在观测蒸发量的时候,幼儿事先用量雨器测量好水量,然后将水倒入蒸发器里;24小时后将剩下的水再用量雨器测量,两次测量的差值即蒸发量。通过这些观察、操作、测量、比较等步骤,幼儿可以非常直观地了解和掌握气象观察与测量的方法,培养了探究科学的技能。

三、天气预报活动的指导

　　天气预报活动虽然强调生活性和随机性,但是整个活动过程离不开教师的指导。根据不同的天气预报活动类型,教师需要给予不同的指导[①]。

―――――――――

　　① 廖丽英.学前儿童科学教育[M].北京:高等教育出版社,2015:219-221.

（一）观察式天气预报活动

1. 观察式天气预报活动的准备

（1）经验准备

教师在活动开始前需要有意识地了解参与活动的幼儿已有的认知经验。如果某些幼儿缺乏这类认知经验，教师可以提前布置一些有趣且简单的观察任务，引导幼儿在日常生活中增加认知储备。

（2）材料准备

观察式活动的活动材料无须太复杂，一般包括课件、活动图片、图画书（图 4-1-6）、教师自制的教具、各类相关的音视频资料、各类画具等。

图 4-1-6　有关天气和节气的图画书

（3）场地准备

观察式活动的场地没有特殊限制，室内室外都可以，教师可根据活动需要选择相应的活动场地：可以是室外的小池塘、花园、种植区等可以观察动物和植物的区域，也可以在室内的自然角、绘本角、美工区、教学区等。

2. 观察式天气预报活动的过程

（1）活动导入

活动导入的作用是：吸引幼儿的注意，激发幼儿的好奇心，使幼儿能更快更好地融入教师所创设的活动情境中。观察式活动的导入方式主要可以有观察式、直入式、问题式、谈话式、故事式、悬念式等。

（2）感受体验

幼儿可以通过现场观察，看一看实物，闻一闻气味，听一听声音，来感受天气情况的变化。教师也可以利用视频、音频、图片、图画书等影像、文本资料来给幼儿模拟天气变化的场景，使幼儿在无法现场观察的情况下感知真实的天气变化。

（3）情感表达

教师在幼儿完成活动体验后，组织幼儿进行相应的活动总结。如进行班级讨论，让幼儿可以充分发表自己的想法；鼓励幼儿使用彩色笔和画纸将他们感受到的天气情况画下来（图 4-1-7），并与他人分享。

图 4-1-7　幼儿的天气绘画

3. 观察式天气预报活动的结束

活动结束后教师整理好当天所有的观察活动资料，对活动从头到尾的策划和实施进行反思：幼儿有没有达到教师预先设定的观察活动目标；观察活动的重点和难点有没有全部完成；观察活动中，幼儿的情绪、行为反馈如何。在此之后，教师可以分析观察活动组织和实施中的优点与不足，以及针对不足之处今后如何改进。

（二）调查式天气预报活动

1. 调查式天气预报活动的准备

（1）选题准备

教师需要事先筛选活动的主题,选题是活动开展的前提。教师要选择那些具有趣味性的天气活动主题,这样才能全程牢牢吸引幼儿的注意力。其一,所选主题可以从幼儿兴趣出发,这就要求教师平时要多关注幼儿的兴趣取向,发现幼儿的兴趣点。其二,当个别幼儿对某一天气现象产生兴趣,同时这个兴趣点十分值得幼儿调查时,教师就要想办法将少数幼儿的兴趣转变为大部分幼儿的兴趣。其三,幼儿的兴趣点有时天马行空,太大太广,有些不适合幼儿调查或者不具有教育意义,这时教师需要作出适当的引导,将偏离的兴趣点引到正轨上来。

（2）材料准备

调查式活动所需的材料比观察式活动相对更复杂些,除了观察式活动中所提到的材料,教师还要准备一些现成的气象模型(图 4-1-8)和一些简单而常见的测量工具,如使用常见的塑料量筒作为测量工具。这些模型和工具最好是幼儿认识的,或者在活动前教幼儿学会观察和使用。

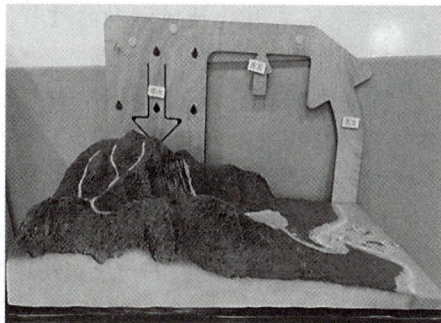

图 4-1-8　气象模型——蒸发与降水

（3）场地准备

调查式活动的场地大部分可能设置在室外,这就需要教师提前勘察好活动场地的安全情况。由于室外活动影响因素较多,教师需要事先设置多种活动预案,一旦遇到障碍可以随机应变地处理好,确保幼儿在安全的情况下顺利完成活动。

2. 调查式天气预报活动的过程

（1）活动导入

调查式活动常见的导入方法有观察式、讨论式、问题式、谈话式、悬念式、联想式等。教师引导幼儿从其感兴趣的一个点切入,从而引出活动的主题。

（2）明确调查内容

幼儿的思维活跃且天马行空,所以教师在点明活动主题后,需要明确告诉幼儿调查的内容。一般调查内容比较单一,一次只调查一个问题,但是教师在幼儿调查过程中需要全程关注其动态,以免幼儿的调查内容偏离主题。

（3）设计调查形式

调查形式有很多,主要分为三种形式:口头调查、实物收集、书面调查。口头调查时,教师口头布置任务,幼儿调查后口头回答;这种调查方式操作简单,内容也不复杂。实物收集是幼儿收集一些图片、物品等资料在课堂上进行交流展示。书面调查时,幼儿把调查的内容用图示、数字、简单的文字等表达方式展现在纸上并在课堂上展示。

3. 调查式天气预报活动的结束

调查结束后的总结、交流是调查式活动重要的环节,它不仅是幼儿之间交流自己的调查方法、能力的"分享会",也是幼儿态度情感的分享阶段。幼儿可在交流和总结中培养自己的逻辑思维能力和语言表达能力。教师作为活动的组织者,也能从中获得组织幼儿实践活动的方法和经验。

（三）探究式天气预报活动

1. 探究式天气预报活动的准备

（1）选题准备

对幼儿来说,感兴趣的内容是多种多样的。教师在开展探究式天气预报活动前,需要从中选择适合幼儿发现的知识经验。这些经验必须能反映某个领域的关键概念,具有方法论意义;同时又符合幼儿年龄特点和经验水平,能激发幼儿的探究兴趣,帮助幼儿建构起新的知识经验和科学概念。当然,活动的安全因素也是选题准备中不可或缺的。

(2) 材料准备

教师需要充分考虑生活中与天气预报相关的一些教学资源,在实施天气预报活动时多给幼儿提供一些可操作的材料;但是这些材料并非一成不变,教师可根据不同天气主题的活动适当增减甚至改造现有的材料。例如:简易天气测量工具、天气符号卡片、手工材料、实验材料等。同时这些材料可以分为不同层次,目的是使不同个体获得不同的探究体验。

(3) 场地准备

探究式活动较之观察式活动和调查式活动,对场地的要求要高一些。因为幼儿在探究过程中需要使用更多更专业的工具,同时由于天气主题活动的特殊性,对于活动场地的环境要求也就更高。教师在选择活动场地时,不仅要考虑安全因素,还要考虑所选择的场地能否实施天气相关的主题活动。

2. 探究式天气预报活动的过程

(1) 活动导入

探究式活动的导入方法比较常见的有情境式、讨论式、问题式、联想式、激发式、悬念式、谜语式等。探究式活动所使用的导入方法的主要目的是:通过各种手段引起幼儿对天气现象的好奇心,激发幼儿自己动手探究的兴趣,从而培养幼儿掌握气象知识、动手操作以及和同伴相互交流的能力。

(2) 明确探究目标

在探究活动中,教师的角色主要是引领和指导,幼儿才是探究活动的主体,所以让幼儿了解探究什么、怎么探究是非常重要的。《科学探究与国家科学教育标准》一书中提到,在幼儿园阶段,幼儿所需要掌握的探究能力要素有提出问题、制订简单的探究计划并合作实施、使用简单的设备和工具收集数据、将结果与同伴进行交流[1]。由此,可以从这四个要素中总结出探究的目标:领会提问的途径和方法;能针对探究的内容,选择合适的方法,学会同伴之间相互帮助、相互合作;掌握设备和工具的操作方法,学会观察和记录数据结果;能用语言、图表等方法表述探究的过程和结果,能倾听和尊重他人的不同观点,并交换意见。

(3) 形成探究成果

探究式活动中,不光要注重探究过程,探究成果也很重要。幼儿通过探究所获得的成果对增强他们的自信心有很大帮助。常见的成果展示方法有以下三种。

① 班级播报:由幼儿扮演天气预报员,将他们观察、记录的结果在班级里向同学播报;也可以通过气象播报墙(图 4-1-9)和天气预报板来展示。

② 回忆探究过程:在教师和家长协助下,幼儿根据自己的探究过程,将自己的探究问题、探究过程和探究发现按照探究过程的发展展示在班级中(图 4-1-10)。

③ 建立气象角:气象角的建立能延长幼儿对天气预报活动的探究时效,能长效地培养幼儿科学探究的技能。

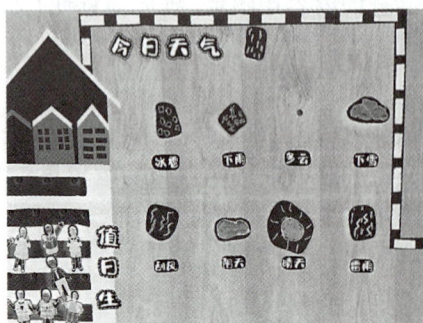

图 4-1-9　气象播报墙

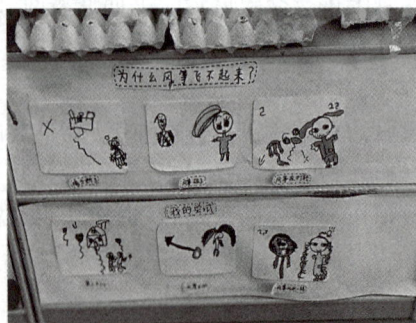

图 4-1-10　回忆探究过程

① [美]国家研究理事会科学、数学及技术教育中心,《国家科学教育标准》科学探究附属读物编委会. 科学探究与国家科学教育标准——教与学的指南[M]. 罗星凯,等译. 北京:科学普及出版社,2010:3.

3. 探究式天气预报活动的结束

课堂上的探究活动完成后并不代表探究活动结束,应该鼓励幼儿在生活中继续寻找更多维度的天气探究目标,培养幼儿保持一颗善于发现、勇于探索的心。

任务回应

案例分析——认识天气也是学科学

正确理解天气预报活动,首先要理解它的内涵。虽然,预报天气是天气预报活动的重要内容之一,但是天气预报活动绝对不能简单等同于预报天气。广义上看,天气预报活动的活动目标一般涉及三个主要部分:①感知天气与气候的特征;②认识天气与气候变化的规律;③了解天气和气候与人类生活的关系。总而言之,这类活动是为了帮助幼儿获得与天气和气候相关的科学经验。因此,与其他科学教育活动相比,这类活动在学习的内容与目标上具有特定的主题性,但是其活动实施的途径与方法并没有什么特别。

值得特别注意的是,幼儿的科学学习一般以直接经验和具体形象为基础,因此,直接感知是幼儿认识天气的重要方式,而天气预报活动则表现出明显的生成性与随机性,尤其需要教师灵活把握活动的时机和内容。比如:案例中小班的王老师就体现出她作为教师的教育机敏性。当外面下雨时,她利用这一天气现象组织幼儿去户外实地观察雨。更加值得学习的是,基于小班幼儿认知和学习的特点,王老师还提供了适宜的材料(雨衣、雨靴、桶、伞等),让幼儿能够采用不同的方式(看、听、摸等)直接感知雨、玩雨。这个教育活动案例也向我们展现了:指导天气预报活动时,一定要注意随机性、生活性和直接性。

当然,天气预报活动中也并非只有直接感知的活动方式。对于那些在当地较难直接接触的,或者具有一定的危险性的,不宜直接感知的天气气候现象,也可以通过其他的教学手段进行学习,以丰富幼儿的相关科学经验。

思考与实训

参考答案

一、单选题

1. 下面哪项不是天气预报活动的方式?( )
   A. 观察式   B. 调查式   C. 测量式   D. 探究式
2. 下列哪一种材料常出现在天气预报活动中?( )
   A. 磁铁   B. 惯性小车   C. 泡泡机   D. 小风车
3. 下面哪种属于天气预报活动?( )
   A. 今天天气很好,组织幼儿在户外观察云的形态
   B. 周末,请爸爸妈妈和幼儿一起在周围的公园里找找春天来到的信号
   C. 天文台预告明晚会有流星雨,老师发布了直播链接,请幼儿届时收看
   D. 以上都是
4. 下面哪项活动目标适合小班幼儿?( )
   A. 通过查找资料知道本地区夏天台风多,并且通过交流知道相关的安全事项
   B. 散步时发现小草在春天都探出了头,一些植物长出了芽,幼儿园变得"更绿"了

C. 通过观察并记录一月内的云的形态,和同伴一起交流、总结并将云的形态分类
D. 知道每个节气都有一些典型的气象、自然特征

二、简答题
探究式天气预报活动的展示方式有哪些?

三、实训题
以"夏天的天气"为主题,分别为小、中、大班设计天气预报活动的活动目标。

任务 2
散步采集活动的设计与组织

1. 了解幼儿园散步采集活动的含义以及对于学前儿童的发展意义。
2. 熟悉以科学教育为主要目标的幼儿园散步采集活动的目标。
3. 掌握以科学教育为主要目标的幼儿园散步采集活动的过程设计和组织要点，并能够有效设计与组织。

任务思考

午餐后，幼儿在园内散步。教师通过日常观察发现，散步时，不少幼儿东张西望，自由散漫。有的看到地上有东西，不管是树枝，还是小果子，总忍不住停下来捡拾，造成拥挤，甚至争执推搡；或者走一路聊一路；有的还会被一些景物吸引离开队伍。于是教师常常要走一段就停下来整理队伍。可见，不少教师的精力更多放在维持纪律上，散步活动并没有有效发挥其教育价值。此外，部分教师将散步活动等同于自由玩耍，幼儿自己跑、跳、玩，造成运动量过大、过猛，影响后面的午睡。

于是，教师开始集体研究散步活动，并发现了一些普遍的疑虑：

1. 陶行知先生说"生活即教育"，怎样有效利用散步这个生活环节呢？除了帮助消化，放松身心，如何发挥其他教育功能？

2. 有些书上建议散步活动可结合采集活动进行，但不少教师不太确定采集活动的具体含义是什么。是采摘幼儿园的果树吗？散步采集活动好像就是做游戏，能够实现科学教育的目标吗？

3. 幼儿园后门正好是一家农业公司的种植地，最近正是玉米成熟的季节。摘玉米能算散步采集活动吗？能走出幼儿园进行散步采集活动吗？

任务支持

一、散步采集活动的理论概述

（一）散步采集活动的定义

1. 散步活动的定义

一般意义的散步活动多指餐后散步，即幼儿在教师带领下在园内排队行走，通常边走边看，边走边说，但并不专门强调以科学教育为目标，而是融合各领域目标的综合教育活动。科学教育中的散步活动特指在生活活动中抽出一定时间组织幼儿在园内或附近的绿地、花园、街道等相关地点或场所,以观察、交流、游戏等多种形式开展科学教育。

2. 采集活动的定义

很多儿童会在幼儿期经历收藏的敏感期。户外的自然环境提供了一个天然的大仓库,满足他们捡拾、收集物品的兴趣和需求。户外环境中充满了各种探究的机会,尤其是认识物质的多样性,如形态各异的石头、质感不一的树皮等。这些都是采集活动中幼儿喜欢的、安全的收集对象。采集活动有两种形式:①专门的采集活动;②与散步、远足等其他类型活动相结合的活动①,比如在园散步时捡拾各种各样的树叶和石头。由于散步活动和采集活动在环境、目标、过程设计和组织要点等方面十分相似,又可联合实施,因此,本书将两者一并阐述,为了方便介绍,统称为"散步采集活动"。

(二) 散步采集活动的意义

1. 在轻松的环境中愉悦身心、强身健体

散步采集活动本身具有一定的活动量,能使幼儿身体放松,有助于骨骼和肌肉的成熟、内脏和神经系统的发育以及协调能力的发展,同时能够帮助幼儿调整情绪。当幼儿离开班级活动室,经过与自然环境的直接接触,其心理及情绪会发生变化,注意力会被分散到周围环境中,消极的情绪会很快得到缓解②。

2. 在与大自然的互动中丰富经验、获得认知

自然环境为幼儿的认知,尤其是科学认知,提供了丰富的机会。通过散步活动,幼儿直接感知到天气和四季的变化,知道周围常见的花草、树木和昆虫的名字及外形特点;通过采集活动,幼儿认识不同种类、不同环境中的生物,了解多样性,激发热爱生命、乐于探索生命的科学情感。在活动行进或停留过程中,观察感知物体的空间关系。通过同伴交流、采集物品、游戏等活动加深对周围环境的认知,熟悉工具的使用,不断建构科学认知,培养善于观察、讨论、发现、记录等科学探究的良好习惯。

3. 在真实的环境中学会探索、塑造自我

散步采集活动中,幼儿在与自然接触的过程中能够培养探索的品质。自然环境中充满了各种可探索的、动态变化的科学教育元素。每次散步采集活动,幼儿都能感受到不一样的环境特征与变化,教师应当抓住幼儿当下的兴趣,鼓励幼儿大胆提问、认真观察、尝试探索,形成科学探索精神,发展自主性与创造性。

幼儿通过参与设计路线、准备材料、分组合作和轮流带队等发展自主性,理解个体和集体的关系;通过讨论、制定、遵守各种规则约定,能够逐渐从"他律"发展为"自律";同时,通过和自然的互动,思考人与自然的关系,感知、理解和珍惜生命。

二、散步采集活动的设计

(一) 散步采集活动的目标和内容

户外自然环境充满了可供学习的科学教育元素和天然形成的探索活动。散步采集活动的活动目标可以从认知、情感和技能三维目标来考虑,可参见表 4-2-1。

表 4-2-1 散步采集活动的常见活动目标

活动目标		年龄段	活动内容举例
科学情感目标	体验人与自然的关系,交流自己的体验	小班及以上	穿上雨靴,打起小伞,在小雨中散步,听雨、接雨,谈谈雨中漫步的感觉

① 施燕,陈颂. 学前儿童科学教育活动设计与指导[M]. 上海:上海交通大学出版社,2019:165-166.
② 顾滢滢. 浅识幼儿园餐后散步:让散步变成快乐的游戏[J]. 幼儿教育研究,2018(2):39-42.

(续表)

	活动目标	年龄段	活动内容举例
科学情感目标	知道生物都有生命,并且热爱生命、珍惜生命	小班及以上	捕捉蝴蝶,观察后放生;散步时看到小昆虫不去伤害它们
科学认知目标	运用感官感知周围环境的特征,并交流分享	小班及以上	边走边观察,看到、听到、感受到什么……总结秋天的幼儿园有什么特点
	发现并采集各种有趣的自然物,认识、描述和交流它们的特征	小班及以上	捡拾、采集地上掉落的树皮,说说它们的特点
	在不同的地点、时间、角度比较观察,发现周围环境的差异,以及常见动植物有规律的变化过程	中班及以上	找到喜欢的一棵树,在不同位置或从不同角度进行观察并通过图画记录
科学技能目标	对事物和现象进行比较、分类	中班及以上	根据捡拾的树皮特点进行分类
	利用简单的工具或采集的自然物进行探索或游戏,发现自然物的性质和工具的使用方法	中班及以上	学会使用捕虫网捕捉蝴蝶,并近距离观察
	利用废旧材料设计制作活动所需的物品;在使用中发现问题,不断改进,提高科学制作技能	中班及以上	用鞋盒等制作标本夹;通过实验选用吸水性好的纸制作标本
	利用采集物开展制作、收藏、展示、游戏等活动,加深对采集物的认知	中班及以上	采树叶后和同伴玩斗叶梗游戏,了解叶片的结构及特性
	在成人支持下设计路线,准备材料,分组分工,发展交流合作以及解决问题的能力	中班及以上	教师提供幼儿园鸟瞰图,幼儿分组讨论设计路线,投票选择;幼儿自己准备采集活动需要的材料与工具,活动后收纳整理

(二) 散步采集活动的过程设计

散步采集活动是一种结构相对自由的活动,但仍需制订计划,做好充分准备,引导儿童去发现和探究,充分发挥活动的教育性。学前儿童的观察经常无目的,因此,活动时要给予适当的引导,否则幼儿可能因为活动随意性较大,很难获得有用的科学经验。

1. 明确活动目标

了解科学家的工作内容和工作方式也是学前儿童科学教育的重要内容之一,是培养科学知识、技能和精神的重要基础。学前儿童科学教育的一个重要趋势是鼓励儿童用科学家工作的方式学习科学。一种简单却有效的做法就是活动前和幼儿交流,让他们理解活动的意义,尝试以科学家的身份投入活动。

例如:在探究活动前向幼儿宣告"你们现在是科学家"或者"你是生物学家了";然后,让幼儿了解到作为一名科学家或生物学家意味着什么,散步采集科学探究活动和在户外自由玩耍有何不同。通过交流,幼儿能够理解:科学家的户外工作不是玩,而是有具体的任务,有时还会使用一些工具;工作时要非常小心,不能破坏环境[1];他们还会把一些动植物带回去讨论、思考、研究,获得一些发现和结论。

没有目标的活动随意性会比较大,活动停留于表面,幼儿很难通过活动获得丰富的科学经验和认知。活动目标一般源于探究问题,可能是幼儿想探讨的问题,也可能是教师想要引导幼儿探讨的问题,

---

① Karen Worth & Sharon Grollman. 蚯蚓,影子和漩涡[M]. 北京:北京师范大学出版社,2008:25.

然后将问题转化为具体的活动任务和内容。比如:幼儿的探究问题是"蜗牛喜欢住在哪里"。该问题转变为具体的活动内容,就是在不同的户外环境中比较观察哪里蜗牛更多。需注意,一个探究问题,有时需要分解成多项任务,需要通过多次活动来解决。

微课

散步采集活动的准备

2. 做好活动准备

散步采集活动的准备一般涉及设计路线、选择地点、估算所需的时间等。教师可依据幼儿年龄特点指导幼儿交流讨论、制订简单计划,或在准备工作中和幼儿共同讨论"要带哪些材料物品""怎么把采集物带回来""由谁领队"等,尽量让幼儿参与活动的准备工作。

(1)设计行走路线

确定地点后,如何从教室到达目的地?如何规划具体路线?中、大班幼儿可在教师指导下参与设计路线。一种方式是教师提供简化的、使用图画符号表征的幼儿园鸟瞰图,先让幼儿直观了解幼儿园整体布局,再讨论可行的路线。将讨论得出的不同结果,用不同色彩的线条在图上标识,通过投票确定行走路线[①]。

(2)拟定采集物品及方法

采集活动另需拟定采集物品。常见的采集物品包括落叶、树枝、树皮、花瓣、石子、蝉蜕、水果、果子、农作物等。如涉及多项采集物,建议指导幼儿在清单或核对表上通过图画罗列采集物品或其他相关活动内容。这有利于幼儿在活动中不偏离活动目标,且在活动后便于自我评价。除讨论采集什么,还需讨论如何采集、如何收纳、谁来管理保存等。

(3)准备活动材料与工具

部分活动,尤其是采集活动,需要使用工具和材料。经常使用的材料工具包括一般活动材料和专门的采集材料。

一般的活动材料:笔、纸、放大镜、手持式显微镜(图4-2-1)、卷尺、安全小剪刀、小盒子、小手电……

专门的采集材料:采集用小镊子,尤其推荐圆头弯嘴小镊子(图4-2-2);一次性小手套、捕虫网兜(推荐收缩网兜)、采集标签、自制昆虫采集盒(在透明的塑料盒上贴上厚纸,上面开一昆虫的入口);采集物的收纳容器,如户外标本收集可以使用塑料试管/瓶(图4-2-3),也可以利用生活中的废弃材料收集各种标本,还可使用亚克力透明标本盒、昆虫/种子分类盒/瓶……

图4-2-1 便携式显微镜　　图4-2-2 圆头弯嘴小镊子　　图4-2-3 昆虫标本采集管

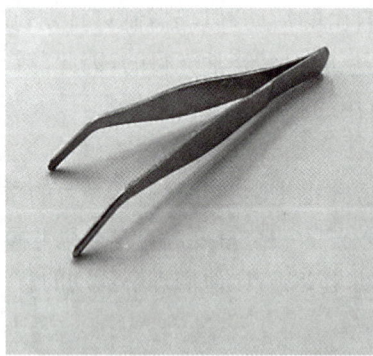

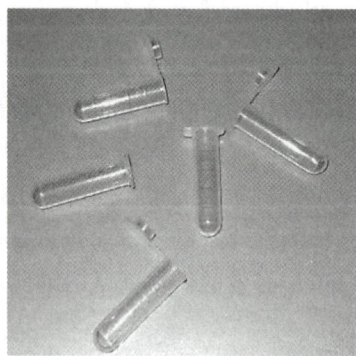

拓展阅读

几种常见的领队方法

教师应充分利用该阶段,在活动前和幼儿讨论需要哪些工具,哪种工具最有利于活动开展,生活中可用的废旧材料有哪些,并指导幼儿掌握工具的正确使用方法。

(4)明确分组分工

散步采集活动组织方式多样,可集体活动,也可分组活动。注意:并不是每次活动都要分组分工,尽量组织幼儿参与设计分工,基于活动任务设置工作职责,确定岗位。比如:一名队长——负责领队、发出集合解散信号;若干名副队长或小队长——负责清点人数,向队长汇报;安全员——负责检查和提醒同

---

① 王倩,贾丽丽. 以幼儿为主的散步活动组织策略[J].早期教育:教师版,2018(5):44-45.

伴遵守规则,避免危险;材料管理员——负责领取、发放和回收材料等。

每次活动任务不同,分工也不相同。总之,要协商分工,明确职责,并让所有幼儿有均等机会体验不同的岗位,理解不同的工作职责。达成约定后,提前制订活动计划,可在班级公告栏等展示,让幼儿提前做好心理和物质上的准备工作。

(5)签订安全约定

户外环境虽丰富多彩,但存在一些安全隐患。建议师幼共同讨论,明确安全规则,比如:穿合身的衣服和鞋,一般不穿有系带的衣物和鞋子;遇到不知道、不了解的虫子或其他生物绝不直接触碰,先和老师确认;有些活动中可使用小手套帮助采集,避免划伤小手或被虫子叮咬;如出园活动,强调纪律与交通法规,以免发生危险。考虑实行点名制度、交通安全制度、幼儿受伤预案、走失预案等,并责任到人。常用策略是招募家长志愿者陪同指导幼儿活动。同时,配备安全防护设施与材料,如过马路所需的护导旗等[①]。

(6)提前预演探路

活动前,教师最好自己先去现场走走,为活动做好充分准备,如:现场勘察场地情况、周围环境的特征、包含的景物、可探索元素等;体验探究活动,预设活动中可能遇到的问题,对突发事件做准备预案;尝试使用材料与工具,评价适用性以及更多可能的用法;有时也可组织幼儿进行活动初体验以完善活动计划。

3. 活动实施

散步采集活动的主要形式有"走、停、看、说、采、玩",教师要鼓励幼儿用各种感官感知环境中丰富多彩、富有变化的事物与现象,边走边看、边看边说、边说边玩、边玩边学。

教师可以关注如下四个要点来保证活动的顺利开展。

(1)充分的自由。让幼儿有充分的时间观察、探究、发现、提问和讨论。当幼儿一起讨论时,会自然形成一些问题,引导探究活动不断深入发展。另外,每个幼儿都有自己所偏好的自然物,应在安全的前提下启发幼儿根据活动目标或自身喜好采集认识各种自然物。比如:一次活动中,幼儿发现了油菜籽,大部分孩子没有见过,于是将它带回了教室(图4-2-4)。

(2)关键的提问。当幼儿有所发现、有所思考时,及时引导他们交流。特别要通过关键提问引导幼儿获得科学经验、概念和认知。比如:在"我来公园找春天"的活动(图4-2-5)中,教师利用关键提问"春天的公园有什么不一样",引导幼儿通过多感官观察周围的环境,发现春天的特征,并组织幼儿交流"你看到什么?听到什么?闻到什么?感受到什么?"。

采集过程中,引导幼儿有意识地认识、收集有差异的同类物品,并比较交流。如将颜色相似的花瓣放在一起让幼儿区分:"这些花瓣是什么颜色?""这些红色一样吗?"通过仔细观察和不断比较后,幼儿发现有的红特别亮,有的红比较暗。这就帮助幼儿形成了色彩明暗的概念。还应启发幼儿通过观察采集物不断思考,如在幼儿捡拾蝉蜕(图4-2-6)后,提问:"蝉为什么要脱掉这一层外壳?""后来蝉去哪里了?""没有了蝉蜕,蝉会死吗?"

图4-2-4 采集油菜籽回园　　图4-2-5 我来公园找春天　　图4-2-6 树上捡拾的蝉蜕

---

① 陈俊.幼儿园远足活动的价值及其实施原则与策略[J].学前教育研究,2020,312(12):86-89.

（3）多样的记录。将活动中的发现、思考、交流通过多样的方式记录下来，加深理解、帮助表达。将活动中的学习带回教室，迁移到其他活动，延展学习过程、加深学习程度。记录的方式要根据幼儿年龄来确定，具体可参考交流型科学活动。

（4）变化的形式。过程中可以变化活动的形式，使活动更加有趣，丰富幼儿经验。例如：动静交替，使幼儿合理分配体力；组织交替，结合自由分散和相对集中的活动，小组和个体、集体活动交叉使用；内容交替，预设内容和生成内容相互结合；问题交替，集体的问题和个人问题，幼儿自发的问题和教师启发的问题交替；教师交替，有时候班级间互换教师，不同教师来带领活动，引发幼儿新的兴趣。

4. 活动延续

（1）交流与总结

活动后，组织幼儿对过程进行回忆、讨论，交流活动的感受和体验、经验和收获，进行自我评价和相互评价。比如：活动前的问题和任务是否解决？原有的错误认识是否得到修正？教师从中可了解幼儿的进步和依然存在的困惑，引发下一步要研究解决的新问题。

此外，组织幼儿及时将所获得的认识、感受表达出来，并对采集回来的物品进行分类、整理，观察、比较，对遇到的问题通过查资料、实验、讨论等形式进一步探究。常用的一种方式是通过图画或符号表现与表达自己的感受，记录活动过程和发现。比如，使用"散步日记"和"采集图册"帮助幼儿回顾活动、巩固经验，发展前读写技能。

（2）延伸与活动

可利用采集来的自然物开展各种有意义的活动。举例如下。

① 分类排序：以不同特征（颜色、形状、触感、脉络等）对采集物分类、排序。

② 榨汁研磨：把花、叶、果等放在塑料袋里揉搓或用研磨器捣烂，提取汁液。

③ 自然拼贴：用各种自然物拼贴成画，如树叶画、石子画、种子画等。

④ 烘画游戏：将酸性水果（如橘子、苹果、萝卜）切片或榨汁后在纸上画画，阴干，干透后用火烘烤，可显出画来。

⑤ 采集展览会：用采集物举办一个展览，供大家交流、欣赏和评价。

⑥ 标本制作：将采集的树叶、昆虫等制成标本。

⑦ 操作活动：将采回教室的油菜籽剥出来。

综上，散步活动和采集活动既可联合进行，又可单独实施。散步采集活动的过程设计可概括为：活动前有所"知"，活动中有所"引"，活动后有所"问"。

（拓展阅读）

采集树叶与
制作标本的
活动设计

三、散步采集活动的指导

（一）弹性化的计划与实施

活动要制订计划，但不能生硬执行。探究具有随机性，死板的计划不利于幼儿的主动探究和发现。散步采集活动常有偶发的事件和意外的发现。比如：行进中，个别幼儿突然停下不走了，或围在一起交流。这说明他们有了新发现或感兴趣的内容。《纲要》指出：教师应善于发现日常生活中的观察资源和教育契机，引导幼儿观察身边的事物和现象，满足他们的好奇心和探究欲。教师可与幼儿一起看、一起聊，随时关注他们的发现与问题，调整引导进一步的观察和探究。另外，考虑到一些散步活动在餐后睡前开展，要时刻关注幼儿的出汗情况，随时调整或提前结束，留出足够时间帮助幼儿调整情绪，为后续的生活环节做好生理、心理和时间上的准备。

（二）支持性的介入与指导

虽然幼儿是活动的主体，但是教师也要发挥自己教育者的主体性，正如《纲要》指出：教师要"善于发现幼儿感兴趣的事物、游戏和偶发事件中隐含的教育价值，把握时机，积极引导"。

1. 协助幼儿制订目的性更强的计划

以同伴身份加入讨论:"从哪里走过去?怎么走?""路上会经过哪些地方?有什么值得观察和探究的?""途中需要停一会儿吗?在哪里停?"多采用开放式提问和平等对话帮助幼儿对活动过程有更多的思考与准备。

2. 支持幼儿通过合作来解决问题

当幼儿遇到困难无法解决时,引导成员协商,也可把问题抛给集体,共同思考,寻找方法。该过程中,幼儿合作能力和解决问题的意识将在集体、小组和个人的不断交流中得到提升。

3. 推动幼儿开展更多元的探究

引导幼儿利用所处环境中一切可利用的资源进行探究,如:经过树下时,地上有掉下的果实、树叶,可捡起来观察形状、颜色等特征,摆出不同的造型等;看到卷起来的西瓜虫,去观察、讨论为什么它要卷起来。

(三) 连续性的体验与学习

建议将散步采集活动作为常态化科学教育活动,并研制长期活动计划。依据幼儿的年龄特点来制订学期、月、周的独立计划与目标,以及具体的活动计划与目标[①]。高质量、有成效的散步采集活动应关注当下活动与前后活动的衔接,关注与其他教育活动的关联,为幼儿提供连续性的、关联性的体验和经验,而非零散的、走马观灯式的。

(四) 反思性的生命认知与尊重

当今全世界的儿童都面临"自然缺失症",尤其是城市幼儿。当代的幼儿比以往任何时代都需要走进真实自然环境的机会,需要在自然环境中认识自然,并与之自然相处,体验、观察、发现和理解人与自然的关系。这将有助于他们建立健全的自然观念和生态观,获得生命教育的机会。

> 例如:小班活动"牵着蜗牛去散步"中,教师通过组织"阅读蜗牛""寻找蜗牛""观察蜗牛""表征蜗牛""饲养蜗牛"等系列活动,帮助幼儿建立了对蜗牛真实的、自然而发的情感,在这种生命的相互感知过程中,幼儿感受到了生命的脆弱。最终,幼儿决定将心爱的小蜗牛送回大自然,明白了尊重自然应该尊重它们的生长方式。一颗尊重生命、充满爱和善良的种子在心中扎了根。

任务回应

教学设计 ——玉米采摘活动

> 佳佳幼儿园的后门正好是当地一家农业公司的种植基地。最近正是玉米成熟的季节,可爱的玉米穗经常令孩子们驻足观看,一边看一边讨论。恰好,教师在幼儿进餐时发现一些幼儿不爱吃玉米,还有一些觉得嚼玉米费力,而且孩子们对于农作物的认知非常有限,于是教师们便想到是否有可能带着孩子们去实地认识玉米,使之愿意吃玉米。通过和农业公司的联络与洽谈,这个愿望实现了!
>
> 通过集体教研,教师们设计并组织了一系列与玉米相关的活动,帮助孩子们认识玉米。

---

① 陈俊.幼儿园远足活动的价值及其实施原则与策略[J].学前教育研究,2020,312(12):88.

1. 采集前：猜一猜、说一说

(1) 带孩子正式出发前，教师告知活动任务，让幼儿猜猜玉米在什么地方，如何生长，怎样采摘，并把自己的猜想画下来。有的幼儿猜玉米长在树上，有的猜长在藤上，还有的说长在花盆的土里。

(2) 画完后，幼儿交流猜想，把这些画贴成展示墙——"我们的猜想"。为保证活动的安全性，教师还邀请了数名家长以志愿者身份参加本次活动，协助教师共同引导幼儿观察、验证、发现，并通过提前培训，使家长了解活动目标和重要的安全注意事项。

2. 采集中：找一找、看一看

(1) 终于到了种植地，可是玉米在哪里呢？幼儿好像既没有看到猜想中的大树，更没有看到花盆。于是，幼儿们按照出发前的分组，在家长志愿者陪同下开始寻找玉米。很快，他们找到了玉米。

(2) 师生们围绕着玉米开展了一次实地观察活动。在教师的引导下，幼儿开始仔细观察，发现很多原先自己从未关注到的玉米的特征。原来，玉米粒长在一棵棒子上，外面包着一层层的皮。玉米棒的顶上还长着好多须。这些须须很像老爷爷的胡子，但是颜色有好几种。

3. 采集后：比一比、记一记

(1) 一番观察后，幼儿有了很大的收获，对于玉米这个对象也有了不少新认知。接下来，幼儿把自己的采集发现和之前的猜想进行比较，并把新发现、新经验画下来，然后将这些发现带回班级与同伴、教师进行分享与交流。

(2) 同时，连同活动过程中教师和家长拍摄的照片一起布置成第二面展示墙——"我们的收获"。

4. 采集延伸：逛一逛、买一买

(1) 玉米除了直接吃，还有别的吃法吗？还能做成什么？这些成了幼儿讨论的新话题。为了让幼儿能够获得直接的经验，教师请幼儿回家后和家长一起在家里或者附近的超市里找一找有哪些食品含有玉米的成分。幼儿兴奋地发现，原来炒菜的玉米油是用玉米榨的，棉花糖里也有玉米粉……

(2) 回园后，幼儿把发现再次画下来，贴成了第三面墙——"玉米的用处可真大"。

思考与实训

参考答案

一、单选题

1. 教师看到有儿童聚在一起捉"西瓜虫"时，认为"西瓜虫"太脏了，就责令儿童把虫子扔掉。如何评价这位教师的这一科学教育指导行为？（　　）
   A. 积极的反应
   B. 遏制了自发探究
   C. 注重健康的行为
   D. 提供了学习支持

2. 下列不适合作为幼儿散步采集活动地点的是（　　）。
   A. 幼儿园沙水池
   B. 幼儿园旁边的公园
   C. 社区中的种植园
   D. 无安全防护的农村河道边

3. 散步采集活动易受季节的影响，适合在春季开展散步观察的是哪一项？（　　）
   A. 雾和霜
   B. 落叶树
   C. 彩虹
   D. 小草

4. 下列哪种活动不属于生活中的科学教育活动？（　　）
   A. 集体教学活动
   B. 参观活动
   C. 天气预报活动
   D. 散步采集活动

5. 下面哪项目标最不适合小班幼儿？（　　）
   A. 发现并采集各种有趣的自然物
   B. 运用感官感知周围的环境特征
   C. 在成人支持下设计路线
   D. 知道生物具有生命

6. 在出园活动时,招募家长志愿者的目的不涉及哪一项?(　　)
    A. 协助教师做好安全监督工作
    B. 更好更有效地指导幼儿活动
    C. 增加家园合作的机会
    D. 为幼儿园省钱

二、简答题
简述散步采集活动的组织要点。

三、实训题
幼儿园正在开展"青青绿草地,浓浓红爱心"的主题活动,旨在帮助幼儿通过认识小草来激发他们热爱自然、爱护绿植。请根据小、中、大班幼儿的身心发展特点与水平,分别设计以"小草"为主题的散步活动认知目标。

模 块 小 结

　　《指南》中提到:"要充分利用接触自然的机会,引导幼儿通过各种方法,学会发现问题、分析问题和解决问题,帮助幼儿不断积累经验,形成受益终身的学习方法和能力。"天气预报活动具有一定的随机性和生成性,教师更应掌握随机应变的能力,关注近期的天气气候,以及周围环境的变化,在此基础上开展科学教育。

　　另外,《指南》中指出,"幼儿的学习是以直接经验为基础,在游戏和日常生活中进行的。要珍视游戏和生活的独特价值"。随着幼儿园课程改革的深入,幼儿园教育逐渐发展为重视幼儿基于自主活动的学习。散步采集活动创造了让幼儿和环境、材料、同伴充分互动的机会,同时具备了学习、游戏、运动三类活动的内容和性质,发掘潜力巨大,值得教师不断学习与探索。

模块五

整合性活动的设计与组织

　　幼儿园教育的特点之一就是整合性。一方面,体现在不同领域之间的融合;另一方面,也反映在不同教育途径间的结合。对于学前儿童科学教育而言,整合性的教育活动可在融合集体教学活动、区域活动和生活中的教育活动等多种形式的基础上体现出自己独特的优势。

　　主题教育活动是最为常见的整合性教育活动形式,强调以主题形式整合各领域的知识、幼儿的经验及各种教育资源。它体现了新的儿童观、教育观和课程观,即以幼儿为主体,以主题形式呈现统整性的教育内容,充分统整各种教育资源,调动幼儿积极主动地探究周围一切感兴趣的事物的特征,建构自身的经验。当前,许多幼儿园的日常教学活动都以主题活动形式开展,它承载着幼儿园教师与幼儿的互动,是保障幼儿身心和谐发展的基石,也是幼儿教育成功的关键因素。

　　STEAM 教育则在过去二十年中持续发展,并成为我国科学教育中的热词,也是当下各阶段科学教育活动的重要组织方式。STEAM 教育活动不仅具有上述所有整合性活动的特点,同时也强调科学、技术、工程、数学与艺术的结合。这种新的教育趋势被普遍认为是未来教育改革的方向,是培养具有未来国际竞争力人才的有效途径。同时,越来越多的幼儿园教师开始意识到 STEAM 教育与学前教育之间具有很多本质上的相似性和共同性。因为 STEAM 教育中,作为学习者的幼儿不再是传统教学中被动的知识接收者,他们是:①主动的问题发现者和解决者,并且能够通过思考找到不同的解决方案;②有趣的创新者和发明者,有可能将大胆的想象与科学技术结合在一起;③自主的规划者和执行者,愿意去尝试自己的想法……因此,职前教师应该,也必须了解 STEAM 教育的基本理论,以及如何运用它。

知识导航

任务 1
主题活动的设计与组织

任务目标

1. 了解幼儿园主题活动的分类与定义,知道主题活动和领域活动的优缺点。
2. 明确幼儿园主题活动的特点和价值。
3. 熟悉幼儿园主题活动的设计与组织的过程和方法,能结合教育实际,初步进行科学主题活动的组织与实施。

任务思考

　　学前教育专业三年级的小吴同学这学期去了一所幼儿园实习。实习过程中,小吴同学发现:在一周的实习中,这所幼儿园的老师竟然每天都带领小朋友探究小蚂蚁。实习的两周中,她好像没有见过老师上过"正规的"科学课,组织活动也似乎很"随意"。孩子每天就是去看看蚂蚁,然后小组讨论;老师偶尔提问和总结,孩子们再探究。这跟学校学习过的科学教育活动有着很大的差别。更让她困惑的是:小蚂蚁这一学习内容并不在教师用书(教材)里呀?

　　实习结束后,小吴回到学校,找到了科学教育课程的张老师。张老师告诉小吴其实这是幼儿园组织的主题活动,并请她先去查找资料,理解下列问题:

　　1. 什么是主题活动? 主题活动对于幼儿发展有哪些价值?
　　2. 主题活动需要幼儿园老师来设计吗?
　　3. 领域教学活动、单元主题活动、项目式活动的区别和联系是什么?

　　事实上,很多实习回来的同学都有相似的困惑。现在请尝试为大班幼儿设计一次"汽车"主题的探究活动,并且以思维导图的形式来呈现本次设计。

任务支持

　　《纲要》指出:"幼儿园的教育活动,是教师以多种形式有目的、有计划地引导幼儿生动、活泼、主动活动的教育过程。"幼儿园教育活动的基本要素包括幼儿、教师、教育内容等,幼儿园教育活动就是这些要素间相互作用的过程。对这些要素作用的不同看法以及这些要素间相互作用的不同方式等,形成了幼儿园教育活动的多种形式,如领域教学活动、单元主题活动、方案教学等。其中,领域教学活动即传统意义上的分科教学,而单元主题活动、方案教学则属于整合性活动,也就是本节任务要探讨的主题活动。

一、主题活动的含义

（一）主题活动的定义

主题活动又称为主题教育活动,是一种综合性的表现形式。有学者认为,主题活动是将各学科科目的教学内容综合到一个网络状的主题之中[1];也有学者认为,幼儿园主题活动是在一段时间内围绕一个中心组织的教育教学活动[2],或是在综合活动中,围绕某中心展开的具有一定时间跨度的、相互关联的一系列教育教学活动的集合体[3]。在上述各定义的基础上,本任务将主题活动定义为"一定时间内,围绕一个中心内容开展,以幼儿各领域和谐发展为目标的幼儿园教育教学活动的集合体"[4]。

（二）主题活动的分类

主题活动有广义和狭义之分。广义的主题活动一般指单元主题活动,也叫单元活动。狭义的主题活动一般指项目式主题活动,以方案教学、STEAM 活动最为典型。

1. 单元主题活动

单元主题活动围绕一个主题展开,在一定程度上整合各领域的学习资源,重视各学科知识间的横向联系,力求不同学科知识能够围绕主题形成一个有机的整体,并旨在用这种整体性知识影响儿童,帮助他们建构完整的内部知识结构。

例如:单元主题活动"小蚂蚁"将与蚂蚁有关的领域教学内容整合在一起,包括语言和社会领域、科学领域、艺术领域、健康领域等,同时辅以环境创设、区域活动、家园合作、一日活动等,共同支持主题活动开展,引导幼儿在不同领域内获得有关蚂蚁的认知和能力提升(图 5-1-1)。

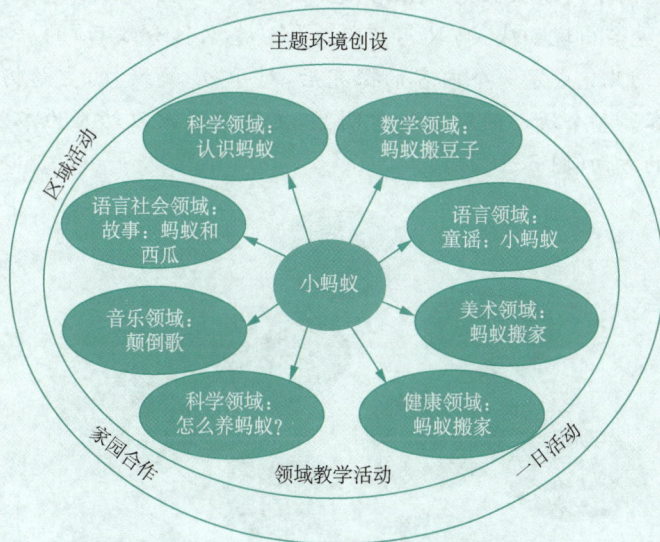

图 5-1-1　"小蚂蚁"单元主题活动网络

单元主题活动一般以班级或年龄段为基础统一预设主题与目标,教师提前计划该主题下需要的教学内容、活动形式与活动时长。实施前,教师通过备课的方式对本主题进行审议,围绕主题核心目标思

① 朱家雄.幼儿园教育活动设计与实施[M].北京:高等教育出版社,2008:67.
② 王敏.澳门幼儿园主题教育活动的现状、问题和对策研究[D].山东师范大学,2010:11-12.
③ 席小莉.幼儿园健康主题活动研究[D].南京师范大学,2005:10-11.
④ 王乐.幼儿园主题活动的实施现状、问题及对策研究——以武汉市 Y 幼儿园为例[D].湖北师范大学,2019.

考并决定开展哪些集体活动、区域活动、日常渗透活动。也有幼儿园根据已有教材或现有课程,设定好主题及相关内容,教师追随教材,幼儿追随教师。但无论哪种方式,单元主题活动的特点是:预设性较强,生成性较少,活动间横向联系突出。

总体而言,单元主题活动偏重考虑在形式上将各学科知识整合成有机整体;在主题选择上,关注幼儿兴趣的生长点,但实质上幼儿未参与活动建构。活动只是教师希望幼儿学习与发展的手段,而非幼儿主动探索、体验与成长的过程;教师的"教"大于幼儿的"学"。

2. 项目式主题活动

项目式主题活动是主题活动的另一教学形式,重视各学科知识间的纵向联系。项目式学习(Project-based Learning, PBL)是指学习者借助各种学习资源,在一段时间内持续探索完成项目,并在探索中获得较完整且具体的知识的综合实践活动[①]。过程中,幼儿不断发现知识、理解意义,不断丰富、建构与完善自身内在心灵结构。其中,探究的主题是幼儿熟悉、需要和感兴趣的;探究方式多种多样,可个体或小组合作,也可全班集体完成。教师要根据幼儿年龄、主题等,有意引导幼儿寻找问题答案,按照问题解决的逻辑开展活动。这种按问题解决的逻辑组织活动的特点决定了探究过程中的活动不是事先规定好的,而是在幼儿、教师和环境等众多因素的相互作用中不断生成的,各种活动间具有内在的有机联系,且转换自然。

相对而言,项目式主题活动虽也围绕某主题开展,但生成性较多,无固定模式。不同班级、不同幼儿园开展同主题的项目式活动,可能生成不同的探究内容。组织难度上,项目式主题活动比单元主题活动更大,对教师提出了更高的要求[②]。

例如:"小蚂蚁"项目式主题活动中,教师与幼儿从主题出发,根据幼儿兴趣和困惑,从幼儿的问题着手,以解决问题为目的,进行关于"蚂蚁有哪些种类""蚂蚁吃什么、喝什么""蚂蚁怎么吃东西""蚂蚁怎么睡觉""蚂蚁怎么搬东西""蚂蚁怎么爬行""怎么区分蚁后和普通蚂蚁""蚂蚁怎么选蚁后"这一系列的探究。可见,项目式主题活动中,不同活动间存在着内在联系,如"蚂蚁吃什么、喝什么"和"蚂蚁怎么吃东西"这两个问题从探究"吃的内容"发展到探究"吃的方式",符合幼儿建构自身经验的思维方式。当然,也会出现如从"蚂蚁怎么爬行"向"怎么区分蚁后"的转变。两者的转变看似没有逻辑,实则是由于幼儿完成了一个内容的探究后,对于"小蚂蚁"的主题仍存在探究兴趣,因此又生成了新的探究内容。整个活动的纵向线索明显,主题凸显出以幼儿为本位,以幼儿提出问题、解决问题为活动开展的方向(图5-1-2)。

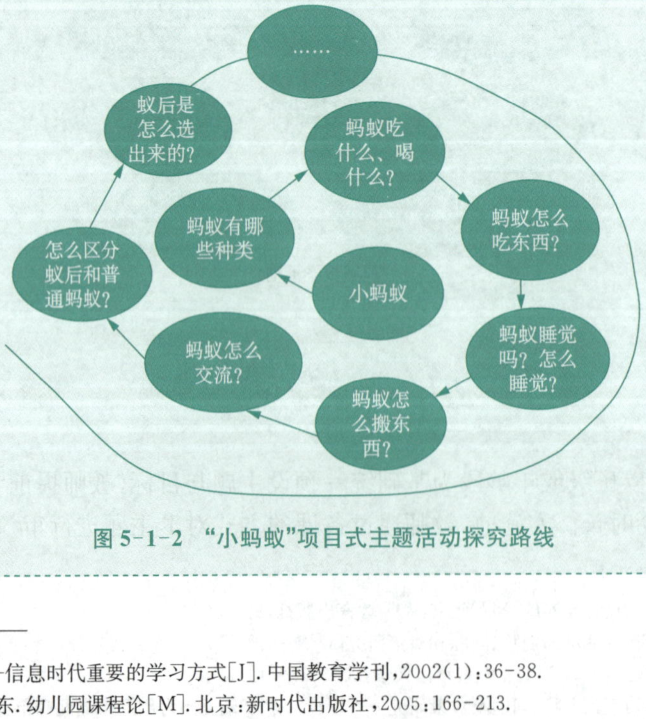

图5-1-2 "小蚂蚁"项目式主题活动探究路线

① 刘云生.项目学习——信息时代重要的学习方式[J].中国教育学刊,2002(1):36-38.
② 王春燕,王秀萍,秦元东.幼儿园课程论[M].北京:新时代出版社,2005:166-213.

二、主题活动的价值与特点

（一）主题活动的价值

1. 建构幼儿的完整经验

传统的领域教学活动强调学科内在逻辑，重视学科中的一些核心概念，强调知识技能的系统化，有助于幼儿形成较系统的学科知识体系；但这种高结构化在一定程度上弱化甚至忽视了学科间的联系，有时无法恰当满足幼儿即时的兴趣和需要。而主题活动打破学科界限，促进不同领域的整合，将各种学习内容围绕一个中心有机联结，帮助幼儿通过该主题活动获得与主题有关的较完整的经验。这在一定程度上弥补了领域教学活动的不足。

2. 联合家庭和社区资源

幼儿园、家庭与社区应加强联系，共同承担保教责任，以形成正向的互动关系，从而保证幼儿的健康发展。无论是单元主题活动还是项目式主题活动，都倡导家、园和社区三方联动，有效利用多方资源合作育儿，如社区资源进课堂、家长客座教师、亲子共学等形式。

3. 提升教师的专业能力

与领域教学活动相比，单元主题活动中幼儿获得的不再只是零散的经验和知识，学习内容不再是分领域的、零散的，而是整合的、有指向性的，这提高了教师的整体发展观和课程整合观。项目式主题活动对教师提出了更多要求与挑战，也使其获得更多专业能力的提升。

（1）教育理念上，要求教师"以人为本"，重视幼儿个性的发展和探索学习的方式，使活动更贴近幼儿的"最近发展区"，在活动中超越，获得新发展。

（2）师幼关系上，教师不再是传统的说教者，而是幼儿的交流伙伴，在平等互动的活动中促进幼儿综合素质的形成、发展和提高。

（3）活动组织上，教师须随时关注幼儿，在了解其兴趣和水平的基础上，创设更贴近幼儿的活动和内容，提供更适宜的材料和指导。

（4）活动评价上，教师应结合过程性评价和结果性评价，鼓励幼儿展示自己在活动中的各种表现，尊重每个幼儿的个性。

（二）主题活动的特点

1. 整体性和集中性

主题活动思考教育效果的整体性，同时整体思考教育的目标、内容、方法和手段间的联系，更好发挥幼儿园教育的整体功能。主题活动中，幼儿通常在相对集中的时间开展活动，获得相对集中的认知。这既便于幼儿在学习中对信息的编码、储存和运用，也有利于对信息的积累、思考和归纳，使幼儿在集中的时间内获得相对整体的经验。

2. 整合性和协同性

主题的发展目标通过教学内容、教学途径及实施形式三方整合、协同实现。教学内容的整合体现在主题中既涉及科学领域，也有其他领域。这些领域教学内容不一，但都围绕主题，从多方面丰富幼儿经验。教学途径的整合体现在活动不仅是集体活动的累加，也通过日常活动（如散步、劳动、进餐、种植等）、环境创设、家园互动、区域游戏等互相配合来进行。实施形式的整合现在既有全班性活动，也有小组和个别活动。这些实施路径和形式并非随意选择，而是在主题目标统领下的协同架构，它们相互配合，又各自发挥作用①。

---

① 张俊.幼儿园科学教育［M］.北京:人民教育出版社,2016:236.

3．联系性和共同性

主题活动中,不同活动间存在内容联系,都指向某个相关主题;各教育要素间也存在各种联系和互动,包括师幼之间、幼儿之间、幼儿与教育内容之间等。主题活动还促进幼儿园、家庭和社会的联系合作,充分发挥了各教育要素的整合功能。

4．指向性和研究性

主题活动强调一段时间内,指向于某固定主题开展活动。指向性体现在幼儿、教师、家长都围绕某主题活动,引导幼儿能力和经验的连续生长,使幼儿发展的整体水平呈螺旋式不断上升。研究性体现在不管单元主题活动或项目式主题活动,都旨在提高幼儿对某主题的认知。单元主题活动侧重幼儿知识经验的全面性,而项目式主题活动侧重幼儿知识经验的深入性,二者从横向和纵向共同引导幼儿进行不同层面的探索与学习。

三、主题活动的设计与组织

微课

[二维码]

主题活动的
预设途径

（一）单元主题活动的设计与组织

1．制定主题

（1）选择主题

主题选择可从三方面考虑:①可行性,即主题能否达到预期的教育目标,幼儿是否具有相应的知识、经验、技能和能力;②关联性,即主题是否源于幼儿生活,是否与幼儿生活经验有关,能否有助于幼儿进行学习迁移;③趣味性,即主题能否激发幼儿的兴趣及满足他们的求知欲。注意,不同年龄段的幼儿有不同的发展需要,应设置不同的主题。

> 例如:几个中班孩子偶尔看到图画书《蚂蚁和西瓜》,发现蚂蚁可以合作搬运比自己身体还大的物体,而且蚁穴内部结构复杂。孩子们不禁讨论起自己对蚂蚁的认知:它有触角,白蚁会咬人,它们的老大叫蚁后……
>
> 几个大班的孩子上厕所听到水管中冲水的声音,开始讨论:"上厕所后小便被冲到哪里?管子怎么把便便运走?运到哪里去了?生活中还有什么管子?有什么用?……"
>
> 几个中班男孩聚在一起谈论爸爸的职业。一名孩子说:"我爸爸是程序员,会编程,你们知道怎么设计游戏吗?"另一名说:"游戏怎么设计?用电脑吗?我爸爸会打游戏……"

以上三个主题都源于幼儿生活,但是否都有探索的可行性呢?蚂蚁和水管不仅源于生活,并且引起了幼儿的兴趣,也适合幼儿的探究能力和水平,比较适合开展主题活动。关于"电子游戏"的讨论虽然也来自幼儿生活,但却是少部分幼儿的个人经验,同时又带有比较明显的性别特征,探索起来有一定难度,因此不适合开展主题活动。

（2）制定主题目标

主题目标的确定,需要教师结合该主题本身所蕴含的教育内容以及幼儿的最近发展区水平,进行充分全面考虑后才可最终确认。以"蚂蚁"主题为例,这一主题中包含诸多方面的探索内容(表5-1-1):关于工蚁的认知、蚁穴的建筑艺术、蚂蚁的交流合作分工,关于蚂蚁的故事、图画书、儿歌等,都值得幼儿学习和探索。在清楚了这些可供幼儿学习的主题内容后,就可以按照领域均衡、主题聚焦、促进发展等原则,来确认主题目标。领域均衡是指主题目标能全面考虑语言、健康、艺术、科学、社会这五大领域的均衡学习;主题聚焦是指所有活动目标的制定都与"蚂蚁"这一主题紧密相关;促进发展是指主题目标的制定要考虑幼儿的最近发展区。

表 5-1-1 "蚂蚁"单元主题的活动目标

序号	主题目标	领域
1	观察蚂蚁,了解其身体构造和功能、分类、生活习性、成长过程等;了解蚁穴结构和建造蚁穴的过程	科学领域为主
2	在情境游戏中,学习5以内数量关系、物体空间关系	数学领域为主
3	学习童谣和阅读故事,能完整讲述关于蚂蚁的见闻和经历	语言领域为主
4	自主自愿参加关于"蚂蚁"的音乐和美术创造活动	艺术领域为主
5	能积极参与关于蚂蚁的角色游戏、建构游戏、阅读活动、美术活动、户外运动,敢于尝试有一定难度的活动和任务	语言、社会、健康等领域

2. 实施主题活动

（1）创设主题环境

环境是开展主题活动的重要外部因素,包括物质环境和精神环境。物质环境是开展主题活动的基础,包括主题材料的搜集、主题墙的创设和呈现、主题活动中的幼儿记录和作品等。精神环境是帮助幼儿学习、提升效率的催化剂,良好的精神环境是平等、活跃、轻松的,是教师对幼儿探索兴趣的激发、探索困境的支持、探索成果的肯定和鼓励。

例如:主题活动"蚂蚁"中,教师创设了主题墙(图 5-1-3 及图 5-1-4)。主题墙内容十分丰富,包括蚂蚁的种类、蚂蚁吃什么、去哪儿找蚂蚁、怎样捉蚂蚁等板块,并将幼儿搜集的蚂蚁图片、探究蚂蚁的过程性照片、幼儿的美术作品、蚂蚁的调查记录单、幼儿关于蚂蚁的看法等呈现在主题墙中,这有利于幼儿梳理正在探究的内容。

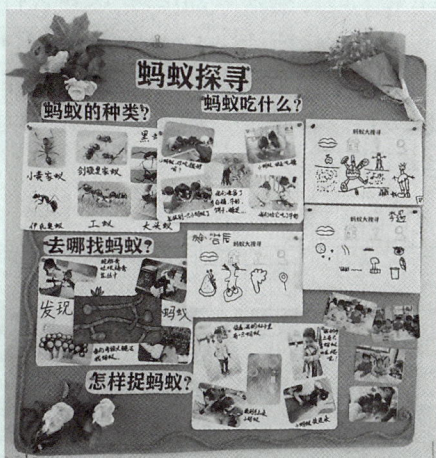

图 5-1-3 "蚂蚁"主题墙(一)

图 5-1-4 "蚂蚁"主题墙(二)

（2）推进家园合作

主题活动需要家庭的参与和支持。教师在与幼儿推进主题活动学习的同时,还应以多种形式,积极鼓励家长参与和协助,与幼儿共同进行主题的学习、巩固和探索。例如,鼓励幼儿将所学讲述给家长听、推荐与主题相关的亲子共读图画书、设计亲子调查任务、邀请家长观摩主题活动等形式,都能有效推进家园合作,让家长直观了解幼儿园的教育理念及幼儿的学习现状。

例如:"蚂蚁"主题中,教师设计了亲子共学的"蚂蚁"调查记录单(图 5-1-5),告知家长幼儿园正在进行主题探索活动,需要家长支持,鼓励家长和幼儿一起搜集蚂蚁的资料。同时,指导幼儿将调查结果以自己的方式记录与表达。调查的过程不仅实现了良好的亲子互动,而且拓展了家园合作的途径。

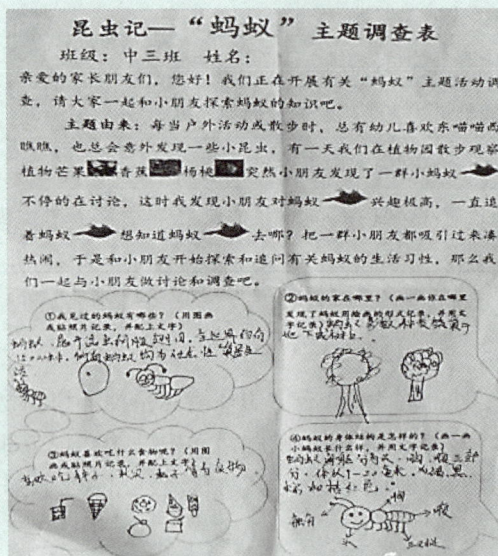

图 5-1-5 "蚂蚁"调查记录单

（3）设置区域活动

开展区域活动需要主题作为基础,主题也需要区域活动作为途径。两者优化整合才能发挥最大的教育价值①。要运用好区域活动完善主题课程,关注主题下的区域设置、情境创设和材料投放,以便幼儿更好地发挥主观能动性。注意:区域活动的设计要考虑可操作性,保证幼儿在与环境材料的互动中获得发展;同时,考虑区域活动内容的全面性,创设不同类型的区域活动,提供丰富多样的相关经验,促进幼儿对主题的整体性认识,最终在活动中获得更全面的发展。表 5-1-2 展现了"蚂蚁"主题中区域活动的设置。

表 5-1-2 "蚂蚁"单元主题的区域活动设置示例

区域	活动名称	活动图片示例
美工区	蚂蚁创意拼贴画	
表演区	蚂蚁和西瓜	

① 陆贞珍.让区域"活"起来 让幼儿"动"起来——幼儿主题活动和区域活动的优化整合[J].读与写(教育教学刊),2017(11):215.

区域	活动名称	活动图片示例
建构区	蚁穴	
益智区	蚂蚁迷宫	
图书区	师幼共读活动： 蚂蚁和西瓜、昆虫世界 自主阅读活动 小蚂蚁搬虫虫、小蚂蚁快快爬	
科探区	蚂蚁观察记录	

（4）融合一日活动

一日活动的融合要求教师"心中有主题、眼中有幼儿"，既切实结合主题目标，又随时关注引导幼儿在潜移默化中深化对主题的学习。一日活动环节很多，也较杂乱，需教师抓住契机，适当引导。最重要的是在活动中与幼儿转换身份，辅助幼儿探究。相对于主题中的其他活动，一日活动的形式相对随意自由、没有计划性，给了教师更多的空间。

例如："蚂蚁"主题探索可利用散步、户外活动、谈话活动等一日活动，引导幼儿看一看蚂蚁、说一说蚂蚁，总结一下自己的新收获等。

二维码

（5）开展集体教学活动

在特定主题计划或主题网中,集体教学活动一般分为三种方式:① 照搬现有课程中的集体教学活动;② 根据幼儿的主题调查问卷和谈话活动预设;③ 根据幼儿在主题活动中的偶然事件生成①。

集体教学活动是主题活动开展的重要形式之一。教师在开展主题下的集体教学活动时,一是需要考虑教学活动的领域要均衡,从而引导幼儿全面发展;二是需要考虑教学活动的目标,应紧扣主题活动的目标,环环相扣,由集体教学活动目标的达成支撑主题活动目标的达成;三是要注意,即使是主题下的集体教学活动,也应该考虑预设与生成的关系,既要有预设,又要有生成意识,留有空间供幼儿自主学习和探索。

例如:"蚂蚁"主题中,教师结合主题可探究的内容、幼儿兴趣、主题目标等制定了初步的领域教学活动。在开展主题活动的过程中,幼儿还会逐渐生成新的探究内容。此时,教师可在原有基础上适当改动。当然,单元主题活动一般以预设的集体活动为主,生成性活动所占比重相对较少。图5-1-6中,椭圆框里的是教师预设的活动,方框里的是生成活动。

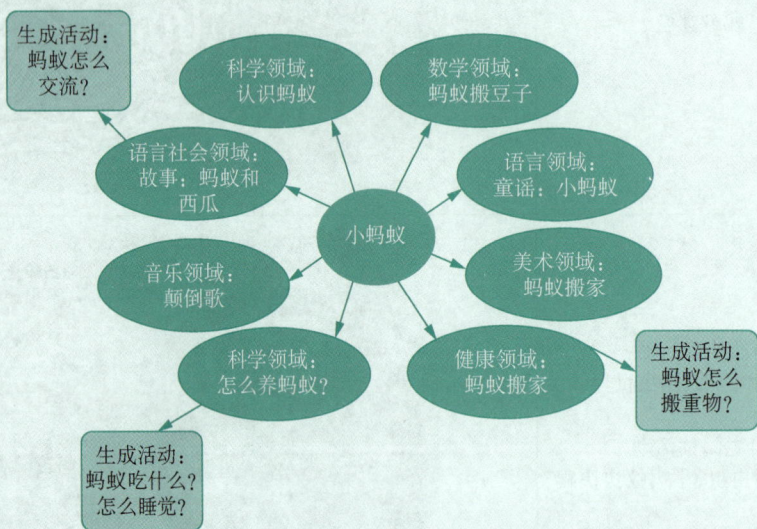

图 5-1-6 "蚂蚁"单元主题活动的预设性和生成性教学活动

3. 主题活动的评价与总结

主题活动的评价与总结包括主题开展中的过程性评价和总结,也包括主题结束时的终结性评价和总结。过程性的评价和总结,需要教师观察幼儿的参与情况、发展水平,帮助幼儿梳理经验、发现问题和解决问题。例如,教师在每次活动后的分享交流中,可以问一问幼儿:今天有什么收获? 有什么困难? 有什么新的发现? 要注意个体评价和群体评价相结合、正式评价和非正式评价相结合、幼儿自我评价和他人评价相结合的方式。终结性的评价和总结,则需教师帮助幼儿回忆、梳理整个主题活动的学习内容和收获,如使用档案袋,把幼儿的作品、照片、观察记录等进行收集,使幼儿对主题活动的学习有直观的梳理。

（二）项目式主题活动的设计与组织

部分教师会将生成等同于没有计划,活动过程中任由幼儿的即时兴趣改变活动方向。这说明教师没有认识到项目化学习的生成性及生成活动的深意。通常,项目式主题活动遵循着以下发展历程:主题的产生和主题网的绘制—主题及生成性内容的探索—主题的回顾与展示。

1. 主题的产生和主题网的绘制

项目主题通常源于幼儿日常生活经验及兴趣,也可源于教师对儿童的观察、倾听、了解,或教师的经

① 夏天.让集体教学活动在主题课程中"活"起来[J].东方娃娃:保育与教育,2020(4):72-73.

验与社区资源。主题网络的编制可明确主题探索的范围,往往由教师与幼儿共同完成。主题的产生过程中,教师的核心任务包括:

(1)调查儿童经验和兴趣,即充分了解儿童与主题相关的已有经验,调动幼儿积极回忆、陈述、提问,确认主题探索的范围;

(2)绘制初步主题网,即教师依据上一步调查的幼儿经验和兴趣,与幼儿确认和梳理已有认知及现存问题,并使用"主题网"的形式,与幼儿共同绘制,促进幼儿直观、形象地感受主题产生的过程,明确将要探索的内容,为后期探索作准备。

例如:大班一个男孩带来了一本关于汽车的书,几个孩子围在一起兴奋地谈论起来。第二天,有几个男孩带来了家里的汽车玩具,在班级里"炫耀"和展示。几个女孩子不甘示弱,也带来了自己家里的"公主马车"。一时间,孩子们每天都围绕"汽车"开展话题讨论。大班的陆老师发现这一现象,决定和孩子们一起开启一场"汽车之旅"……

主题的产生和主题网的绘制
——"汽车"项目式主题互动探究案例

1. 谈话活动(T:教师;S:幼儿)

T:你们见过哪些车?

S:轿车、汽车、出租车、地铁、轻轨、电瓶车、公交车、高铁、卡车、游轮、警车、赛车、跑车、坦克、消防车、救护车、三轮车、自行车、摩托车、南瓜车(灰姑娘的故事里)、马车(旅游时在一个山上见过)、电动滑板车……

T:这些车有什么作用?

S1:能送我上学,带我去想去的地方。

S2:能带我去旅行。

S3:飞机能很快带我们去旅行。

S4:乘地铁很方便,火车速度很快,几分钟就可以去到想去的地方。

S7:校车能接送小朋友。

S8:汽车能防雨。

S9:消防车能帮助灭火。

S10:救护车可以救人。

T:关于汽车,你们还知道什么?

S1:车上有屏幕,可以听音乐,打电话。

S2:车底下有很多管子。

T:这些是什么管?

S3:可能是排气管。

S4:可能是装电线的管子。

S5:可能是流油的管子。

S6:汽车上还有喇叭、方向盘、转向灯、油门、刹车、轮胎、雨刮器、后视镜。

S7:我还知道汽车有大众、沃尔沃、福特、宝马、斯柯达、马自达、雷克萨斯、宾利、雪佛兰、奥迪、雪铁龙、别克、名爵、丰田、荣威、本田、红旗、比亚迪、标致、劳斯莱斯、兰博基尼、奔驰、捷豹……(男孩子)

S8:保时捷、丰田、玛莎拉蒂、斯柯达……(女孩子)

T:还知道汽车的什么? 汽车都是一样大小、一样形状吗?

S9:有的大,有的小,有的高,有的矮。

S10:汽车上还有备胎,万一车的轮胎被扎破了就可以换。

S11:汽车的颜色也不一样,有蓝、白、红、银、灰、金……

T:那你们还想知道关于汽车的什么知识? 有什么问题吗?

S1:为什么蓝牙可以自动开汽车的门?

S2:出租车顶上为什么会有白色牌子,而且会亮灯?

S3:为什么有的车门从旁边开,有的车门从上面开?

S4:为什么有的车用钥匙开车,有的车只需要按一下按钮,汽车就会发动?

S5:为什么大车的旁边都有一个踏板?

S6:为什么汽车都有反光镜和后视镜?

S7:为什么车尾都要装灯?

S8:为什么倒车的时候会有提示?

S9:为什么车里面有扶手?

S10:为什么轮胎上也要有汽车标志?

S11:为什么汽车都有车牌号码?

S12:为什么有的汽车需要档,有的却不用?

S13:为什么车子停在路边时,两个灯都会闪,而转向的时候却只有一个灯闪?

S14:为什么有的方向盘是圆的,有的是半圆的?

S15:轮胎上的斑纹为什么不一样?

S16:为什么马路上经常有一些黑白条纹或格子的车?

S17:那是实验车。

S18:为什么一踩油门,轮胎就自动向前滚动,但有时踩下去,汽车反而会后退?

T:你们知道自己生活在什么地方吗?

S:中国、上海、安亭。

T:安亭这个地方有什么特别?

S:超市? 奥特莱斯? 有吃有穿? 宜家?

T:安亭还有一个名字叫"上海汽车城",说明我们这里什么最多? 这里有什么与汽车相关的地方? 你们的爸爸妈妈有在汽车领域工作的吗?

S:有上汽大众公司、4S店、汽车博物馆、汽车博览公园。

T:你们的疑问可以通过什么途径来解决呢?

S1:去参观与车相关的地方。

S2:如果父母是汽车工人,可以请他们来分享。

S3:可以上网看视频。

S4:书上找答案。

S5:去车上找答案。

2. 参观活动

与幼儿探讨汽车的相关话题后,教师和幼儿一起参观了汽车博物馆(图5-1-7)。参观后,幼儿记录下自己的发现和对汽车还存在的疑惑,并与父母共同完成亲子学习单(图5-1-8)。

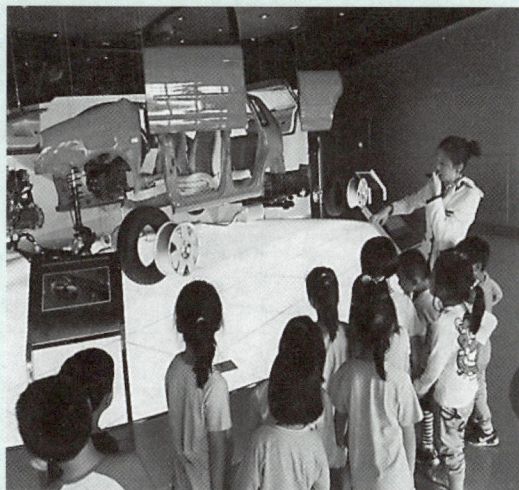

图 5-1-7　幼儿参观社区的汽车博物馆

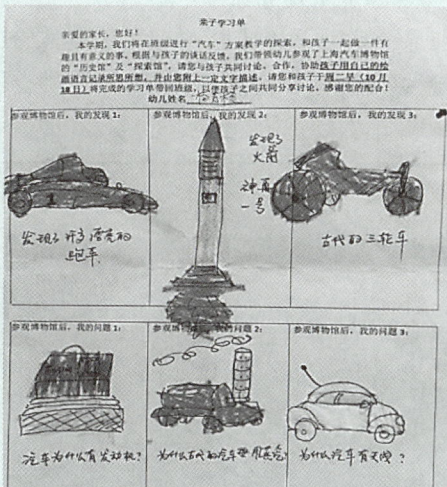

图 5-1-8　"汽车"方案活动的亲子学习单

3. 主题网的初步绘制

了解孩子的兴趣和困惑后,教师和孩子一起谈话,总结分享,绘制了初始的主题网络图(图5-1-9)。

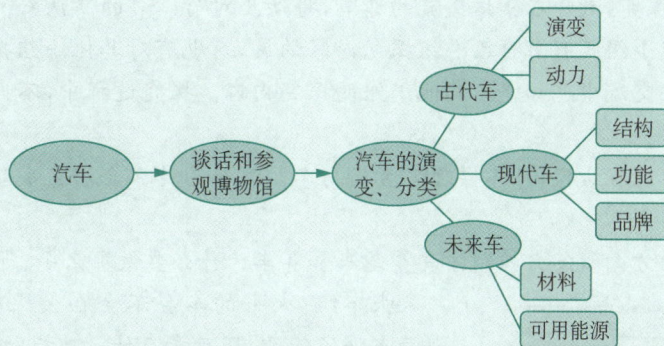

图 5-1-9　"汽车"项目式主题活动的初始主题网

2. 主题及生成性内容的探索

本阶段是项目式主题活动中的典型环节,包括对新问题的生成与探索,主要任务是获得新的直接经验。幼儿的主要活动是通过搜寻资料、小组合作、实地考察、亲子共学等进行探索,将结果用自己的方式表达出来。教师作为参与者、观察记录者和引导者,要激发幼儿潜能,鼓励其持续探索自己感兴趣的主题,运用已有技能,充分观察、沟通以及使用绘画等形式进行再表达。同时,教师要做好充分的经验准备,随时提供丰富适宜的资源,如材料和建议等,在幼儿有需要时可随时提供帮助和必要的指导①。

---

① 张海萍.本土化方案教学的实施路径及其成效探究——以上海D幼儿园"汽车"方案为例[D].上海师范大学,2017:28-37.

主题及生成性内容的探索
——"汽车"项目式主题互动探究案例

1. 根据探究兴趣分组

根据亲子学习单的反馈,将幼儿兴趣点分为"古代车""现代车""未来车"三部分,并按探究兴趣将幼儿分为三个方向、六个小组(表5-1-3)。

表5-1-3 "汽车"项目主题的分组

古代车(10人)		现代车(10人)		未来车(11人)	
第一组	第二组	第三组	第四组	第五组	第六组
冉*润	宋*祥	赵*涵	周*傲	王*沫	段*妍
陈*栋	邵*冉	黄*莹	董*铭	钱*宇	俞*米
陈*梁	李*姿	刘*泽	顾*琦	杨*愈	陈*越
杨*檀	肖*轩	王*文	洪*杰	刘*涵	董*彤
王*臣	朱*琪	江*楠	吕*唱	徐*裔	曹*子
					张*璟

2. 小组探究汽车

经过幼儿的小组探究,教师在集体交流的环节,将幼儿对"汽车"的新认知和总结发现丰富到主题网络中,使不同探究小组既有对自己小组探究内容的展示,也有对其他小组探究的学习。小组间探究方向虽不同,但在交流中也知晓了其他小组的探究内容。探究过程中,不同小组的幼儿产生了诸如下面的新的疑问。

古代车组:如果自己在古代,可怎样改装古代马车?汽车为什么会演变成现在的外形?还能有更好的设计吗?

现代车组:汽车的方向盘怎么控制方向?跑车和赛车为什么要做那么小、那么矮?

未来车组:未来的车会不会在天上行驶?用什么能源?未来的车除了能开,还可能有什么功能融入?

可见,幼儿在探究和合作中会产生很多科学问题,对这些问题的思考也更加严谨和符合实际,这与项目式主题问题导向的课程思路是不可分割的。因此,在这个过程中,教师组织幼儿进行实地考察和拜访专家,主要参观了同济大学汽车专业研究生学院,由汽车专业研究生答疑和带幼儿参观,解答幼儿疑问(图5-1-10)。

3. 生成的话题及对其的探索

幼儿在探究已有主题的基础上,不断解决问题又不断生成问题。"汽车"主题探究中,幼儿从"探究汽车博物馆—探究汽车的演变和构造、功能—分组探究古代车、现代车、未来车—设计汽车—制作汽车—探究汽车牌照—探究汽车场所……",逐渐形成"汽车"主题的探究路线(表5-1-4)。

图5-1-10 参观同济大学汽车实训室

表 5-1-4 "汽车"项目主题的生成性内容及探究路线

古代车(10人)		现代车(10人)		未来车(11人)	
第一组	第二组	第三组	第四组	第五组	第六组
马车	蒸汽车	敞篷车	卡车	尖角车	翅膀车

第一阶段:设计汽车

第二阶段:制作汽车

第三阶段:汽车牌照考察

第四阶段:汽车场所探究及小组制作

3. 主题的回顾与展示

本阶段是对前期工作的整理、总结、反思以及分享,目的是让幼儿对整个方案有全面了解,同时使项目式主题活动的成果可视化。对幼儿来说,反思总结的过程实质上使他们有机会以更整体化的角度认识主题活动的内容,并通过各种方式表现和展示自己的新知识、新理解和新能力。该阶段,教师的主要任务包括但不限于:展示完整的主题网;通过照片、录像等带领幼儿回顾方案的整个过程,鼓励幼儿讲述整个活动历程;用幼儿在活动中的作品等布置教室或举办作品展览;协助幼儿以多种形式回顾主题;请幼儿园其他班级、教师、幼儿家长、提供过帮助的社区人士等来参观;建立幼儿个人的学习档案或班集体的方案历程档案;等等。

主题的回顾与展示
——"汽车"项目式主题互动探究案例

1. 回顾"汽车"项目主题的探究路线

教师整理幼儿在方案教学中的亲子学习单、活动照片、绘画作品、纪录片等,组织幼儿一起回顾,从而梳理方案教学的历程(图5-1-11)。

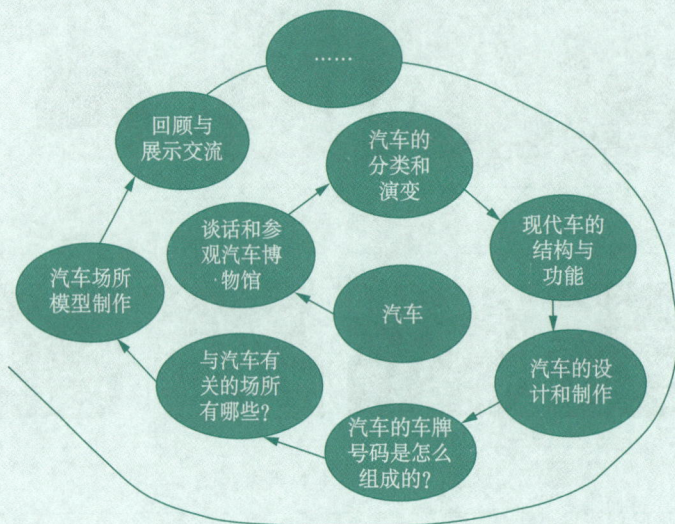

图5-1-11 "汽车"项目式主题的探究路线

2. 展演与汇报

展演与汇报一般以小组为单位,教师组织幼儿分工、对展览流程进行预演。展览参与人员包括学前教育专家、幼儿教师、家长、博物馆工作人员、同济大学教师和学生等人;展览内容包括亲子学习单的展示、"方案教学历程"展板、幼儿绘画作品的展示、幼儿手工作品的展示、幼儿对小组作品的介绍(图5-1-12)。

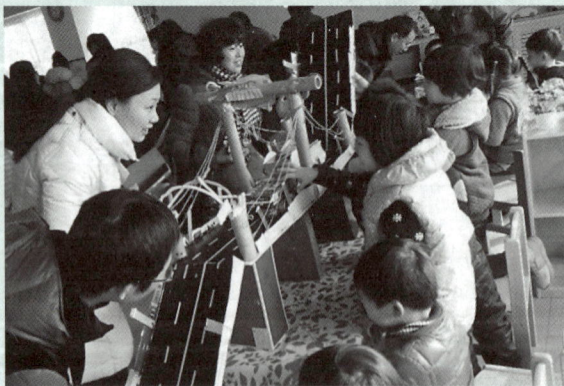

图5-1-12 "汽车"项目式主题的展演与汇报

任务回应

案例分析——主题活动

　　通过学习本节任务,不难发现以科学教育为主线的主题活动作为一种整合性的活动方案非常适合幼儿园教育,因为与其他阶段的教育相比,幼儿园阶段的教育更加强调融合性。此外,主题活动还具有自身非常突出的特点。通过集体教学活动、区域活动、家园合作、社区资源利用等多种教育途径,幼儿获得了更加丰富全面的、与特定主题相关的经验。

　　与单元主题活动相比,项目或主题活动的生成性更高,幼儿在活动中的自主性与主动性也更高。但是,主题活动本质上还是一种有目的、有计划的教育活动,因此,活动目标的设计和活动过程的组织都离不开教师。教师与幼儿,两者在主题活动中都是重要的设计者与参与者。比如,一般提倡主题活动的主题源于幼儿的生活、幼儿的兴趣和幼儿的问题。但是,幼儿本身不会生成主题,那么主题如何而来? 此时,教师就成为观察幼儿、理解幼儿的重要主体,并且通过梳理与选择,确定更加适宜幼儿的活动主题。又如,在设计主题活动的过程中,教师可以和幼儿一起制定活动思维导图,设计探究之旅。

思考与实训

参考答案

一、单选题

1. 主题教育活动是幼儿园教育活动的重要形式,强调以主题形式整合各领域的知识、幼儿的经验及各种教育资源。它体现了下面哪些观点? (　　)
   A. 新的儿童观　　　　　　　　　　　B. 新的教育观
   C. 新的课程观　　　　　　　　　　　D. 以上都是

2. 下面哪一项不是主题活动的特点? (　　)
   A. 松散性和自由性　　　　　　　　　B. 整合性和协同性
   C. 联系性和共同性　　　　　　　　　D. 指向性和研究性

3. 项目式主题活动中,主题的回顾与展示是一个重要的阶段。此阶段中,教师的主要任务不包括下面哪一项? (　　)
   A. 通过照片、录像等带领幼儿回顾方案的整个过程
   B. 用幼儿在活动中的作品等布置教室或举办作品展览
   C. 进行相关的集体教学活动深化主题经验
   D. 建立幼儿个人的学习档案或班集体的方案历程档案等

二、判断题

1. 幼儿园主题活动只能是科学领域的活动。 (　　)
2. 单元主题活动和项目式主题活动相比,前者对幼儿发展更好。 (　　)
3. 只有单元主题活动才需要辅以环境创设、区域活动、家园合作、一日活动等,共同支持主题活动的开展,项目式主题活动不需要。 (　　)

4. 单元主题活动和项目式主题活动既有共性又有区别。 （ ）

5. 项目式主题活动更遵从幼儿兴趣和需要,但是对教师的专业要求更高。 （ ）

6. 单元主题活动预设性较强,幼儿在该类活动中比在其他主题活动中发展更慢。 （ ）

三、简答题

1. 主题活动有狭义和广义之分,请说出各自的含义。

2. 单元主题活动的主题选择应考虑"可行性""关联性"和"趣味性",请说出它们的具体含义。

四、实训题

小组合作,从幼儿园科学教育的内容中选择一个适宜的内容,确定好主题,基于充分的讨论,并尝试制定单元主题活动网络。

任务 2
STEAM 教育活动的设计与组织

任务目标

1. 了解 STEAM 教育的含义与发展以及幼儿园 STEAM 教育的重要价值。
2. 明确 STEAM 教育与幼儿园常规科学教育的区别与联系。
3. 在"工程五步法"的基础上,理解幼儿园 STEAM 教育活动的设计,包括活动的产生、探索以及活动的评价和总结。
4. 掌握幼儿园 STEAM 教育活动的指导要点和具体策略。

任务思考

在关于"幼儿园 STEAM 教育活动"的经验准备调查中,学前教育专业三年级的同学们通过调查访谈了解到当前幼儿园 STEAM 教育活动的开展情况,不仅分享了"小蚂蚁""影子游戏"等幼儿园 STEAM 教育活动,同时也提出了自己的困惑:

1. 是不是把 S、T、E、A、M 分别代表的五个学科加到一起就是 STEAM 教育?
2. STEAM 教育和当前幼儿园科学教育的区别与联系是什么? 如果幼儿园开始尝试 STEAM 教育活动,是否意味着就不开展原来的科学教育活动了?
3. STEAM 教育活动是不是很难? 应该如何准备、设计和组织呢?

任务支持

一、STEAM 教育活动的理论概述

(一) STEAM 教育的含义与发展

STEAM 教育是"科学 Science、技术 Technology、工程 Engineering、艺术与人文 Arts、数学 Mathematics"五门学科英文首字母的缩写,是目前国际教育界关注的热点之一。

20 世纪 80 年代,美国首次提出 STEM 教育,旨在重视培养具有科技创新能力的复合型人才。2006 年,美国公布《美国竞争力计划》文件,提出培养具有 STEM 素养的人才是提高国际竞争力的关键。自此,美国进入了 STEM 教育的快速发展期。后因教育人士对人文素养的高度重视,Arts 也被融入,从而产生了强调多学科融合的 STEAM 教育。

经过多年探索,美国政府于 2016 年与美国教育部联合发布《教育中的创新愿景》(*STEM 2026: A*

Vision for Innovation in STEM Education)[①]，提出在实践社区、活动设计、教育经验、学习空间、学习测量、社会文化环境等方面促进 STEM 教育的发展。同时，我国教育部于 2015 年也发布了《关于"十三五"期间全面深入推进教育信息化工作的指导意见（征求意见稿）》，明确提及对教育信息化的规划，提出要"探索 STEAM 教育、创客教育等新教育模式"。由此可见，STEAM 教育已然成为各国教育发展的关键举措。

（二）STEAM 教育和幼儿园科学教育

1. STEAM 教育与幼儿园科学教育的联系

STEAM 教育强调科学、技术、工程、艺术与人文、数学五个学科的融合，各自涉及与科学教育相关的不同内容和目标。

（1）科学：旨在解释客观世界，是关于"是什么"和"为什么"的知识及获取知识的过程与方法。

（2）技术：是解决问题的方法论，是有关"做什么"和"怎样做"的方法与技巧及相应的工具和产品。

（3）工程：旨在解决生活中的真实需求，是运用设计技术解决问题、制作产品的过程。

（4）艺术与人文：揭示了儿童的探究活动充满艺术想象、创造和新意，也具有人文关怀。

（5）数学：是对"数、量、形"的关系和模式的研究，贯穿所有真实的问题解决过程。

五大学科不是随意的拼凑，而具有内在联系。例如：儿童在搭建积木楼房时，可能不知道建筑的科学原理，但是可先掌握搭建的技术，总结经验；在其真实解决问题的过程中，必须要综合运用科学、技术、工程、艺术与人文、数学五大学科内容。

2. STEAM 教育与幼儿园常规科学教育的区别

近年来，STEAM 教育逐渐成为国内外幼儿园科学教育发展的新方向，也开展了丰富多样的实践探索。然而，STEAM 教育并非要取代传统科学教育，相反，它是"升级版"的科学教育活动，主要体现在内容和教学目的两方面。从内容上看，STEAM 教育强调跨学科性；从活动目的看，STEAM 教育强调应用性。

> 例如：本书模块二任务 2"实验型活动的设计与指导"介绍了传统科学活动研究"沉浮"现象的过程。假如在 STEAM 教育理念下开展相同主题的学习，则强调系统的思考和真实的问题解决。教师可以通过引导，激发儿童想要制作一艘沉不了的小船的兴趣；在这个过程中，儿童设计方案、运用技术、数学测量、艺术构造等，综合使用经验和技术去解决建造一艘不会沉的小船的工程技术问题。另外，在传统科学活动中，教师可能会给儿童提供多种材料去尝试理解"沉浮"现象。做完实验，孩子得到的是客观却相对单一和统一的事实。但是在上述造小船的 STEAM 案例中，儿童是在解决真实问题的过程中为了应用知识而开展的学习，获得了更丰富、个性化的认识。

（三）学前儿童 STEAM 教育活动的价值

多项研究表明，STEAM 教育有助于培养学生的科探能力、创新意识、批判性思维、信息技术能力等未来社会必备的技能，并可能在学习者的未来生活和工作中持续发挥作用。有研究者认为儿童在 STEAM 教育活动中能够获得四项核心技能，即 4C 技能。

（1）批判式思维（critical thinking）：能够用批判的眼光看待问题，即要有新的思想，能用跨学科的方法解决问题。如教育者为儿童示范，如何把各种形状放进形状配对箱里；教育者通过询问儿童"是什么、为什么、怎么样"的问题，帮他们提高批判思维能力。

（2）沟通（communication）：分享、交换想法、判断和观点，提出问题并讨论。如教育者通过自言自

---

① Tanenbaum C., Gray T., Lee K., et al. STEM 2026: A vision for innovation in STEM education[R]. Washington, DC: US Department of Education, 2016: 6.

语向儿童示范语言结构："我要打开盒子的盖子,这样才能把玩具放进去。"

（3）合作(collaboration)：为了相同的目标或成果,与同伴一起努力,并在其中贡献自己的天分、特长和知识的能力。

（4）创造力(creativity)：以革新的和有创造力的方式想出新点子和方法的能力。如教育者观察儿童的探究操作活动,并为他们引入新的材料,以发展他们的创造力。

拓展阅读
STEAM 素养
的内涵

二、STEAM 教育活动的设计与组织

在 STEAM 教育活动的设计与组织中,工程被视为一种系统性、创造性的过程。根据美国国家教育进步评估机构(National Assessment of Educational Progress,NAEP)在《技术与工程素养框架》(*Technology and Engineering Literacy Framework*,2014)中的定义,工程是指"为满足人类需求和愿望而系统且经常反复地设计对象、过程和系统的一种途径"。这一过程通过运用技术进行设计、解决问题和制作产品,体现了工程的创造性与不断更新的特性。在 STEAM 教育中,工程五步法是一种关键方法,用于帮助儿童理解并实践这一过程,它具体包括以下步骤。

微课
STEAM 教育
活动常见的
生成方法

第一步：提出问题(是什么? 为什么? 怎么做?)。引导儿童了解问题的核心需求,明确设计目标和限制条件。此步骤启发儿童思考：这个问题是什么? 有哪些设计需求? 其他人尝试过什么方法?

第二步：讨论决策(个人意见和集体决策)。鼓励儿童通过头脑风暴产生多种解决方案,并从中选择最优方案。这个过程重视创造性思维,旨在探索多种可能性以找到最佳解决路径。

第三步：制订计划(罗列布局)。儿童将选定方案细化,绘制设计图,列出所需材料,并制订详细的实施计划。通过这一过程,儿童将抽象的想法转化为具体的操作步骤。

第四步：实施计划(创意制作和经营运作)。按照计划进行实践,动手制作模型或原型,并进行初步测试。这一步骤是理论向实践转化的关键环节,让儿童亲身体验设计和实现的过程。

第五步：测试改进(反思、分享和改变)。最后,儿童对作品进行回顾和反思,找出可以优化的部分并进行调整、重新测试。此步骤鼓励反复试错与持续改进,使设计逐渐完善。

这一工程设计过程不仅是解决问题的有效方法,更是帮助儿童在实践中理解和应用 STEAM 技能,全面培养其创新思维、工程意识和问题解决能力。接下来,将通过一个发生在上海松江区荣乐幼儿园的实际案例,完整展示 STEAM 活动的实施过程。此案例将带领我们从问题的提出、探索到解决的全过程,深入理解一个 STEAM 项目从启动到完成的具体步骤与成效。

大班 STEAM 案例：豆豆兄弟的奇妙之旅[①]

【活动背景】

大班开学初,老师望着空荡荡的自然角思考着：新的一学期,和孩子们种点什么好呢? 此时,许久未见面的孩子们和好朋友结伴坐在图书区,翻阅着绘本《芸豆蹭蹭往上长》。程程说："原来芸豆长这样呀,它还可以长那么高!"赫赫扭动着小手说："它就是这样爬啊爬,爬上去的!"旁边的妍妍和筱筱扭过头问："什么是芸豆?"筱筱说："我见过红豆、绿豆、黄豆,就是没见过芸豆。"听到伙伴们的讨论,越来越多的小家伙围了过来,有的说："芸豆就是白色的,像云朵一样的豆子!"有的说："它比红豆、绿豆都大! 是白色的。"还有的说："不是的,芸豆是红色的!""我吃过绿豆芽,是绿豆长出来的。"……一场由绘本《芸豆蹭蹭往上长》引发的讨论拉开了序幕。

[①]　案例由上海市松江区荣乐幼儿园戎伦提供。

"豆豆之家"到底有哪些成员？它们长得有什么不一样？哪些豆豆可以发芽？它们的苗苗能长多高呢？孩子们围绕着"豆豆"讨论得热火朝天。老师决定：让幼儿通过收集豆豆、动手种植、观察讨论来解决心中的困惑。

于是，红豆、黄豆、豌豆、绿豆、芸豆、花生六兄弟在班级开启了一场奇妙之旅，关于"豆豆六兄弟"的STEAM小组探究活动正式开始啦！

（一）提出问题：豆豆能发芽吗？

表5-2-1　"豆豆能发芽吗？"观察记录

观察与实录	分析与回应
9月中旬，孩子们陆续带着自己种植的豆豆来到幼儿园。每天早晨来园、自由活动、午餐后等时间，他们会给豆豆们浇水，看看谁的豆豆宝宝发芽了。 芯怡（睁大眼睛，欣喜的样子）：快看！我的豆豆长出了小苗苗，绿色的，真可爱！ 天天（耷拉着脑袋，耸耸肩）：我已经种了第二盆黄豆了，但还是没有发芽！ 芯怡：虽然我种的是豌豆，但是奶奶说黄豆最好种啦，你有没有泡发？ 天天：泡过啦，可是还是没有用。 芯怡：我知道了，你肯定是泡太久了，这样它会烂掉的，就没用啦！ 允然：还有，种下去是要给它松土的，土太结实了，豆豆顶不开就发不了芽啦！	孩子们亲近自然，对豆豆何时发芽充满了好奇和兴趣，利用在园的各个时段坚持浇水，并且观察豆豆的生长情况（例如：是否发芽，芽苗的颜色、大小等）。 幼儿不仅关注自己的豆豆，还留意同伴豆豆的生长情况，乐意和同伴讨论"为什么豆豆不发芽？"这一问题。芯怡结合自己的种植经验分享了原因：种子需要泡发，但不能泡太久。允然补充了原因：泥土也很重要，需要松软的泥土。这两个孩子具备了初步的描述、解释和预测能力。 从天天"耷拉着脑袋""耸肩"等动作中，我们感受到了他内心的沮丧。每个孩子都期待自己的豆豆能发芽，可是有多少豆豆没有发芽？为什么顶不出芽芽？孩子们的心里是怎么想的？是任由豆豆"寂静无声"，还是让幼儿无目的地再次尝试，又或者是我们可以做点什么，帮助孩子们在问题中积累经验并体验收获的喜悦？ 于是，我们围绕"怎样让豆豆发芽呢？"开展了一次集体讨论：统计已经发芽的豆豆、未发芽的豆豆；请孩子们说说成功发芽的经验；帮助未发芽的豆豆寻找原因。

在集体讨论中，我们共同梳理了"豆豆不能发芽"的五大原因：①豆豆采购来源不同（超市、菜场、网购、乡间的种子等）；②豆豆没有泡发；③种植的时候没有松土（图5-2-1）；④没有及时浇水；⑤浇水太多导致腐烂。

我们在自然角创设了问题墙（图5-2-2），孩子们用绘画、符号等记录方式将这五大原因记录下来，并且配上自己的录音，便于伙伴们讨论和当天缺勤的孩子在以后的日子里，也能看一看、点一点、听一听（图5-2-3）。豆豆还未发芽的孩子说："我回去试试他说的方法，再试试！"瞧！在集体讨论后，孩子们正尝试着迁移别人的经验来解决问题。

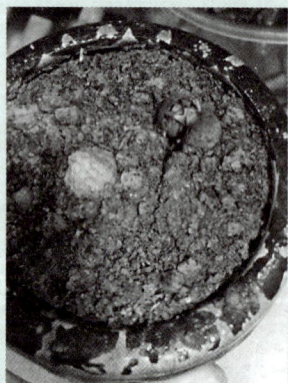

图5-2-1　久久没有发芽的豆豆　　图5-2-2　豆豆不发芽的原因　　图5-2-3　让我听一听！

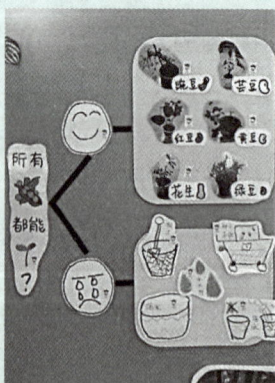

（二）讨论决策：豆苗长高了怎么办？

表5-2-2　"豆苗长高了怎么办？"观察记录

观察与实录	分析与回应
许多豆豆因为长得太高而弯下了腰，睿睿拉着我走到他的黄豆旁。 睿睿：老师你看，我的豆豆都弯了！ 教师：那你想怎么办呢？ 睿睿：你可以给我一些游戏中的扭扭棒吗？ 睿睿试着把扭扭棒插到泥土里，反复试了几次，又把扭扭棒拔了出来。 旁边的辰辰来喊睿睿一起去玩玩具。 睿睿：等一会儿，我在（给黄豆苗）加固呢！老师，不行啊，这个太软了，你能给我一些硬一点的材料吗？ 教师：硬一点的？比如说呢？ 睿睿：比如说——树枝？ 教师：我现在没有树枝，做环境的时候还留了一些筷子，可以吗？ 睿睿：可以！可以！ 教师拿了几根一次性筷子给睿睿，睿睿轻轻松松地把筷子插进了泥土里，他扶起弯了的苗苗靠在筷子上，但苗苗很快又倒下了。 教师：问题解决了吗？ 睿睿：老师，你还能给我一些绳子吗？ 教师：用来干什么呢？ 睿睿：我把它们（苗苗和筷子）绑在一起，这样就不会倒了。 于是，教师给了睿睿一些塑料绳，睿睿用绳子把苗苗和筷子绑在了一起。	随着豆苗的不断生长，孩子们遇到了新问题：豆苗长高了东倒西歪（图5-2-4），怎么办？ 图5-2-4　东倒西歪的苗苗 睿睿主动发起了探究活动"怎样让长高的豆豆不倒下来？"，他按照自己的想法，首先结合幼儿园生活中的常见材料"扭扭棒"尝试解决问题，发现"不够坚固"。在过程中他受到同伴玩玩具邀请的干扰，在和同伴解释原因后，继续回到原来的活动中，并且想到用更坚固的材料"树枝"继续尝试。在没有树枝的情况下，睿睿听取老师的想法，改用一次性筷子，在反复尝试中不断调整自己的想法和行为，尝试用各种方法解决问题。 教师不急于直接给出建议，而是通过"你想怎么办呢？""问题解决了吗？"等不断地追问，侧面了解幼儿的想法和需求，引导幼儿自主思考解决问题的办法。

在讨论"豆苗长高了怎么办？"时，孩子们提出了两种有趣的想法：剪掉炒来吃；借助工具让它继续往上长。可是，在真正实际操作时，却没有一个孩子忍心把自己种的豆苗剪掉，所以我们收集了各种生活材料（如吸管、树枝、竹竿、电视上的废旧天线等），将其插进泥土里，借助绳子、扭扭棒等让豆苗依附在工具上继续向上生长（图5-2-5）。
孩子们发现：芸豆兄弟真的是爬得太快了，有顺着窗户栏杆往外长的趋势（图5-2-6）！孩子们问："它（芸豆）到底能爬多高呢？会不会一直长到屋顶上？"这真是一个大胆的猜测，老师也不知道芸豆到底能长多高。为了验证孩子们的猜想，我们请保安叔叔帮忙，在屋顶上系上麻绳，一端连接着芸豆盆，一端通向屋顶，期待着芸豆蹭蹭往上长，一直长到屋顶的那一天！

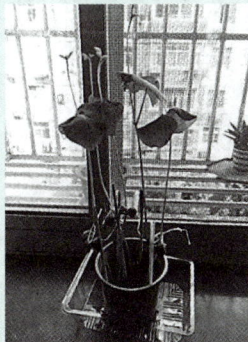
图5-2-5　借助工具往上长

图5-2-6　一直通往屋顶的麻绳

（三）制订计划：豆苗能长多高呢？

表 5-2-3　"豆苗能长多高呢？"观察记录

观察与实录	分析与回应
豆豆们长势喜人，孩子们更加乐意观察和照顾。 诺诺伸出手比划着：我的花生已经长这么高了，你的呢？ 程程：我的花生长得比你的还要高！ 泽泽：把你俩的放在一起比一比就知道了，就像我们比身高一样！ 诺诺和程程分别把自己的花生苗搬到地面上，诺诺扶了扶往旁边长的花生苗，期望它看起来更高一些。 程程：不行，你犯规，手不能扶。你看，我的要高一点！	诺诺和程程不仅关注自己花生的长势，还产生了和同伴比一比的兴趣。泽泽则运用生活中比身高的经验帮助同伴解决了比豆苗的问题。 从中，老师看到了"学习测量"的教育契机，幼儿已有的经验是用"实物两两比较"来测量，而我们还可以做的是：为孩子们提供多样的测量工具（带有标记的麻绳、直尺、卷尺等），帮助幼儿积累更多的测量方法，让孩子们能够用科学的方法去测量。

于是，我们借助图画书故事《一寸虫》，和孩子们探究"测量的方法"：①如果借助实物（例如：积木、麻绳等）来测量，可以从豆苗的根部量起，数一数有"几个积木高""几段麻绳长"；②如果借助量尺（直尺、卷尺等）来测量，我们将要把刻度"0"对准豆苗的根部，再读出末端的数字。

红豆、黄豆、豌豆、绿豆、花生的豆苗比较容易测量，但是芸豆长得太高了，刻度都看不清楚，该怎么办呢？程程想了个好办法：在芸豆依附的麻绳上做好刻度的标记，这样不就方便多了吗？这真是一个具有创造力的想法，于是，老师在麻绳上每隔 10 cm 处拧上一个扭扭棒，在每隔 50 cm 处贴上数字标签，这样孩子们直接看麻绳上的刻度就能知道芸豆长了多高。

（四）实施计划：测量豆苗 & 豆豆大王比赛

表 5-2-4　"测量豆苗比赛"观察记录

观察与实录	分析与回应
测量工具的投放引起了孩子们新一轮的种植兴趣，大家还比起了"豆豆大王"。 程程拿出 1 根吸管，对着花生苗的根部开始往上测量："1、2、3……一半，它（花生苗）长了 3 根半吸管那么高！" 泽泽拿了 1 根吸管比划了一下，说："太短了，我需要用直尺。"他先找到直尺的"0"刻度，将其对准黄豆苗的根部，眼睛顺着直尺往上看，说："63——哇，我的（黄豆苗）长到 63 了！"泽泽翻翻以前的记录说："10 月 23 日，我的豆豆长了 29，今天长了 63！"（图 5-2-7） 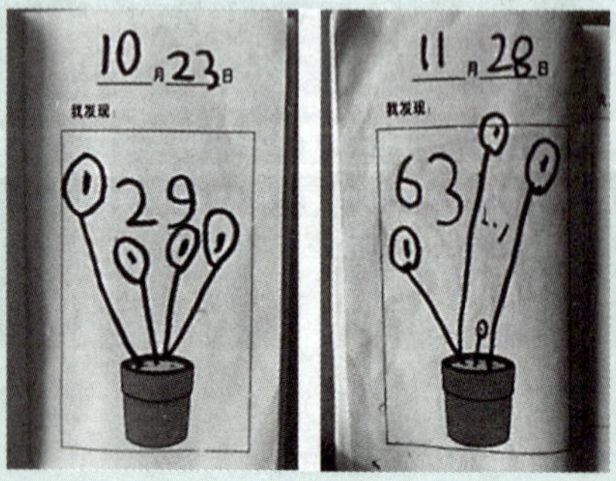	孩子们被师幼共同创设的环境和材料吸引，乐于尝试和探索各种测量工具的使用方法。 三个孩子选择的测量工具都不同：程程用的是吸管，泽泽先试了吸管再试了直尺，妍妍直接观察麻绳上的刻度。通过询问，老师了解到了不同选择背后的原因：程程种的花生苗比较矮小，使用吸管就足够了；泽泽一开始想试试吸管，但是尝试后觉得太短，则改用长直尺；妍妍的芸豆苗爬得很高，直接看麻绳上的刻度最方便！三个孩子会根据自己的实际需求选择、调整并使用合理的测量工具，使任务更容易完成。 特别是程程和泽泽，在测量时，知道将工具的一端对准豆苗的根部，理解和运用了基本的测量方法。

图 5-2-7　测量豆苗

（续表）

观察与实录	分析与回应
妍妍垫着脚，脑袋昂得高高的，看着麻绳上的刻度说："你看！它绕啊绕，已经超过 50 了！"（图 5-2-8）  图 5-2-8　豆苗超过 50 cm	

在每周五的午餐前，我们都有一个"豆豆大王"周际赛：在同一种类的豆豆中，比一比"豆豆大王"；6 位"豆豆大王"再进行 PK，评选出"豆豆冠军"。以此不断激发孩子们的探究兴趣。孩子们发现：所有的豆豆中，芸豆是位"爬藤高手"，每次的"豆豆冠军"非芸豆莫属！

观察与实录	分析与回应
11 月，芸豆顺利结出了豆荚，渐渐变黄了。又是一个周五，教师发现一个奇怪的现象：想要比豆豆大王的幼儿数量在减少。为什么呢？ 天天：每次比赛都是输（老师可以理解你的心情）。 妍妍：豆豆快要枯萎了，不想比。 教师：为什么豆豆会枯萎？ 诺诺：浇太多水或者没浇水！ 程程：要浇适量的水，摸摸泥土的湿润度就可以，不能太干也不能太湿！ 筱筱：可能是头上的苗苗被掐了！ 赫赫：我不同意你的观点，掐掉苗苗不会导致豆豆枯萎，因为修剪树枝后小树也还会生长呀！ 筱筱：被汽车尾气污染了？ 赫赫：我也不同意，因为植物本身就是吸收二氧化碳呀！ 孩子们说："天冷冻死了！"（大家纷纷附和，都觉得是豆苗要被冻死了） 教师：天气变冷了，你们有什么办法让豆苗顺利过冬呢？	教师敏锐地观察到：幼儿测量比豆豆大王的兴趣降低了。究其原因有二：一是内心的挫败感，总是输，当然不乐意干了；二是近期的关注重点有变化，孩子们遇到了新问题——豆苗枯萎了！ 于是，对于这个新问题，教师引导幼儿思考原因并寻找对策。孩子们结合自身经验说出了"浇太多水或者没浇水""可能是头上的苗苗被掐了""被汽车尾气污染"等原因。最让老师感到惊喜的是，在生生互动中，孩子们具有强烈的质疑精神，不但敢于反驳同伴说出不同的想法，而且还用事实来论证自己的观点。 最终，经过讨论，孩子们期望给自己的豆苗做个"过冬小暖棚"，教师把孩子们的愿望发到家长群里，鼓励亲子共同制作"小暖棚"的设计图，并将自己的设计分享给伙伴们听。

（续表）

观察与实录	分析与回应
辰辰：浇点温水。 睿睿：我们可以在教室里开空调！ 辰辰：又不能一直开空调。我们晚上回家，豆苗冻死了怎么办？ 程程：做暖棚，乡下奶奶种菜就是用暖棚！	

"暖棚设计图"分享会开始了！孩子们介绍着自己的设计（图5-2-9）。

诺妍：用吸管插在泥土里，在外面套上一层塑料袋！

瑞瑞：小区里有很多树枝，我打算把树枝插在泥土里，外面罩一层塑料袋！

程程：我想用的材料是铁丝，就是衣架那种，我在家试了电线，太软，不行！

睿睿：我这里面还打算安一个自动灌水器。

……

几天后，孩子们将搭建暖棚需要用的材料（例如：竹筷子、吸管、铁丝、树枝、塑料袋、塑料瓶、海绵、棉花等）陆续带到幼儿园，充实我们的材料库。

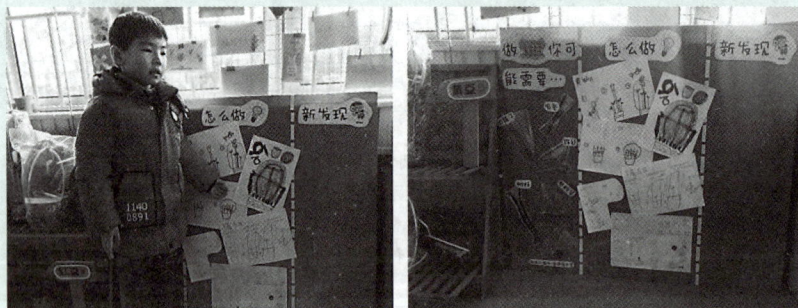

图5-2-9　幼儿介绍自己的暖棚设计

在家长志愿者的帮助下，孩子们开始将"设计图"变成"真暖棚"！ 诺妍（歪着脑袋）：这个吸管怎么这么软？一碰就倒，不行，我得换个树枝。 睿睿：小心，别碰到我的苗苗，现在树枝插好了，可以套袋子了！ 诺妍：不行，你这个还要用绳子绑住，不然也会倒的。 睿睿：那好吧，我去拿绳子，你帮我扶着！ 睿睿用绳子绕着树枝围了一圈，准备打结，可是弄来弄去也没有扎好，他说：你会打结吗？	诺妍对物质的结构和性质有一定的了解，知道不同的物质软硬程度不一样，塑料吸管较软，树枝更加坚固；她还是一个具有坚持性的小女孩，当遇到困难，发现吸管一碰就倒时，她并没有准备放弃，而是想着试一试别的材料。 本来制作暖棚是每个孩子自己的任务，但在过程中，诺妍和睿睿自发地开始了合作行为，特别是在打结时，两人分工合作顺利地打出了一个结。

(续表)

观察与实录	分析与回应
诺妍扶住树枝,睿睿去拿绳子。 诺妍:我只会打死结。 睿睿:也可以,我来扶住,你来打结吧! 两个孩子交换了"任务",睿睿扶住树枝,诺妍试着打了一个还挺像模像样的死结。	

(五) 测试改进:反思与感悟

在活动结束后,全班小朋友讨论准备开一场"豆苗暖棚"发布会,来对豆豆兄弟的奇妙之旅进行总结。

"豆苗暖棚"发布会开始啦! 孩子们介绍自己的暖棚是如何制作的,并邀请同伴进行评价。

首先,请孩子们说说"做得很棒的地方"。

允然:他用电线撑住,防止风吹袋子倒下来压坏花生苗苗!

睿睿:用塑料袋套住,防止冷空气进入,还可以保暖。

芯怡:暖棚比花生苗苗大,给它长大留了空间。

接着,请孩子们提出疑问"哪里可以做得更好"。

诺诺:豆苗以后长高了怎么办?

天天:要怎么浇水呢?

妍妍:套着塑料袋,都看不到里面,怎么办?

最后,请大家围绕这些问题想想"可以怎么做"。

允然:冬天植物生长得很慢,如果真的长大了,就换一个更大的。

程程:不用天天浇水,里面有一个保湿装置,把矿泉水瓶剪一半倒扣在泥土里,在瓶口放上一块海绵,给海绵浇点水,袋子里就会有水汽,如果真的很干了就打开袋子浇水。

天天:那就改用保鲜膜,保鲜膜是透明的!

……

在这个反馈迭代的过程中,孩子们试着发现同伴的亮点、寻找更好的契机、探寻不同的方法,不断提升着思辨力。

【活动后教师反思】

自9月中旬到12月,孩子们和"豆豆六兄弟"在班级里开启了一场奇妙之旅。从最初的"不知道种什么"到由图画书引发的"种豆豆",从"豆豆都能发芽吗?"到"豆苗长高了怎么办?",从"豆苗到底能长多高?"到"如何让豆苗过冬?",教师追随幼儿的兴趣和问题,并搭建"隐形的脚手架",使幼儿就更加沉浸、享受在整个"属于自己的"探究活动中,易于从中获得探索的成就感和满足感。在搭建"隐形的脚手架"的过程中,教师不断了解幼儿已经知道什么,还想知道什么,从"已经知道"到"还想知道"这段距离之间需要什么。在STEAM教学活动设计的过程中,教师需要做到"听""引""抛""思"。

第一,听——谈话讨论,明晰需求。在小组谈话、集体讨论中,教师的位置后退,鼓励孩子们阐述已有经验,表达内心真实想法,不作任何的评价,目的就是了解孩子们"已经知道什么"和"还想知道什么"。

第二,引——调动经验,自主解决。对于孩子们自主提出的问题,教师不急于给出成人的建议,而是通过追问"你有什么想法吗?""你试过哪些方法?"等,引导幼儿结合已有经验,助推幼儿自主思考解决问题。

第三,抛——多元支持,持续探索。在遇到幼儿结合已有经验或迁移他人经验也无法解决问题时,教师需要敏感地捕捉学习契机,通过开展集体教学活动、提供材料技术支持等,帮助幼儿搭建支架,获得经验和方法,进而迁移到幼儿自己的探究活动中去,助推深入探究。

第四,思——反馈迭代,提升思辨。在STEAM活动中,和他人合作并共同分享成果非常重要。因此,我们需要帮助幼儿培养反思的能力,即对自己的表现进行反思,识别做得好的地方、可以改进的部分以及下一步该如何行动。当孩子们逐渐学会在活动中进行反思,并能够发现同伴的闪光点,客观且委婉地提出改进建议时,他们就能在以后的STEAM活动中,运用这种反思的思维方式,不断提升自己的思辨能力。

思考与实训

一、单选题

1. 国际教育专家提出,STEAM教育理念可以促进儿童为21世纪做好四项核心技能的准备。下面哪一种不属于四项核心技能?（　　）

　　A. 批判式思维　　　　B. 编程技术　　　　C. 合作　　　　D. 创造力

2. STEAM教育和幼儿园常规的科学教育的差异是什么?（　　）

　　A. STEAM教育更强调各领域核心经验的融合

　　B. STEAM教育对于教师的教学能力和专业素养要求更高

　　C. STEAM教育一般以真实问题情境开始,强调应用性

　　D. 以上都是

3. 将幼儿在STEAM活动中所有的资料归放在一个档案袋内,包括幼儿收集的实物、活动中的作品、各种记录表等。这种评价方式是什么?（　　）

　　A. 故事记录评价　　　　　　　　B. 档案袋评价

　　C. 展示性评价　　　　　　　　　D. 实物式评价

4. 下面哪项不属于开放探究性提问?（　　）

　　A. 为什么他做的小房子不容易倾倒?

　　B. 你能不能发现这两片土壤有什么不同?

　　C. 请你们想想,有什么其他办法来连接龙头和龙身,让它们在舞龙过程中不分开?

　　D. 这个大桥的桥墩特别重,支撑力特别好,对不对呀?

二、简答题

1. 什么是批判式思维?

2. "工程五步法"的具体内容是什么?

三、实训题

选择一所幼儿园，了解该园本学期的 STEAM 活动，观察整个活动过程，做好记录并在课堂进行展示与分享。或者通过查阅资料的方式，收集一则完整的幼儿园 STEAM 活动案例，仔细分析其活动过程，以思维导图的方式进行展示。

模 块 小 结

　　整合性的科学教育活动不限于上述介绍的主题教育活动和 STEAM 教育活动,还包括诸如方案教学等。这些方式都一致强调知识的整合性、问题的真实性、方法的多样性和评价的多元性等。

　　本模块希望通过理论介绍和案例分析帮助职前教师获得关于整合性活动的初步认识,并希望职前教师能结合在幼儿园的观摩与实习,对理论与实践进行不断的比较思考,形成自己对于科学教育的新认识,对于儿童的新认知,以及对科学的新观点。只有这样,教师才能够拥有职业中最可贵的财富——实践智慧。

图书在版编目(CIP)数据

学前儿童科学教育/潘莉萍,张萌主编.
--上海:复旦大学出版社,2025.5.
-- ISBN 978-7-309-17918-7
Ⅰ. G613.3
中国国家版本馆 CIP 数据核字第 2025F41T80 号

学前儿童科学教育

潘莉萍　张　萌　主编
责任编辑/赵连光

复旦大学出版社有限公司出版发行
上海市国权路 579 号　邮编:200433
网址:fupnet@ fudanpress.com　http://www.fudanpress.com
门市零售:86-21-65102580　团体订购:86-21-65104505
出版部电话:86-21-65642845
浙江临安曙光印务有限公司

开本 890 毫米×1240 毫米　1/16　印张 11.75　字数 363 千字
2025 年 5 月第 1 版第 1 次印刷

ISBN 978-7-309-17918-7/G・2676
定价:48.00 元